中国索引

(第九辑)

中国索引学会　主办
《中国索引》编辑部　编

中央编译出版社
Central Compilation & Translation Press

图书在版编目（CIP）数据

中国索引．第九辑／杨光辉主编．—北京：中央编译出版社，2021.10
ISBN 978-7-5117-4117-2

Ⅰ．①中… Ⅱ．①杨… Ⅲ．①索引-文集 Ⅳ．①G254.97-53

中国版本图书馆CIP数据核字（2021）第277300号

中国索引．第九辑

责任编辑	杜永明
责任印制	刘　慧
出版发行	中央编译出版社
地　　址	北京市海淀区北四环西路69号（100080）
电　　话	（010）55627391（总编室）　（010）55627313（编辑室）
	（010）55627320（发行部）　（010）55627377（新技术部）
经　　销	全国新华书店
印　　刷	北京时捷印刷有限公司
开　　本	710毫米×1000毫米　1/16
字　　数	287千字
印　　张	17
版　　次	2021年10月第1版
印　　次	2021年10月第1次印刷
定　　价	88.00元

新浪微博:@中央编译出版社　　　微　信:中央编译出版社(ID: cctphome)
淘宝店铺：中央编译出版社直销店(http://shop108367160.taobao.com)　（010）55627331

本社常年法律顾问：北京市吴栾赵阎律师事务所律师　　闫军　梁勤
凡有印装质量问题，本社负责调换，电话：（010）55626985

名誉主编：吴　格
主　　编：杨光辉
副 主 编：温国强　薛春香
英文编审：薛春香
编　　辑：孙涵涵　杨雪珂

编辑委员会：
　主　任：刘承功（东华大学）
　副主任：杨光辉（复旦大学）
　编　委（以姓氏拼音为序）：

蔡迎春（上海外国语大学）	曹树金（中山大学）
陈　锐（军事科学院军事科学信息研究中心）	何　毅（上海图书馆）
衡中青（佛山科技学院）	侯汉清（南京农业大学）
江向东（福建师范大学）	柯　平（南开大学）
李　睿（四川大学）	李勇慧（山东图书馆）
刘承功（东华大学）	马海群（黑龙江大学）
毛雅君（首都图书馆）	聂　华（北京大学）
乔晓东（中国科技信息研究所）	邱均平（杭州电子科技大学）
史　梅（南京大学）	王兰成（国防大学政治学院）
王伟军（华中师范大学）	王雅戈（常熟理工学院）
王彦祥（北京印刷学院）	郗卫东（中央党史和文献研究院）
严　峰（复旦大学）	杨光辉（复旦大学）
叶继元（南京大学）	赵　星（华东师范大学）
赵蓉英（武汉大学）	郑德俊（南京农业大学）

目 录

张琪玉学术思想研究

索引生命力的源泉：创新与服务
　　——张琪玉教授索引学思想新探　　曹树金　卓伊玲（003）
张琪玉先生索引学研究的统计、分析与综评
　　——基于张琪玉先生刊发论文的总结　　王彦祥（016）
论中国索引工作的重点方向
　　——基于张琪玉索引学相关论述研究　　闫　森（039）
张琪玉索引先进技术的理论与实践研究　　朴　莹（053）
对张琪玉索引员资格培训和认证设想的进一步思考　　张　丽　王雨菲（066）

口 述 历 史

索引走向社会的倡导者
　　——刘苏南先生谈黄页与中国索引学会的缘分　　刘苏南　李　华（079）

索引与数据库技术

基于人工智能的自动索引编制技术研究
　　　　　　王兰成　张思龙　蒋　瑛　许和旭（093）
面向阅读体验的电子文献索引编制研究　　许和旭　王兰成　吕宏超（101）

FAIR 原则在生命科学领域应用探析
　　　　　　　　　　　徐　维　朱妍昕　王　霞　李　栎（110）

索引与数据库事业

关于编制《中华人民共和国民法典》索引、《民法典词典》
　和开发《民法典》APP 的设想　　　　　　　　刘苏南（121）
《民国丛书续编》第二编的历史文献价值及人名索引的编纂　傅德华（135）
《地方志人物传记资料丛刊·华东卷下编》人名索引排序研究
　　　　　　　朱玉强　吴继伟　范翠丽　何　珂　李精一（144）
《上海抗战论著目录》编纂札记　　　　　　　　　韩洪泉（151）
纳博科夫与索引
　　——兼谈汉译文学作品书后索引编制方法　　　鲍国海（160）
索引学视野下的虞洽卿传记资料整理与研究　　　　杨硕培（169）
全民阅读视角下索引学建设与发展问题探讨　　　　吴凤鸣（183）
清华大学近十年在 Nature 和 Science 上发表论文的统计与分析
　　　　　　　　　　　　　赵呈刚　管翠中　任　奕（194）

索引编纂丛谈

索引编纂：索引理论发展和技术创新的源泉
　　——关于开设"索引编纂谈丛"专栏的对话　王彦祥　温国强（211）
中国索引软件的功能完善方向
　　——接续张琪玉先生的思考　　　　　　　　太行燕（216）
索引汉语拼音排序应注意的几个关键问题　　　　　毋　栋（222）
模拟标引：一种快速学习索引编制的有效方法　　　刘子涵（229）

索　引　　　　　　　　　　　　　　　　　　　　　（237）

稿　约　　　　　　　　　　　　　　　　　　　　　（258）

Contents

Study on Zhang Qiyu's Academic Thoughts

The Source of Index Vitality: Innovation and Service
— A New Probe into Professor Zhang Qiyu's Thoughts on Index
　　　　　　　　　　　　　　　　　Cao Shujin　Zhuo Yiling　(003)
Statistics, Analysis and Reviews of Zhang Qiyu's Research on Index
— Based on the Summary of the Articles Written by Mr. Zhang Qiyu
　　　　　　　　　　　　　　　　　　　　Wang Yanxiang　(016)
The Focuses of the China Index Development
— Based on Zhang Qiyu's Research on Indexology　　Yan Sen　(039)
Zhang Qiyu's Theoretical and Practical Study on Advanced Index Technology
　　　　　　　　　　　　　　　　　　　　　　Piao Ying　(053)
Further Thinking on Mr. Zhang Qiyu's Proposals on Indexer's Qualification and
　Training　　　　　　　　　　　　　Zhang Li　Wang Yufei　(066)

Oral history

Advocate of Index to the Society
— Interview with Mr. Liu Sunan on the Predestined Relationship of the
　Yellow Pages and China Society of Indexers　　Liu Sunan　Li Hua　(079)

Index and Database Technique

Research on Automatic Indexing Technology Based on Artificial Intelligence
    Wang Lancheng Zhang Silong Jiang Ying Xu Hexu（093）
Research on Electronic Document Indexing for Reading Experience
        Xu Hexu Wang Lancheng Lü Hongchao（101）
Application of FAIR Principle in Life Science
       Xu Wei Zhu Yanxin Wang Xia Li Li（110）

Index and Database

Index and Dictionary Compilation for *the Civil Code of the People's Republic of China* and its APP Development Liu Sunan（121）
The Documentary Value and the Compilation of its Name Index of the Second Part of *The Sequel to the Republic of China Series*
                Fu Dehua（135）
Study on Sorting of the Name Index of *the Biographical Data Series of Local Chronicles* (*East China Volume II*)
    Zhu Yuqiang Wu Jiwei Fan Cuili He Ke Li Jingyi（144）
Complication Notes on *the Bibliography and Index of the War of Resistance against Japanese Aggression in Shanghai* Han Hongquan（151）
Nabokov and Indexes
 — Also on the Indexing Method of Chinese Translated Literary Works
              Bao Guohai（160）
The Collation and Research of Yu Ya-ching's Biographical Materials from the Perspective of Indexology Yang Shuopei（169）
The Construction and Development of Index Study from the Perspective of Nationwide Reading Wu Fengming（183）
Statistics and Analysis of the Academic Articles Published in Statistics and Analysis of the Academic Articles Published in *Nature* or *Science* by

Tsinghua University in Nearly 10 Years

      Zhao Chenggang Guan Cuizhong Ren Yi (194)

Discussion on Index Compilation

Index Compilation: The Source of Theoretical Development and Technological Innovation
 — Dialogue on the Opening of the Column of ' *Discussion on Index Compilation*' Wang Yanxiang Wen Guoqiang (211)
The Direction of Indexing Software Function's Improvement
 — Continuing the Thinking of Mr. Zhang Qiyu Tai Hangyan (216)
Several Key Problems about Chinese Pinyin Sorting of Index Wu Dong (222)
Analog Indexing: an Effective Way to Quickly Learn Indexing Liu Zihan (229)

Index (237)

Information for Authors (258)

张琪玉学术思想研究

索引生命力的源泉：创新与服务
——张琪玉教授索引学思想新探

曹树金　卓伊玲

（中山大学信息管理学院　广州　510006）

摘　要　张琪玉教授长期密切关注索引与索引事业发展，在索引学领域进行了大量研究。梳理其研究成果，发现他在索引研究中强调索引创新与索引服务是索引蓬勃发展的动力，也是索引在信息时代保持生命力的关键点。张琪玉教授提出了很多关于索引创新与服务的前瞻性观点，他的索引学思想对未来的索引研究和实践具有重要意义。

关键词　张琪玉　索引创新　索引服务　索引学

一、引　言

张琪玉教授是我国著名的图书馆学家和情报学家，更是我国情报语言学领域的开拓者。[①] 他将索引学视为情报语言学的重要应用之一，[②] 从20世纪80年代就开设了专门的研究生课程，20世纪90年代开始对索引学进行重点研究，提出我国索引研究的方向、范围与方法等，在索引学理论与索引业务等研究方面取得了丰硕的成果，在索引学领域共撰有论文90余篇，与索引有关的研究成果则更多，对我国索引学与索引事业的发展做出了巨大贡献。

张琪玉教授认为索引的生命力最能体现在使用寿命和使用价值上[③]，二者的共同之处就在于"使用"。索引从本质上来说就是一种工具，其编制的目的就是为了给用户提供服务以提高用户检索的有效性。而索引的生命力强弱和价

[①] 韩建新. 论张琪玉对情报语言学学科建设的贡献 [J]. 图书馆杂志, 2014, 33 (10): 41 - 48.

[②] 包冬梅. 张琪玉学术思想在知识组织发展与应用中的彰显 [J]. 图书馆杂志, 2014, 33 (10): 27 - 34.

[③] 张琪玉. 索引与数据库漫笔（连载）：索引的生命力 [J]. 中国索引, 2005, 3 (1): 58 - 60.

值大小除了受其本身质量高低的影响之外，索引各方面创新以满足社会不断变化的需要也是决定因素之一，索引能够一直发展走向现代化的原因之一也就是服务和创新驱动，张琪玉教授对索引创新和索引服务提出了大量深刻的见解。

2015 年，中国索引学会为推动我国索引事业创新发展，成立创新实践基地，主要承担相关的索引研究、开发、编纂、教育培训、推广普及等。① 这和张琪玉教授长久以来关于索引事业繁荣发展的"创新+服务"的发展路径是一致的。因此，本文从创新和服务这一视角来探讨张琪玉教授的索引学思想，无论是对索引学还是索引事业的发展都有一定的价值。

二、以全面创新推动索引发展

张琪玉教授在《中国索引事业：当前的格局和问题》②《索引：面向 21 世纪》③《知识诚可贵，索引价亦高》④ 等论文中都反复强调了索引创新的重要性，认为索引创新是索引学研究的核心和根本目的，也是索引学研究的主旋律，并指出索引创新应存在于索引的方方面面，如索引选题、索引项、索引方法、索引应用、索引学等的创新。

诚然，发展离不开创新，如果没有创新，任何事物都是停滞不前的，索引与索引事业的发展同样离不开创新。尤其是随着互联网与信息技术的飞速发展，大量的网络资源等待被发掘与利用，人们对索引的需求更加广泛和多样，仅仅依靠传统的索引已经不能满足现代社会的需要。随之而来的是索引的编制方法、选题范围、形式以及应用范围等的新变化，也正是这样的变化，索引才能紧跟信息时代的发展，并持续满足人们的需要。因此，索引要不断创新，才能促进索引和索引事业蓬勃发展。⑤

（一）索引选题创新

索引是高效获取信息和知识的工具，然而大量的资源随着社会与学术的进

---

① 王雅戈，叶继元，黄建年，谢静云，刘峰，杨兴旭. 常熟理工学院索引学社的创新创业实践 [J]. 图书馆论坛，2019，39（11）：51-53.
② 张琪玉. 中国索引事业：当前格局与问题 [J]. 图书馆杂志，2006（1）：3-5，13.
③ 张琪玉. 索引：面向 21 世纪 [J]. 中国索引，2003，1（2）：3-4，11.
④ 张琪玉. 知识诚可贵 索引价亦高：简论索引的功用 [J]. 中国索引，2003，1（3）：3-4.
⑤ 曹树金，姚瑶. 中国当代索引学的精髓：张琪玉教授的索引学思想研究 [J]. 图书馆论坛，2009，29（6）：189-193.

步与发展其价值在不断减小，相对应的索引的生命力也会随之降低。如果资源具有高使用率和高价值，那么其索引也会具有强大的生命力。社会需要存在于社会的方方面面，张琪玉教授进而认为，选题创新的源泉可以来自于与人们工作、学习与生活等密切相关的各个方面。[1] 索引的选题是决定索引生命力的重要因素，因此索引的选题要围绕社会需要不断进行创新。每一种人们对索引新需要的发现，或者编制新的索引填补了索引领域的空白，都可以认为是索引选题的创新。[2]

张琪玉教授认为，要从长远的眼光看未来用户对拟编索引或数据库的需要程度或使用程度来思考索引选题的创新，促进索引的发展。[3] 他也将目光放在索引创新的选题上，从社会广泛的需要角度探索为大学生编制教材索引[4]、工具书的功能索引[5]、笔记索引和日记索引[6]、人名录索引[7]等并不常见，却贴近现实社会需要的具有使用价值的索引选题上。

索引选题的创新是满足用户发展与多样化需求的重要创新之一，能够为索引快速发展提供动力。当前，在索引选题的创新发展上还有很大的发挥空间，很多领域都还缺乏必要的科学与完善的索引，尤其是事物索引方面。[8]

(二) 索引项的创新

索引项是文献中被索引对象的类称，它可以是任何能够反映文献外部形式特征和内部内容特征或文献间关系等的具有检索意义的内容。每一种索引项都提供一种检索途径，用于回答某种检索提问，因此，索引项也是索引功能的基础。索引项来自于索引源，但是文献中可以作为索引项的内容有的是显性的，

---

[1] 张琪玉. 情报语言漫谈 (D): 索引的创新 [J]. 图书馆理论与实践, 2002 (4): 32-34.
[2] 张琪玉. 情报语言漫谈 (D): 索引的创新 [J]. 图书馆理论与实践, 2002 (4): 32-34.
[3] 张琪玉. 索引和数据库的选题与设计 [J]. 图书馆学刊, 2002 (5): 9-16.
[4] 张琪玉. 编制教材索引为大学生服务 [J]. 中国索引, 2009, 7 (4): 53.
[5] 张琪玉. 工具书功能索引：关于编制"工具书之工具书"的设想 [J]. 图书馆杂志, 1992 (2): 22-25.
[6] 张琪玉. 情报语言漫笔 (L): 笔记索引和日记索引 [J]. 图书馆理论与实践, 2003 (6): 47-49.
[7] 张琪玉. 索引与数据库漫笔 (连载): 人名录配置索引的必要性 [J]. 中国索引, 2005, 3 (4): 53+23.
[8] 张琪玉. 关于索引学研究和索引工作开展的设想与建议 [J]. 江苏图书馆学报, 1993 (1): 3-7.

但更多的是非常规的隐性的，因而索引工作需要去不断发掘新的索引项。索引学研究的重要内容之一就是发掘新的索引项，一种新的索引项被发掘出来，就是一个索引新品种的开发。①

随着索引技术的发展与成熟，文献资源中的信息与知识能够很大程度上被开发利用，但是当前的全文检索在效率与效果上并不能满足大多数用户的需求，因此发掘信息资源中的每一个新的索引项就可以看作是索引的一次创新，也是对文献资源中未被利用的信息成分的一种发掘，其结果是创造一种新的索引品种乃至索引类型。索引项的发掘具有重要意义，可以说是索引领域的一项发现或发明。② 然而，索引项的创新也并不是在索引源中随便选取，而是要针对被索引文献的具体情况并结合读者的检索需要，选出合适的索引项，再为其配备合适的索引，例如将文献之间的引证关系作为一种索引项就是索引领域的一项重要的发明。

(三) 索引方法的创新

索引方法的创新不论是对于索引工作，还是对索引服务都有着巨大的变革性作用，从宏观层面上来说，索引方法创新也是我国索引和索引发展赶上世界水平的重要条件，是我国索引事业发展的重要途径。

大量信息资源的产生以及人们对于信息检索的多种需要仅仅通过传统的方式已经无法很好应对，只有通过索引方法创新才能不断推动索引工作持续高效地开展。当前索引方法的创新就是向索引工作的现代化和索引工作的计算机化、网络化发展。张琪玉教授在谈到手工索引（传统索引）与计算机索引时说，索引工作计算机化时代或数据库时代就是索引新时代③，认为随着计算机技术的发展，推广文献索引计算机编制，使索引朝着机编索引以及数据库建立的新模式转变，是促进索引和索引事业发展的非常重要的举措。④ 互联网的兴起推动网络信息检索工具的产生，网络信息检索工具在网络信息服务中扮演着

---

① 张琪玉. 论索引项 [J]. 图书馆杂志, 1994 (5): 9-11.
② 张琪玉. 情报语言漫谈 (D): 索引的创新 [J]. 图书馆理论与实践, 2002 (4): 32-34.
③ 张琪玉. 推广文献索引计算机编制法是促进我国索引事业发展的一项重要措施 [J]. 图书与情报, 1996 (4): 34-37.
④ 张琪玉. 告别手工索引时代：一名中国索引学会会员的思考 [J]. 情报资料工作, 2000 (1): 13-14.

非常重要的角色，也是一种新颖的索引工具。① 尽管索引技术现代化有重要意义，但是现有的搜索引擎的查准率和查全率还存在着很大的问题。张琪玉教授认为，从用户角度来看，网络索引通常是花费了大量的时间却并没有得到很满意的检索结果，检索服务缺乏以人为本的理念，忽视了检索需求和检索要求的多样性和检索效率的重要性，因此，网络检索工具虽然是一种索引方法的创新，但还需要进一步创新。②

另一方面，数字时代纸质资源寿命较短、存储所需实体空间较大的问题在很大程度上通过纸质资源数字化的方式有所改善，尤其是对于一些珍贵的古籍来说数字化是非常必要的。然而，数字化之后的古籍是一种全文数据库，要想利用十分困难。为了方便检索，提高检索效率以及充分挖掘古籍资源中有价值的信息，就需要配备索引数据库，为古籍编制索引数据库也是我国索引和索引事业有开拓前景的领域。③

此外，标引结合技术的创新也是索引方法重要的创新，例如通过计算机对汉语题内关键词进行含糊抽词的索引建立④、人机结合的题内关键词索引⑤等。

(四) 索引应用的创新

索引应用的创新是促进索引事业发展的动力。长久以来索引最基本的功用是作为查找目标事物的工具，可加快查找速度，节约查找时间，使查找过程变得简易方便，降低查找遗漏。⑥ 简而言之，它最大的功能就是向用户提供一种方便快捷、有效的检索信息的手段，目的就是帮助人们有效地利用文献资源。因此，索引起初用于指导阅读或运用于学术发展史等研究中，也可以当作统计数据，或者作为一些间接的凭证，例如作为学术成果的调查和核实中的初步依

---

① 张琪玉. 中国索引事业: 当前格局与问题 [J]. 图书馆杂志, 2006 (1): 3-5, 13.
② 张琪玉. 全文检索与索引 [J]. 图书馆杂志, 2007 (11): 3-5.
③ 张琪玉. 古籍索引的一个范例: 介绍《古今图书集成》电子版的索引数据库 [J]. 图书馆杂志, 2000 (5): 48-49.
④ 张琪玉. 基于含糊抽词的汉语题内关键词索引与数据库分析 [J]. 中国索引, 2004, 2 (2): 12-14.
⑤ 张琪玉. 人—机结合的题内关键词索引可回避汉语分词难题 [J]. 图书馆杂志, 1993 (4): 14-15.
⑥ 张琪玉. 情报语言漫笔 (L): 万事万物皆可索引 [J]. 图书馆理论与实践, 2003 (6): 47-49.

据。① 后来索引的一个新的应用延伸到文献计量和情报研究，比如利用索引查找一些发明、理论、方法等的优先地位，发现科学研究中的空白点、生长点，发挥文献计量和学术评价功能的引文索引。② 而数据库作为现代的索引的形式，更加广泛地应用于各行各业，助力于各行各业中各项工作或事务的管理，像上面提到的引文索引数据库、数字图书馆③等也是创新的应用之一。

（五）索引学的创新

索引学的创新对于推动索引的创新和索引事业的发展具有重要意义。张琪玉教授谈到索引学时认为，索引学的创新是索引生命力的根本，研究索引学就不能只局限于一小块领域，而是要吸取相关学科的观点、原理与方法，这些都可以看作是创新。④ 在《中国索引》发刊词中张琪玉教授强调，"现代的索引就是数据库。本刊不囿于传统索引，而且更着重于文献数据库。"这表明索引学的研究不局限于传统索引，而是要广泛吸收新的思想与技术，由此确定该刊物收录的研究主题范围为"传统索引与检索工具、文献数据库与计算机检索系统、网络信息检索工具"⑤。"现代的索引就是数据库"不仅是索引学创新的一项重要内容，而且自从提出以来它就一直引导着索引学的创新，它扩展和更新了传统索引的范围和内容，促进了索引和索引事业的现代化。⑥

实践的发展离不开理论支持，如果只将目光放在索引实践中，整个索引学发展就会一直处于滞后状态，索引和索引事业的发展也会停滞不前。目前，索引学还不是一门成熟的学科，索引实践走在索引学的前面。张教授认为索引学可以从索引工作或索引实践中提取原理、方法和技术，这也是推动索引学创新与发展的有效办法。⑦

---

① 张琪玉. 索引法也是一种研究方法 [J]. 中国索引, 2004, 2 (2)：59.
② 张琪玉. 情报语言漫谈（D）：索引的创新 [J]. 图书馆理论与实践, 2002 (4)：32 - 34.
③ 张琪玉. 情报语言漫笔（Ⅰ）：索引与数字化书刊和数字图书馆 [J]. 图书馆理论与实践, 2003 (3)：37 - 39.
④ 张琪玉. 关于索引学研究和索引工作开展的设想与建议 [J]. 江苏图书馆学报, 1993 (1)：3 - 7.
⑤ 张琪玉.《中国索引》发刊词 [J]. 中国索引, 2003 (1)：3.
⑥ 张琪玉. 情报语言漫谈（D）：索引的创新 [J]. 图书馆理论与实践, 2002 (4)：32 - 34.
⑦ 张琪玉. 关于索引学研究和索引工作开展的设想与建议 [J]. 江苏图书馆学报, 1993 (1)：3 - 7.

(六) 其他方面的创新

索引的创新不仅仅只体现在选题、索引项、索引方法、索引学等方面，在索引实际工作的细微之处都有创新，也都应该有创新。例如，张琪玉教授在研究中探讨的编制技术的创新，强调索引编制应该不局限于检索的作用，也可以将其他参考书的功能考虑进索引体系中，朝着这一方向进行创新也符合现代检索工具书向多功能发展的方向。① 索引设计也要改革创新，精心构思，并不是同一套索引体系结构就是万能的，要根据实际需求进行创新设计。例如张琪玉教授在研究中提到的新闻索引②，由于新闻结构及其索引具有特殊性，就需要根据新闻特点进行索引设计。在普通索引中根据具体需要附加一些相关信息，这一方法的应用和发挥在一定程度上也算是一种创新。③ 索引上网仍然是一种创新，对于学术价值较高、已经出版而不可能重印的专著，用此法补编内容索引，障碍最少，最易实现，将编补的索引放到网上供下载和查阅，可以看作是索引发表的一种新方式。④

三、面向社会需要开展服务是索引生命力之源

开展服务是索引不断发展进步的目的，索引本质上就是一种工具，其利用率越高或能产生的价值越大，它就越有发展前景和生命力。张琪玉教授在索引学领域非常著名的观点"万事万物，皆可索引，皆可进行索引服务"⑤，就强调了索引服务举足轻重的地位。张教授认为开展索引服务是市场经济下推进索引事业发展的必由之路，索引要推向市场，就必须要发展索引服务。⑥ 而索引的价值源于知识与信息的价值，索引服务就是为了满足人们对知识和信息需求的一种服务形式。⑦ 实际索引工作的目的也多是基于社会需要服务，例如索引

---

① 张琪玉. 张琪玉索引学文集 [M]. 北京：国家图书馆出版社，2009：225-226.
② 张琪玉. 新闻索引的特殊性 [J]. 中国索引，2007 (4)：36-37.
③ 张琪玉. 索引与数据库漫笔 (连载)：带附加信息的图书内容索引 [J]. 中国索引，2006 (2)：53-54.
④ 张琪玉. 关于专著索引上网 [J]. 中国索引，2003，1 (4)：44.
⑤ 张琪玉. 情报语言漫笔 (L)：万事万物皆可索引 [J]. 图书馆理论与实践，2003 (6)：47-49.
⑥ 张琪玉.《年鉴索引编纂问题及其解决方案》一文的启示 [J]. 中国索引，2003，1 (4)：12.
⑦ 张琪玉. 索引要走向社会 [J]. 中国索引，2004，2 (4)：8-10.

选题的用户需要原则①，对索引实施标准化等均是为了更好服务用户。张琪玉教授一直强调索引要面对社会需要，索引功用很多，社会对其有广泛需要，所以要多编制索引，为社会各方面提供服务，无论是索引选题、索引项、索引方法、索引应用的创新都应该是面向用户需求，提供信息和情报服务。

(一) 索引服务应立足需要

开展索引服务的目的并不只是去宣传推广索引的作用、扩大索引的影响力，而是立足于社会需要并服务于社会需要，要从社会各方面的需要出发去发挥索引的作用。张琪玉教授认为索引服务就是要面向社会需要，社会需要是索引生命力的决定因素。② 起初，索引更多的是面向学术研究的一小片范围，如今索引服务考虑的不仅仅是学术领域，而应该是更广泛的社会需求。尤其是当前，随着信息时代的飞速发展，各种信息资源呈"井喷式"增长，但对于用户来说在使用一些缺少必要的索引资源时，感知到的使用价值是大打折扣的，读者查阅和使用起来会感到厌烦，有的资源如果没有索引，就只能阅读，但是一旦有了索引就具有了重要的工具书的作用。③ 对于纷繁复杂的网络资源更是如此，如果没有索引，就不会有有效的信息检索与利用。索引服务对社会有很大作用，但是要发挥作用，就必须要立足需要。

从索引所服务的对象来看，任何人都应该学会利用索引，利用索引是有效获取信息的基本技巧之一，但是不同的用户在索引方面的需求是多样的，因此，索引服务需要立足于不同对象的不同索引需求，培养使用索引意识。张琪玉教授非常重视索引面向不同群体的不同索引服务需要，讨论了为大学生、少年儿童、日常学习生活的人们等提供索引服务的问题。对于大学生来说，大学教材的内容复杂、知识点密集，因此大学教材需要索引，方便大学生初步了解教材内容并快速查检④；对于少年儿童来说，一般百科知识类儿童和青少年读物因为部头较大，体系结构繁杂，因此也需要索引服务去培养他们读书用书的技巧⑤；出行的人可能会利用到地点、交通路线等索引；人们在日常生活的方

---

① 张琪玉. 索引和数据库的选题与设计 [J]. 图书馆学刊，2002 (5)：9 – 16.
② 张琪玉. 索引与数据库漫笔 (连载)：索引的生命力 [J]. 中国索引，2005, 3 (1)：58 – 60.
③ 张琪玉. 索引与数据库漫笔 (连载)：索引与图书 [J]. 中国索引，2005, 3 (2)：56 – 57.
④ 张琪玉. 编制教材索引为大学生服务 [J]. 中国索引，2009, 7 (4)：53.
⑤ 张琪玉. 索引与数据库漫笔 (连载)：一种少年读物的内容索引 [J]. 中国索引，2008 (1)：47 – 48.

方面面都可能会遇到索引,需要使用索引,例如查阅一些复杂的说明书也需要索引知识。

各种类型的索引都具备其独特的优势与特点,立足于服务不同的索引需求。专题索引的选题与编制最能体现索引服务于社会需要①,它依据索引的性质或用户的需要,定出一个收录标准来收录文献。它既可以针对任何工作与学习的需要,也可成为推荐阅读的资料;既可以是依据服务对象的需要进行选择,也可以代为编制。报纸文献索引和报纸数据库的发展要与信息服务活动相结合②,许多相关产业能够发展,就是依靠所拥有的报纸文献资源和利用索引与数据库技术,有针对性地提供信息服务。期刊刊载的文献内容庞杂,要从中找出某一特定内容或特定著者的文章是很困难的,如果没有索引,过期的期刊就更不可能再发挥作用。张琪玉教授认为期刊论文资源的学术价值对应了学术需要,所以绝大部分期刊都应配置索引,索引可以提高期刊的使用价值和延长期刊的生命力。③ 除此之外,还有内容索引、引文索引等,其编制都是为了满足特定需要而提供索引服务。

(二) 索引服务应走向大众

索引走向社会对于索引的有效使用来说非常重要,尤其在信息时代,用计算机、互联网检索信息资源是人们日常获取信息的主要方式,对标引知识或索引知识有一定的了解,能够很大程度提高检索的效率。索引本就是有效利用信息和知识的重要工具,它和人们的日常生活息息相关,例如博物馆藏品索引、姓名索引、电话索引、景点索引等,在各种生活场景中都能见到。

张琪玉教授在促进索引走向社会、走向大众、走向生活方面也做了大量实际工作④,发表一系列论文来讨论索引服务如何走向生活、走向大众⑤⑥,尤其

---

① 张琪玉. 专题索引编制法 [J]. 中国索引, 2005, 3 (02): 46-47.
② 张琪玉. 报纸文献是一种极为丰富而未被充分开发的信息源: 关于发展报纸文献索引和数据库的思考 [J]. 图书馆杂志, 1999 (2): 3-5.
③ 张琪玉. 索引与数据库漫笔(连载):索引与期刊 [J]. 中国索引, 2005, 3 (3): 47-48.
④ 郭丽芳, 温国强. 张琪玉教授对中国索引学会和中国索引事业的贡献 [J]. 图书馆杂志, 2014, 33 (9): 18-24, 65.
⑤ 张琪玉. 索引要走向社会 [J]. 中国索引, 2004, 2 (4): 8-10.
⑥ 张琪玉. 推广实用性较大的文献索引与数据库 [J]. 中国索引, 2004, 2 (2): 2.

关注索引知识的普及，认为索引知识普及是我国索引事业发达的重要条件之一。① 张教授认为其中面向青少年的索引知识普及是索引服务中的重点。在少年儿童索引知识的启蒙阶段，通过采取简单的索引结构编制少年读物的内容索引，可以让人在少年时代就初步了解索引基本功能和使用方法，进而在未来掌握更多索引知识以及在获取知识时养成使用索引的习惯。② 此外数据库就是信息时代的索引，也是情报、图书馆、档案工作现代化的核心，因此通过推广实用性较大的文献索引与数据库以及索引知识的普及能为信息时代的用户更好地开展服务。③

（三）索引服务队伍建设

索引服务队伍建设是索引服务顺利、有效开展的基础，拥有一批能够主动进行高质量索引服务的专业或非专业的索引人员，在很大程度上能够提高索引与索引事业的社会认可度，也是促进索引与索引事业稳定发展的重要渠道。张琪玉教授在索引服务相关研究中提到了在索引服务中扮演重要角色的几类参与者：

第一，专业索引员。国外很多国家的索引事业都发展得比较成熟，这很大程度上是由于有很大一批职业索引员。索引员是一种职业，作者或出版社都会找索引员为新书配置内容索引。④ 但我国索引发展还不够成熟，尤其是内容索引鲜少能看见，这是因为专业或者专职的索引员很少，以及整个社会索引意识不足。

第二，其他相关机构人员。张琪玉教授认为索引服务是编辑出版、情报服务机构、图书馆、档案馆等相关机构的基础性业务，概括来说就是一种知识服务的工作⑤，因此索引服务队伍应该也采用多主体（如知识服务提供方、索引外包方、文献作者等）参与的组建形式。对于图书情报机构来说，编制索引同样也是其多种服务形式中的一种，在图书情报服务中要多用索引，用好索引，更要把如何利用索引的方法技巧传授给读者、用户，提高他们利用索引获

---

① 张琪玉. 中国索引事业：当前格局与问题 [J]. 图书馆杂志, 2006 (1): 3-5+13.
② 张琪玉. 索引与数据库漫笔（连载）：一种少年读物的内容索引 [J]. 中国索引, 2008 (1): 47-48.
③ 张琪玉. 推广实用性较大的文献索引与数据库 [J]. 中国索引, 2004, 2 (2): 2.
④ 张琪玉. 图书内容索引事业：我国可能采取什么模式 [J]. 中国索引, 2007 (2): 2-3.
⑤ 张琪玉. 索引工作的性质与索引工作者劳动的性质 [J]. 中国索引, 2004, 2 (3): 2-3.

取知识的能力。①

第三，志愿者。张琪玉教授认为索引编制工作的大力开展从根本上来讲就是人力投资②，因此动员社会各种力量，吸收大量的志愿者参与索引的编制，充分发挥志愿者的作用能够很大程度上提高索引数量，进一步提高索引的覆盖率。

第四，索引学会。在索引服务队伍的建设和发展中，索引学会承担着重要作用。张琪玉教授提到索引学会可以通过鼓励会员开展索引服务活动，对会员和业界人员进行索引业务知识的培训、考核以及日常业务咨询和指导，发挥索引服务中介作用等举措，达到索引服务队伍的专业能力与服务意识不断增强的目的。③

四、索引创新与索引服务相互促进

索引创新与索引服务从不同的角度共同促进索引与索引事业的蓬勃发展，是索引生命力的源泉，但二者并非是独立的两个因素，而是相互促进的关系。系统分析张琪玉教授关于索引创新与索引服务的相关论述，我们认为可以将二者的关系概括为——索引创新促进索引服务，索引服务要求索引创新。

张琪玉教授在谈到索引创新时通常都会强调索引各方面的创新都是以满足社会需要为要素或前提的，例如，索引和数据库选题需要遵循用户需要原则。④ 索引的创新应该是为推动索引服务而服务的，是一种为了满足用户当下或者未来的需求而进行的创新，要想索引服务活动有序有效开展，就必须要有索引创新。而索引服务是索引事业的目的，索引的发展终极要义就是提供索引服务，满足社会各方面的需要，索引创新同时为索引服务提供源源不断的动力，促进索引服务顺利开展，从而达到繁荣索引事业的目标。正如张琪玉教授指出的，索引面向 21 世纪的必由之路就是要积极探索并满足社会

---

① 张琪玉. 知识诚可贵 索引价亦高：简论索引的功用 [J]. 中国索引, 2003, 1 (3): 3-4.
② 张琪玉. 索引事业繁荣的标志 [J]. 中国索引, 2013, 11 (4): 21-22.
③ 张琪玉. 索引服务是中国索引学会走向社会的主要道路 [J]. 中国索引, 2004, 2 (1): 2-3.
④ 张琪玉. 索引和数据库的选题与设计 [J]. 图书馆学刊, 2002 (5): 9-16.

新的需要，开拓创新，积极发挥索引的作用。① 索引服务与索引创新在索引事业发展过程中起到了不可替代的重要作用，索引服务要求索引创新，索引创新促进索引服务，二者共同作为索引生命力的源泉，推动索引与索引事业的快速发展。

五、结　语

从张琪玉教授在索引学领域中的研究中不难发现，索引与索引事业的发展一直都是索引学关注的重点内容，如何立足于信息时代发展则是重中之重。而索引创新与索引服务的内容反复出现在张教授的研究成果中，服务与创新无论是在索引、索引工作、索引事业还是索引学中都占据了重要位置，可以说，索引创新与服务就是信息时代索引生命力的源泉。

张琪玉教授在索引学的研究并不是只着眼于索引与索引事业的现状，而是将视野落在大的索引事业格局上，用前瞻性的思维提出新的发展可能性。张教授一直认为索引服务是索引走进信息社会的唯一方式，而索引创新助力索引服务的有序且技巧性开展，这些思想对于今后的索引与索引事业发展都还一直有着指导作用，未来索引的发展也一定是密切围绕创新和服务开展的。

总之，只有不断进行索引创新，积极主动提供服务，才能推动索引与索引事业发展。只有不断关注索引创新和索引服务，索引学才能够不断发展与完善。

曹树金　中山大学信息管理学院教授，博士研究生导师。主要教学研究方向为信息组织、信息行为、网络信息管理。兼任国家社科基金学科规划评审专家、中国索引学会副理事长、中国社会科学情报学会副理事长、中国科技情报学会常务理事。

卓伊玲　中山大学信息管理学院硕士研究生。研究方向为信息组织、信息用户与信息行为。

---

① 张琪玉. 索引：面向21世纪 [J]. 中国索引, 2003, 1 (2): 3-4, 11.

The Source of Index Vitality: Innovation and Service
— A New Probe into Professor Zhang Qiyu's Thoughts on Index

Cao Shujin Zhuo Yiling

Abstract: Professor Zhang Qiyu has been paying close attention to the development of index and indexing for a long time, and has done a lot of research in the field of index. Combing his research results, we find he emphasized that indexing innovation and indexing service are the driving forces for the vigorous development of index and the key points for index to maintain vitality in the information era. Professor Zhang Qiyu has put forward a lot of prospective views on indexing innovation and service, and his index thoughts are of great significance to future index research and practice.

Keywords: Zhang Qiyu; Indexing Innovation; Indexing service; Index

张琪玉先生索引学研究的统计、分析与综评
——基于张琪玉先生刊发论文的总结

王彦祥

(北京印刷学院新闻出版学院／索引编纂研究所　102600)

摘　要　本文采用索引法、统计分析法、综合归纳法、扎根理论等科学方法，首先对张琪玉先生发表的所有113篇索引学研究论文展开统计与分析，梳理论文发表的时间脉络，按年度呈现的数量趋势，以及论文发表形成的具体特点；然后对张琪玉索引学论文的研究领域进行分析，给出包含8个类别的索引学研究论文分类统计表和发布比例图，并指出这些论文类别具有的特点；再次对张琪玉索引学论文进行主题归纳，制作论文高频词汇总表和论文语义网络图，并分别进行直观分析与深入分析，给出分析结果；最后，通过刊发论文的统计分析，对张琪玉索引学核心思想进行总结，得出张琪玉"五大索引学观点"，即万事万物皆可索引，现代索引就是数据库，索引编纂是索引研究的核心命题，索引员培养、实施职业资格认证是百年大计，索引要走向社会、走向大众、走向生活。文后附《张琪玉索引学研究论文分类索引》。

关键词　张琪玉　索引学　索引研究　索引编纂　统计分析

一、引　言

张琪玉先生是我国著名的索引学家和情报语言学家，是中国索引学会的主要创立者，创办了《中国索引》并担任主编和名誉主编十余年。其为人谦和，潜心治学，笔耕不辍，颇具大家风范。自20世纪90年代以来，张琪玉先生将研究重点转到索引学理论研究和索引编纂实践研究方面，成果丰硕，成就卓著，遂成为

中国当代索引学研究的领军人物，不愧为我国索引界学习之楷模。

张琪玉先生于2017年年中驾鹤西去，但给中国索引界留下了一笔宝贵的学术财富，值得挖掘和弘扬。2020年适逢张先生诞辰90周年，中国索引学会发出通知，以学会年会和学术研究的方式展开纪念活动。为此，笔者带领研究生将张琪玉先生发表的索引学论文全部汇齐，编制出一个《张琪玉索引学研究论文分类索引》，在此基础上笔者撰写此文，对张琪玉先生所刊发的索引学研究论文进行统计、分析与综评，并提炼其索引学重要思想，以纪念张琪玉先生对中国索引事业的学术贡献。

二、张琪玉索引学论文发表的统计与分析

（一）论文发表的时间脉络

作为国内著名的情报语言学家，张琪玉先生早期将研究重点放在大学图书情报学的教学研究和情报语言学理论研究方面，也就是说，索引学并不是张先生最早的研究重点，发表的相关论文也不多。张琪玉先生发表的第一篇索引学研究论文是《新型文献索引》，刊登在《综合科技动态情报工作》1966年第五期上。

调入解放军空军政治学院图书档案系（后改为南京政治学院上海分院信息管理系）后，张先生担任系主任，开始发力索引学研究，并有较多的论文刊发于图书馆学情报学专业期刊上。1991年中国索引学会在上海成立，期间张先生积极参与了学会的各项创立工作，并引领着学会的索引学研究工作。这一时期，张先生保持了每年发表2~5篇索引学研究论文的节奏。

2000年开始，张琪玉先生主持创办学术期刊《中国索引》。《中国索引》于2003年正式创刊，张琪玉先生担任主编，并为创刊号撰写《发刊词》，自此一发不可收拾，索引学论文层出不穷。在担任《中国索引》主编和名誉主编的十几年间，张先生将研究重心主要放在了索引学方面，并身体力行，笔耕不缀，保持着每一期期刊都有论文刊发的高产出率，也形成了历时15年的常态化研究高峰期，他也成为在《中国索引》期刊上发表研究论文数量最多的作者。

正如张先生在采访回忆中所说："我统计了一下，到2014年6月，我在《中国索引》上共发表了56篇论文，后来又写了一篇重要文章。其中，为

'索引与数据库漫笔'栏目分期连载文章有36篇,坚持了整整9年。"①

新世纪以来,张先生在《中国索引》之外的图书情报类专业期刊上,还发表了7篇索引学研究论文。

从《中国索引》主编和工作单位系主任岗位退下来后,张琪玉先生晚年的研究工作仍坚守在索引学领域,密切关注着中国索引事业的发展,撰写并发表了若干篇有深度、有指导性的重要论文。张先生最后一篇收尾之作止于2016年,即《关于〈地方志索引编制规则〉起草方案(征求意见稿)的几点意见》,刊于《中国索引》集刊第一辑,是对索引国家标准问题的深刻阐述。

(二)论文发表的数量统计

张琪玉先生一生发表的索引学研究论文,绝大多数署其真实姓名,经统计有99篇;另外以笔名"竹林"发表的论文有3篇,以笔名"余晖"发表的论文有3篇,以"《中国索引》编辑部"名义刊发的论文有8篇。

笔者对张琪玉先生发表的所有论文进行量化统计,每篇论文以第一次发表时间为记录年代,即后期重刊论文不再重复计算。张先生在相关学术会议和中国索引学会年会上发布的论文,后期均有正式发表的版本,故此以论文发表时间进行记录和统计。所有论文以年度为序进行统计,并制作年度发表论文数量曲线图,详见表1和图1。

表1 张琪玉索引学研究论文年度统计表

年 代	论文数量(篇)	百分百(%)
1966 年	1	0.88%
1985 年	1	0.88%
1992 年	2	1.77%
1993 年	5	4.42%
1994 年	1	0.88%
1995 年	1	0.88%
1996 年	4	3.54%
1997 年	1	0.88%

---

① 张琪玉,王兰成. 当代中国索引学的开拓者和引路人 [M] //中国索引学会. 中国索引(第三辑). 上海:复旦大学出版社,2017:2-9.

续表

年　代	论文数量（篇）	百分百（%）
1998 年	2	1.77%
1999 年	2	1.77%
2000 年	2	1.77%
2001 年	3	2.65%
2002 年	8	7.08%
2003 年	16	14.16%
2004 年	17	15.04%
2005 年	12	10.62%
2006 年	12	10.62%
2007 年	7	6.19%
2008 年	5	4.42%
2009 年	5	4.42%
2010 年	2	1.77%
2011 年	1	0.88%
2013 年	1	0.88%
2015 年	1	0.88%
2016 年	1	0.88%

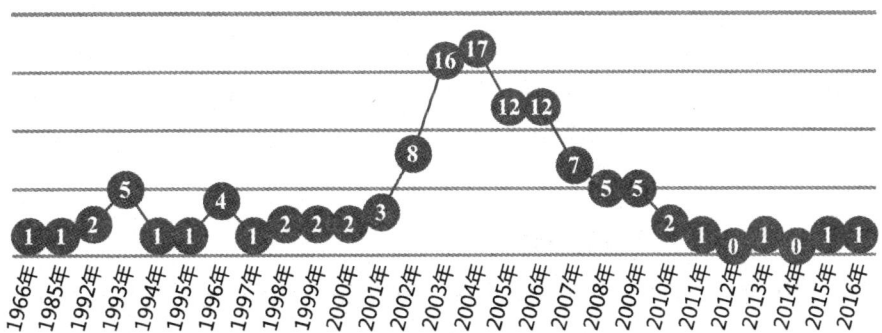

图1　张琪玉索引学研究论文各年度发表数量曲线图

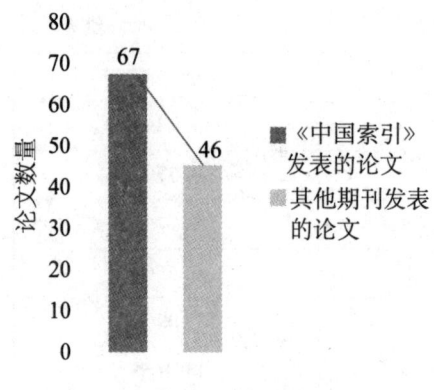

图 2　张琪玉论文发表平台对比图

作为《中国索引》主编，张琪玉先生对其呵护有加，自《中国索引》创刊后，他将自己撰写的索引学研究论文，绝大多数发表在这一内部期刊上。做学术研究的人都清楚，以张先生的学术水平和论文质量，将论文拿出去刊发到诸如图书情报专业核心期刊上，那都是百发百中的事情。但张先生并未这样操作，他不仅以实际行动带头给《中国索引》撰写论文，维护学术质量，还坚持数年主持了"索引与数据库漫笔"这一期刊专栏。

经过统计和对比得知（见图2），张先生发表的113篇索引学研究论文，竟然有67篇刊发在《中国索引》，只有46篇刊发于其他期刊上，两者的数量差达到21篇。从这一数据对比我们可以感知，张琪玉先生对于中国索引事业和索引研究的眷顾，体现出一个学者的宽广心胸，看轻小我、大局为先。

还有一点值得说明，张先生撰写的索引学研究论文，有较多的重复刊出现象，实属罕见。据统计，重复发表的论文有9篇，其中重复两次刊发的是1篇，还有5篇中国索引学会年会论文延后被期刊选中发表。

张琪玉先生的这些论文被重复刊出，绝不是个人所为的"一稿多投"，而是重要论文被其他专业期刊相中，再次挖掘发表。这其中还有一个原因就是，《中国索引》一直作为内刊发行，按照相关规定，正式期刊可以选择内刊上的作品再次发表，由此张先生先在《中国索引》上发表的优秀论文，往往被图书情报等专业期刊选中全文转载，客观上扩大了论文的学术影响。这也从一个侧面反映出张先生撰写的论文质量之高、影响之大，在当时是无人能够企及的。

（三）论文发表形成的具体特点

透过上面的三个图表，以及对张琪玉先生学术人生的考察，其索引学研究论文的发表，真可谓是数量和质量俱佳，形成了鲜明特色。

1. 张琪玉先生坚持不懈、持之以恒研究索引一辈子，刊发论文也持续了50年时间，论文数量始终排名全国第一，至今无人能够超越，无愧为中国索引学研究的第一"劳模"。

2. 自担任中国索引学会副理事长,新世纪开始筹备《中国索引》创刊,张琪玉先生奋发图强,研究不断,形成了索引学研究和论文发表的一个高潮,并在2003和2004年达到顶峰,年发文量为16～17篇。张先生高产高质发表论文持续10年,而就是这10年,他与林仲湘、王同策、葛永庆、侯汉清等索引界前辈精诚合作,将中国索引事业和索引学研究推上一个新高度,并跻身世界索引研究前列。

3. 观察张琪玉先生年度发表论文数量曲线图可知,图形的曲线斜率很大,其中2001年至2010年形成明显的论文刊发高峰期。这期间发表论文数量为87篇,占到113篇论文总数的76.99%,即总数的四分之三。除了论文发表这一高峰期,张先生晚年仍然笔耕不辍,论文数量极少但立意和高度却进一步提升,重点关注中国索引界和中国索引学会的战略发展问题,撰写了《索引事业繁荣的标志》,以及指导图书内容索引编制、地方志索引国家标准制订等经典论文,给我辈留下宝贵的学术遗产。

三、张琪玉索引学论文的分类统计与特点

(一) 论文的分类统计

张琪玉先生一生撰写和发表的113篇索引学研究论文,选题多样,内容具体,言之有物,特色鲜明。依据这些论文的内容特色,以事物分类法为依托,并参照我国索引学研究、索引事业发展特性,笔者先期对这113篇论文一一进行分析和聚类,最后归结为八大类别,即:

索引事业研究

索引理论研究

索引类型研究

索引编纂研究

索引先进技术研究

索引与数据库研究

索引员研究

索引普及与应用研究

以上形成的 8 个张琪玉索引学研究论文分类类别，自然来源于张先生所发表的索引学研究论文本身，通过分类学方法进行聚类后得出。那么，反向将所有 113 篇论文以此 8 大类进行分类和归类，便可以得出以下的各篇论文分类统计结果（见表 2）。

表2 张琪玉索引学研究论文分类统计表

论文分类	论文数量（篇）	百分比（%）
索引事业研究	9	7.96%
索引理论研究	13	11.5%
索引类型研究	17	15.04%
索引编纂研究	40	35.4%
索引先进技术研究	8	7.08%
索引与数据库研究	7	6.2%
索引员研究	6	5.31%
索引普及与应用研究	13	11.5%

为了形象化了解张琪玉先生索引学研究论文的各个类别数量及其各类论文数量之间的比例关系，特制作如下饼图（见图 3），以供进一步分析并增强直观认识。

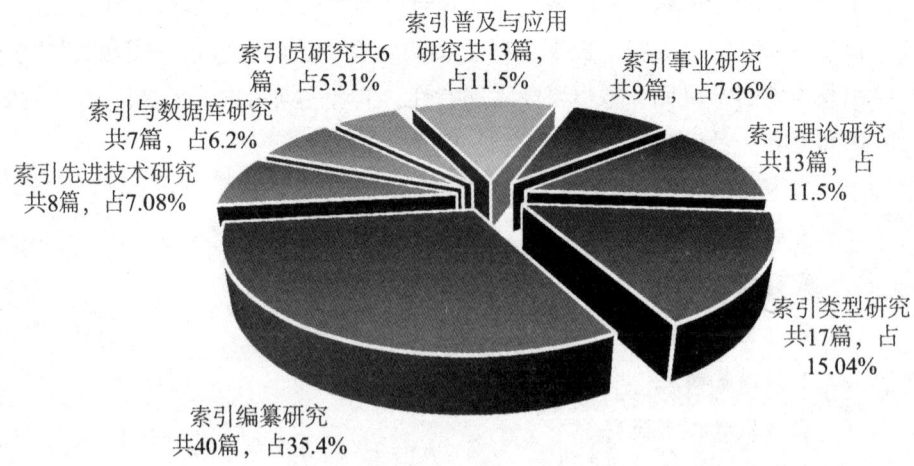

图3 张琪玉索引学研究论文各类别数量及占比

（二）论文的跨类统计

张琪玉先生正式发表的113篇索引学研究论文，不可能每一篇论文都是单一主题的论述，肯定有若干篇论文是双重主题甚至更多主题的论述集合。

为了充分揭示多重主题论文所包含的具体内容，对于涉及多重主题的论文，分别列入相关类别。同样，也为了简化对论文主题的处理，绝大部分论文只列出两个类别，只有两篇论文列出了3个类别。通过分析论文主题内容，有23篇论文列出了两个以上的类别，如表3所示。

表3　张琪玉索引学研究论文跨类统计表

第一类别	其他类别/数量	涉及篇数
索引事业研究	索引理论研究/1	2
	索引编纂研究/1	
索引理论研究	索引事业技术/1	5
	索引编纂研究/1	
	索引与数据库研究/1	
	索引员研究/1	
	索引普及与应用研究/1	
索引类型研究	索引与数据库研究/1	2
	索引普及与应用研究/1	
索引编纂研究	索引事业技术/1	5
	索引理论研究/1	
	索引类型研究/1	
	索引普及与应用研究/2	
索引先进技术研究	索引事业研究/1	3
	索引编纂研究/2	
索引与数据库研究	索引类型研究/1	4
	索引编纂研究/3	
索引员研究	0	0
索引普及与应用研究	索引事业研究/2	2

（三）基于论文分类的特点分析

通过对张琪玉先生索引学研究论文的分类统计和各类论文的占比数据观

察，可以分析出张先生所撰写论文的类别关系，以及形成的类别特点。具体而言，可以归纳为三个特点：

1. 通过分类法构建出的张琪玉先生索引学研究论文8个类别，全面体现了其研究重点和研究特色，其中的"索引类型研究""索引先进技术研究""索引与数据库研究""索引员研究"4类，是其他索引研究者很少涉猎的方向，也可以称之为张先生索引学研究论文的4个鲜明特色。

2. 从论文的分类数量观察，"索引编纂研究"是其研究论文的阐述重点，刊发的论文占比超过总数的三分之一，比位居第二位的"索引类型研究"论文数量多出23篇，多出数量也超过了一倍之多，而且是8类论文中数量最少的"索引员研究"的6.6倍。这明显说明一个问题，张先生虽然是我国最著名的情报检索语言学家，视野宽广，但在研究索引这一"实学"时，从索引编纂的核心问题入手，着眼于理论联系实际，形成了索引编纂的理论、方法、技术和效果研究的系列化研究成果。

3. 除了上述"索引编纂研究"类别成为重中之重外，"索引先进技术研究""索引与数据库研究"两类，也是张先生研究索引问题的另一个类别特色，而且这两类均属于索引新技术范畴，与索引编纂密不可分，发表的论文合计起来达到15篇。由此可知，张先生的研究很重视索引编纂现代化和索引未来发展，期望中国索引研究和索引编纂插上科技的翅膀。

四、张琪玉索引学论文的主题归纳

（一）论文主题标引及结果呈现

张琪玉先生一生研究索引，也形成自己的索引学研究特点和研究重点。那么，张先生研究索引重点关注什么问题？这主要体现在各篇论文的研究主题上。

张先生曾经撰文提倡使用"索引法"开展科学研究。[1] 为此笔者也活学活用，通过索引法之主题标引技术，对113篇索引学研究论文的题内关键词展开分析和标引，然后再进行主题词汇总和排序，得出如下"张琪玉索引学研究论文高频词汇总表"（见表4）。

---

[1] 张琪玉. 索引法也是一种研究方法 [J]. 中国索引, 2004 (2): 59.

表4 张琪玉索引学研究论文高频词汇总表

排序	高频词	词频	排序	高频词	词频	排序	高频词	词频
1	索引	217	10	事业	5	19	情报	2
2	数据库	16	11	检索	5	20	轮排	2
3	编制	13	12	中国	4	21	方法	2
4	图书	10	13	专著	4	22	服务	2
5	标引	9	14	自由标引	4	23	工作者	2
6	期刊	8	15	学术	4	24	功用	2
7	关键词	7	16	年度索引	3	25	论文	2
8	文献	7	17	体系	3	26	署名	2
9	研究	6	18	语言	3	27	专题	2

将以上提取的高频词，导入ROST Content Mining内容分析工具，然后对构建网络和共词矩阵的高频词进行参数设置，进而生成以下"张琪玉索引学研究论文语义网络图"（见图4），以供展开论文主题分析。

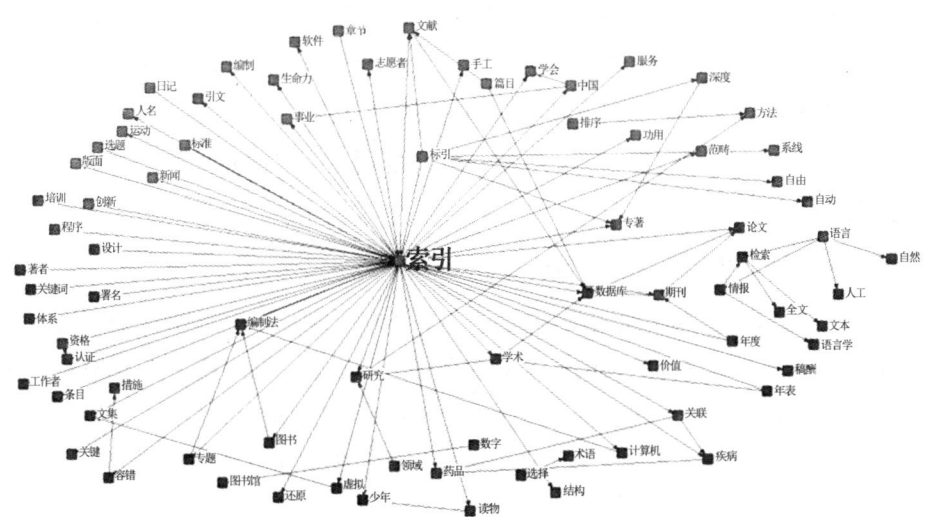

图4 张琪玉索引学研究论文语义网络图

（二）论文主题归纳后的直观分析

通过观察分析表4"张琪玉索引学研究论文高频词汇总表"及其图4"张琪玉索引学研究论文之语义网络图"，我们应该直观地发现，以主题词来归纳

张琪玉先生发表论文情况,存在3个明显趋势:

1. 张琪玉先生所发表的索引学研究论文,全部围绕"索引"这一核心主题展开,自然是天经地义的事情,不需赘述。其在题内关键词中出现频率之高,也是可以想象的,具体数值为其他重要高频词平均数的 15~20 倍以上。同理,观察语义网络图"索引"一词是图中的唯一中心,没有第二,且居于最理想的黄金分割线上,说明张先生的论文研究主题核心确指,方向明确。

2. 位列第二阵营的高频主题词包括"数据库""编制""图书""期刊""关键词""标引""研究""事业""文献"等。观察这几个高频主题词在语义网络图中的位置,它们围绕在核心词"索引"周围,处于第一层级,且与"索引"有直线链接,各词之间绝大多数也有链接。这直观说明张先生刊发论文重点研究的几大专题清晰可见,再次印证了张先生研究的重点领域,连缀在一起那就是:索引与数据库研究、索引编制、索引关键词标引、图书期刊等传统文献索引编制、索引研究、索引事业。

3. 再分析其他主题词情况,其数量较多,在 50 个左右,它们集中呈现为"星状",围绕在核心词"索引"四周分布。因为是对一个人发表论文的数据进行统计,数据总量的确有限,高频词这个概念也是相对的,但反映出的情况还是真实的,即这些主题词大多数与核心词"索引"呈单线连接,背后反映的是一或两篇论文的研究主题,还有一些主题词相互之间有交集,反映出所写论文的主题多样性。

(三)论文主题归纳后的深入分析

1. 从表 4 "张琪玉索引学研究论文高频词汇总表"中考察张先生研究主题的数量差值,从图 4 "张琪玉索引学研究论文之语义网络图"中观察研究主题的分布与重要程度,可知张琪玉先生的索引学研究明显涵盖三个层级:一是核心层——索引,论文都是围绕索引理论与索引编纂的核心问题展开;二是关键层——诸如"编制""标引""文献""研究""事业""数据库"等,反映了张先生关注及研究的重点方向;三是基础层——即围绕在语义网络图四周的主题词所反映的研究主题,体现出张先生的索引学研究视野宽广,着眼点多,成果颇丰。

2. 核心词"索引"和第二阵营的高频主题词均清晰、明确展现在语义网络图上,形成一个众星捧月之势,形象地展示出张先生索引学研究的侧重点,以及论文刊发数量。通过这一分析，我们随之可知晓张先生索引学研究的几大重点，从中把握当时的关键性问题所在。换句话说，核心词"索引"与几个重要高频主题词，折射出张先生将自己的时间精力，都放在了几个索引学的关键问题上展开研究。

3. 进一步引申研究论文之语义网络图，几个重要的、关键性的高频主题词围绕在核心词"索引"周围，共同构成索引学研究的中坚，第三层的基础性主题词则作为研究的各个支点。无疑，这就是张先生索引学研究的概貌，同时，也为我们提供了一个中国索引研究的"项目清单"或曰"课题指南"，即把索引研究的重点课题明示给后人，如索引编纂研究、索引与数据库研究、标引技术研究、索引事业研究，等等。

五、通过论文对张琪玉索引学核心思想的总结

通过研读张琪玉先生论文原文，再结合公开发表的研究张琪玉先生索引学思想的相关论文，笔者在"发展中的世界索引事业"国际学术研讨会暨2018年中国索引学会年会上所做主题报告——"新世纪中国索引编纂与研究述评"时提及，近年来张琪玉索引理论研究成为我国索引学研究的一大亮点，且梳理全面，这些论文发表数量已达30多篇。

其中具有代表性的论文有：曹树金、姚瑶发表的《中国当代索引学的精髓——张琪玉教授的索引学思想研究》（《图书馆论坛》，2009年第6期），王崇良、韩爱萍刊发的《张琪玉索引学思想研究》（《中国索引》，2012年第4期），戴维民撰写的《张琪玉情报语言学思想十论》（《图书馆杂志》，2014年第6期），郭丽芳、温国强合撰的《张琪玉教授对中国索引学会和中国索引事业的贡献》（《图书馆杂志》，2014年第9期），汪东波、卜书庆发表的《源于实践 指导实践的理论——从应用的视角评析张琪玉情报语言学理论》（《图书馆杂志》，2014年第9），王兰成采访张琪玉先生撰写的《当代中国索引学的开拓者和引路人》（《中国索引》第三辑，2017年）等。[①]

郭丽芳和温国强合撰的《张琪玉教授对中国索引学会和中国索引事业的

---

① 王彦祥. 新世纪中国索引编纂与研究述评（下）[M]//中国索引学会. 中国索引（第七辑）. 上海：复旦大学出版社，2019：3-47.

贡献》一文颇具代表性，论文从6个方面系统阐述了张先生对中国索引学会和中国索引事业的贡献：创立中国索引学会，提高学会学术水平；创办《中国索引》杂志，制定办刊方针；推动中国索引事业标准化进程；指明中国索引学会转型与发展之路；倡导索引走向社会、走向大众、走向生活；重视各类型索引知识和技术的研究与实践。[①]

本文通过全面梳理张琪玉先生发表的所有113篇索引学论文，对论文进行数据汇集和主题分析可知，尽管张先生发表的很多论文都是短小精干的"小论文"，但几乎每篇论文都有新思想、新思考、新认识，提出了较多的索引创新思路，值得继续学习研究。综合考虑张琪玉先生所发表论文的质量和影响力、分类聚合度、主题频度等，再参考研究张琪玉索引学思想的第三方论文，笔者从论文发表的角度，总结出张琪玉先生重要的"五大索引学观点"。

（一）万事万物皆可索引

此一观点似陈年黄酒，越品味越觉得其蕴含的道理深刻，且语句精湛，朗朗上口，容易被众人接受。这一重要的索引学观点提出时，论文标题就是《万事万物皆可索引》，发表于2003年《图书馆理论与实践》期刊上。原文指出：索引作为查找目的事物的工具，其原理具有普遍适用性……按其实质是以与事物原有排序方式不同的另一种排序方式提供科学的、需要的查找途径（检索途径），以提高查找某一目的事物的效率。[②]

2017年中国索引学会年会上，中国索引学会副理事长、南京大学叶继元教授做主旨报告时沿用这一论断，并进一步从本体论信息和认识论信息、信息组织的含义、索引原理和索引实务四个方面，论证了"万事万物皆可索引"的可能性和可行性。[③] 历经十几年的学习认识和实践，这一学术观点不仅在中国索引界广为熟知，在社会各界人群也逐渐被人们接受。

（二）现代索引就是数据库

这一著名观点，也源于张先生的一篇论文，即2001年第12期《图书馆杂

[①] 郭丽芳，温国强. 张琪玉教授对中国索引学会和中国索引事业的贡献 [J]. 图书馆杂志，2014 (9): 18–24, 65.

[②] 张琪玉. 万事万物皆可索引 [J]. 图书馆理论与实践, 2003 (6): 47–49.

[③] 叶继元. "万事万物皆可索引"：可能性、可行性与实例分析 [M] //中国索引学会. 中国索引（第四辑）. 上海：复旦大学出版社, 2017: 3–10.

志》上发表的《现代的索引就是数据库》。2003年的《中国索引》创刊号上再次刊发这一论文，并注释说：此文原系作者于2001年5月为本刊创刊而写，后因本刊延期出版，先送《图书馆杂志》发表，现仍转载于此。① 由此可知，这一重要理论创新的时间点应记载于新世纪之初，距今已经20年，用深入人心来形容也不为过。

张先生在论文中指出，现代的索引就是数据库，现代的索引工作者就是数据库建造者，当前索引事业发展的重点是数据库建设，以此推动传统索引与数据库的结合，也能推动索引工作的现代化。20年来，中国索引学会也积极贯彻这一理论思想，其年会主题也曾经以此为题展开研究，并在学会中增设了数据库专业委员会，同时数据库专家和数据库公司也纷纷加入学会，在传统与现代结合中一同发展中国的索引事业。凡此种种，时间和行动都印证了这一思想的正确性和先进性。

(三) 索引编纂是索引研究的核心命题

尽管张琪玉先生是我国著名的情报语言学家，理论功底深厚，但他对于索引研究和索引编纂同样钟爱有加，撰写最多的索引学论文却属于"索引编纂"类别，占到总数的三分之一。他认为，索引学是实学，索引理论的发展离不开索引编纂实践，大量的索引成果可以带动索引研究也能够支撑各项工作。因此，他带头研究各类型索引编纂规律，提出过若干新的索引类型，并形成自己的一大研究特色。他不顾年岁已大，身体力行钻研图书、期刊、报纸等传统索引编纂，提出了不少具体编纂的方式方法，小到《论索引项》《文献的可标引内容》，大到《索引的结构》《图书索引编制法》《索引的创新》，很多都体现在论文题目和高频主题词中；还亲自探索索引编纂新技术，倡导《告别手工索引时代》，指出《推广文献索引计算机编制法是促进我国索引事业发展的一项重要措施》。他还身体力行开发实用小程序，撰文推荐计算机辅助编纂索引等。

考察张先生发表的这些实践性、指导性很强的索引编纂论文，不难发现其表达的核心思想，即索引理论研究不能脱离索引编纂，否则将沦为无源之水、无本之木，索引技术研究也要服务于索引编纂，这是21世纪索引工作的重点，

---

① 张琪玉. 现代的索引就是数据库 [J]. 中国索引, 2003 (1): 4-6.

而且提出了我国索引事业繁荣的目标,其重点就是:索引编纂数量大幅度增加,20%的专著编纂有书后索引,80%的学术期刊编纂有年度性的主题索引和著者索引;与此同时使索引覆盖面大幅度扩大,索引质量大幅度提高,索引产品生产企业化,索引服务网络化。① 只要将传统索引与现代数据库贯通,索引理论研究与索引编纂实践相结合,索引事业必将迎来大的发展。

(四) 索引员培养、实施职业资格认证是百年大计

张琪玉先生不仅重视索引编纂、索引研究,还密切关注索引队伍建设问题,为此撰写发表了一组论文,数量有7篇,经调查他也是国内就此问题刊发论文最多的作者。这组论文论及索引工作者的劳动性质问题、索引员署名问题、索引稿酬问题、图书内容索引编制者定位问题、索引工作者的专业知识结构问题、索引员资格认证和专业培训问题等。其主要观点是:索引员是知识服务者,其编制的索引成果具有法律意义上的著作权,当然也就具有索引作品的署名权,出版单位和图书情报机构应尊重索引员的劳动,须正常署名,及时付酬。

放眼全球,没有什么人、没有哪个机构或国家像张先生这样关注索引员工作和索引员培养问题,并把各个方面考虑得如此周全。编纂索引、研究索引必须要由索引员来执行,而中国的传统文化思维是高度重视目录(包括新书刊的目录、图书情报机构的书目),对于舶来品的索引则重视不够,要改变这一局面就必须培养中国的索引员,这是十年树木百年树人的大问题,必须尽早落实。为此,张先生具体提出了实施索引员职业资格考试和认证方案,如索引员应具有大学本科毕业水平,具备索引学基本知识和编制索引的能力;大专学历者通过培训和有三倍的索引实践作品考核优秀者,可获索引员资格。培训考试与资格认证考试可以合二为一,通过资格认证者,发给索引员资格证书,索引员专业培训内容依据资格认证的标准确定,但必须有索引实践作品,能编制出文献篇目索引、图书内容索引。索引员资格认证工作理应由中国索引学会承担,索引员的专业培训任务,也最好由学会具体实施。②

(五) 索引要走向社会、走向大众、走向生活

张琪玉先生是一位心思缜密的学者,他一辈子研究索引,更不遗余力地推

---

① 张琪玉. 索引:面向21世纪 [J]. 中国索引, 2003 (2): 3-4.
② 张琪玉. 关于我国实施索引员资格认证和专业培训的思考 [J]. 中国索引, 2009 (1): 2-3.

广索引,不仅考虑到索引界,还想到了全社会,希望把索引推向社会各个方面。既然研究所得"索引法也是一种研究方法","万事万物皆可索引",故此在索引应用推广方面,他亦提出了新的观点:索引要走向社会、走向大众、走向生活。在张琪玉先生的策动下,中国索引学会2004年度年会主题就确定为"索引走向社会、走向大众、走向生活",他还以"《中国索引》编辑部"名义,撰写了一篇评论——《索引要走向社会》。①

为了辅助这一观点,张琪玉先生还撰写了诸如《知识诚可贵 索引价亦高——简论索引的功用》《推广实用性较大的文献索引与数据库》《编制教材索引为大学生服务》《吸引志愿者的力量发展索引事业》等论文,希冀索引步入社会生活的速度快些,再快些。张先生要让索引走向社会、走向大众、走向生活,实质上就是希望更多的人正确认识索引,利用索引,令索引"鲜活"起来,发挥出更大的作用,这与目前中国索引学会提出的要使索引深入到社会各个角落、培育国人索引思维是一脉相承的。我们应当学习张琪玉先生的专业精神,领会其索引学思想精髓,牢记使命,奋然前行,把中国索引事业引向新的高度,把索引推向更广泛的社会和生活!

致 谢:

感谢《中国索引》编辑部温国强教授,为本文写作无私地提供相关资料。感谢研究生刘子涵,协助导师进行数据处理和图表编制,并付出大量劳动。

附录:

张琪玉索引学研究论文分类索引

一、索引事业研究

[1] 张琪玉. 关于索引学研究和索引工作开展的设想与建议 [J]. 江苏图书馆学报, 1993 (1):3-7.(又入:索引理论研究)

[2] 张琪玉. 推广文献索引计算机编制法是促进我国索引事业发展的一项重要措施 [J]. 图书与情报, 1996 (4):34-37.

[3]《中国索引》编辑部.《中国索引》发刊词 [J]. 中国索引, 2003 (1):3.

---

① 《中国索引》编辑部. 索引要走向社会 [J]. 中国索引, 2004 (4):8.

[4] 张琪玉. 索引：面向21世纪 [J]. 中国索引, 2003 (2)：3-4.

[5]《中国索引》编辑部.《年鉴索引编纂问题及其解决方案》一文的启示 [J]. 中国索引, 2003 (4)：12.（又入：索引编纂研究）

[6]《中国索引》编辑部. 索引服务是中国索引学会走向社会的主要道路 [J]. 中国索引, 2004 (1)：2-3.

[7]《中国索引》编辑部. 索引要走向社会 [J]. 中国索引, 2004 (4)：8.

[8] 张琪玉. 中国索引事业：当前格局与问题 [J]. 中国索引, 2005 (4)：9-13.

[9] 张琪玉. 图书内容索引事业：我国可能采取什么模式 [J]. 中国索引, 2007 (2)：2-3.

[10] 张琪玉. 吸引志愿者的力量发展索引事业 [J]. 中国索引, 2011 (1)：53-54.

[11] 张琪玉. 索引事业繁荣的标志 [J]. 中国索引, 2013 (4)：21-22.

二、索引理论研究（含索引学科、教育、标准、国际化等）

[1] 张琪玉. 关于索引学研究和索引工作开展的设想与建议 [J]. 江苏图书馆学报, 1993 (1)：3-7.（又入：索引事业研究）

[2] 张琪玉. 情报检索语言中轮排的原理和方法 [J]. 图书馆建设, 1993 (1)：15-19.（又入：索引编纂研究）

[3] 张琪玉. 索引的创新 [J]. 图书馆理论与实践, 2002 (4)：32-34.

[4] 张琪玉. 现代的索引就是数据库 [J]. 图书馆杂志, 2001 (12)：6-7.（又入：索引与数据库研究）

[5] 张琪玉. 振兴索引学术研究，根本在于拓宽研究领域 [J]. 中国索引, 2003 (2)：2.

[6]《中国索引》编辑部. 索引工作的性质与索引工作者劳动的性质 [J]. 中国索引, 2004 (3)：2-3.（又入：索引员研究）

[7] 张琪玉. 知识诚可贵 索引价亦高——简论索引的功用 [J]. 中国索引, 2003 (3)：3-4.（又入：索引普及与应用）

[8] 张琪玉. 万事万物皆可索引 [J]. 图书馆理论与实践, 2003 (6)：47-49.

[9] 张琪玉. 索引法也是一种研究方法 [J]. 中国索引, 2004 (2)：59.

[10] 余晖. 20世纪20~30年代我国的索引运动：回顾与启示 [J]. 中国索引, 2004 (3)：49-51.

[11]《中国索引》编辑部. 四种索引标准综述 [J]. 中国索引, 2005 (1)：2-4.

[12] 张琪玉. 索引的生命力 [J]. 中国索引, 2005 (1)：58-60.

[13] 张琪玉. 关于《〈地方志索引编制规则〉起草方案（征求意见稿）》的几点意见 [J]. 中国索引, 2016 (1)：2-5.

三、索引类型研究

[1] 张琪玉. 新型文献索引 [J]. 综合科技动态情报工作, 1966 (5).

[2] 张琪玉. 工具书功能索引——关于编制"工具书之工具书"的设想 [J]. 图书馆杂志, 1992 (2)：22 - 25.

[3] 张琪玉. 报纸文献是一种极为丰富而未被充分开发的信息源——关于发展报纸文献索引和数据库的思考 [J]. 图书馆杂志, 1999 (2)：7 - 9.

[4] 张琪玉. 古籍索引的一个范例——介绍《古今图书集成》电子版的索引数据库 [J]. 图书馆杂志, 2000 (5)：48 - 49.（又入：索引与数据库研究）

[5] 张琪玉. 群书章节索引 [J]. 图书馆理论与实践, 2002 (4)：32 - 34.

[6] 张琪玉. 需要专业引文索引 [J]. 图书馆理论与实践, 2003 (1)：39 - 41.

[7] 张琪玉. 专著索引 [J]. 江西图书馆学刊, 2003 (2)：1 - 2.

[8] 张琪玉. 笔记索引和日记索引 [J]. 图书馆理论与实践, 2003 (6)：47 - 49.

[9] 余晖. 为期刊目次页加一个页边关键词索引 [J]. 中国索引, 2004 (3)：37.

[10] 竹林. 药品与疾病关联索引 [J]. 中国索引, 2006 (1)：56.

[11] 张琪玉. 虚拟文集与虚拟文集内容索引 [J]. 中国索引, 2006 (1)：55 - 56.

[12] 张琪玉. 带附加信息的图书内容索引 [J]. 中国索引, 2006 (2)：53 - 54.

[13] 张琪玉. 论索引的两大基本类型 [J]. 中国索引, 2006 (3)：16 - 18.

[14] 张琪玉. 楼市索引的结构设计分析 [J]. 中国索引, 2006 (3)：49 - 50.

[15] 张琪玉. 新闻索引的特殊性 [J]. 中国索引, 2007 (4)：36 - 37.

[16] 张琪玉. 一种少年读物的内容索引 [J]. 中国索引, 2008 (1)：47 - 48.

[17] 张琪玉. 专题索引仍有价值 [J]. 中国索引, 2009 (3)：52.

[18] 张琪玉. 编制教材索引为大学生服务 [J]. 中国索引, 2009 (4)：53.（又入：索引普及与应用研究）

[19] 张琪玉. 产品说明书内容索引 [J]. 中国索引, 2010 (3)：58 - 59.

四、索引编纂研究

[1] 张琪玉. 文献主题的构成因素及层次 [J]. 图书情报知识, 1985 (1)：39 - 41.

[2] 张琪玉. 汉语检索词词素轮排索引编制法探索 [J]. 图书与情报, 1992 (4)：16 - 19.

[3] 张琪玉. 情报检索语言中轮排的原理和方法 [J]. 图书馆建设, 1993 (1)：15 - 19.

[4] 张琪玉. 试论隐含主题 [J]. 图书馆理论与实践, 1993 (2)：25 - 29.

[5] 张琪玉. 一个精心设计的索引体系 [J]. 上海高校图书情报学刊, 1993 (4)：49 - 50.

[6] 张琪玉. 论索引项 [J]. 图书馆杂志, 1994 (5): 9-11.

[7] 张琪玉. 人—机结合的题内关键词索引可回避汉语分词难题 [J]. 图书馆杂志, 1993 (4): 14-15.

[8] 张琪玉. 论自由标引 [J]. 图书馆学刊, 1995 (5): 35-37.

[9] 张琪玉. 主题标引的原理和方法（一）[J]. 图书馆学刊, 1996 (1): 26-28.

[10] 张琪玉. 主题标引的原理和方法（二）[J]. 图书馆学刊, 1996 (2): 30-35.

[11] 张琪玉. 文献标引 [J]. 情报理论与实践, 1996 (2): 60-64.

[12] 张琪玉. 汉语题内关键词索引的一种编制方法 [J]. 图书馆理论与实践, 1998 (1): 13-15.

[13] 张琪玉. 汉语题内关键词索引的另一种编制方法 [J]. 图书馆理论与实践, 1998 (4): 38-40.

[14] 张琪玉. 汉语题内关键词索引的第三种编制方法 [J]. 图书馆杂志, 1999 (11): 8-10.

[15] 张琪玉. 基于自由标引的索引体系和分类体系 [J]. 图书馆学刊, 2001 (6): 6-7.

[16] 张琪玉. 索引的结构 [J]. 图书馆学刊, 2002 (1): 7-8.

[17] 张琪玉. 标引深度 [J]. 图书馆理论与实践, 2002 (1): 34-35.

[18] 张琪玉. 《中国索引综录》的功用 [J]. 图书馆理论与实践, 2002 (4): 32-34. (又入：索引普及与应用研究)

[19] 张琪玉. 索引和数据库的选题与设计 [J]. 图书馆学刊, 2002 (5): 9-16.

[20] 《中国索引》编辑部. 《年鉴索引编纂问题及其解决方案》一文的启示 [J]. 中国索引, 2003 (4): 12.

[21] 张琪玉. 期刊年度索引亟需改进 [J]. 图书馆理论与实践, 2003 (6): 47-49.

[22] 张琪玉. 期刊论文数据库检索结果或小型专题期刊论文索引的一种排序方法 [J]. 图书馆理论与实践, 2003 (6): 47-49.

[23] 张琪玉. 文献的可标引内容 [J]. 中国索引, 2004 (1): 3-6.

[24] 张琪玉. 基于含糊抽词的汉语题内关键词索引与数据库分析 [J]. 中国索引, 2004 (2): 12-14.

[25] 《中国索引》编辑部. 关于改进图书馆学情报学期刊年度索引的倡议 [J]. 中国索引, 2004 (3): 23.

[26] 张琪玉. 文献标引是需要智慧的近乎艺术创造的处理过程 [J]. 图书馆杂志, 2004 (3): 24-25.

[27] 张琪玉. 词素轮排索引法在构词词典编排中的应用 [J]. 中国索引, 2004 (3): 40.

[28] 竹林. 图书索引编制法 [J]. 中国索引, 2004 (3): 42-48.

[29] 张琪玉. 文献标引中人与计算机的分工协作 [J]. 中国索引, 2004 (4): 58. (又入: 索引先进技术研究)

[30] 张琪玉. 期刊年度索引版面的压缩方法 [J]. 中国索引, 2005 (1): 58-60.

[31] 竹林. 专题索引编制法 [J]. 中国索引, 2005 (2): 46-47.

[32] 张琪玉. 索引版面中的心理学和美学现象 [J]. 中国索引, 2005 (2): 57.

[33] 张琪玉. 容错措施与标准化 [J]. 中国索引, 2005 (3): 47-48.

[34] 张琪玉. 人名录配置索引的必要性 [J]. 中国索引, 2005 (4): 53.

[35] 张琪玉. 自由标引中标引副标题概念词的问题 [J]. 中国索引, 2006 (1): 55-56.

[36] 张琪玉. 图书内容索引的标引深度问题 [J]. 中国索引, 2006 (2): 5-6.

[37] 张琪玉. 标引词倒置法研究 [J]. 中国索引, 2006 (4): 12-13.

[38] 张琪玉. 《图书内容索引编制法》前言与目录 [J]. 中国索引, 2006 (4): 13-15.

[39] 张琪玉. 学习图书内容索引标引经验的一种方法——索引还原法 [J]. 中国索引, 2006 (4): 41.

[40] 张琪玉. 期刊索引配置方案的选择 [J]. 中国索引, 2007 (1): 13-14.

[41] 张琪玉. 图书内容索引事业: 我国可能采取什么模式 [J]. 中国索引, 2007 (2): 2-3. (又入: 索引事业研究)

[42] 张琪玉. 学术性索引的一个范例——《泰山研究资料索引》[J]. 中国索引, 2008 (2): 35-36. (又入: 索引普及与应用研究)

[43] 张琪玉. 关于学术性专著深度标引的设想 [J]. 中国索引, 2009 (2): 51-52.

[44] 张琪玉. 术语选择: 索引成功的关键 (Term selection: the key to successful indexing) [J]. THE INDEXER (英国《索引家》), 2009 (3).

[45] 张琪玉. 专题索引仍有价值 [J]. 中国索引, 2009 (3): 52. (又入: 索引类型研究)

[46] 张琪玉. 关于《〈地方志索引编制规则〉起草方案 (征求意见稿)》的几点意见 [J]. 中国索引, 2016 (1): 2-5. (又入: 索引理论研究)

五、索引先进技术研究

[1] 张琪玉. 人—机结合的题内关键词索引可回避汉语分词难题 [J]. 图书馆杂志, 1993 (4): 14-15. (又入: 索引编纂研究)

[2] 张琪玉. 推广文献索引计算机编制法是促进我国索引事业发展的一项重要措施 [J]. 图书与情报, 1996 (4): 34-37. (又入: 索引事业研究)

[3] 张琪玉. 用 WPS 文字处理软件编制简单电子索引的方法 [J]. 图书馆杂志, 1997 (3): 7-8.

[4] 张琪玉. 告别手工索引时代——一名中国索引学会会员的思考 [J]. 情报资料工作,

2000（1）：13-14.

［5］张琪玉.《中国大百科全书》光盘版索引体系分析［J］. 图书馆杂志，2001（10）：52-53.

［6］张琪玉. 自动抽词与自动分词［J］. 图书馆杂志，2002（3）：13-14.

［7］张琪玉. 图书索引软件的功能要求与编制难题［J］. 中国索引，2004（3）：41.

［8］张琪玉. 编制期刊年度主题索引和著者索引用的应用程序［J］. 中国索引，2004（4）：18-20.

［9］张琪玉. 文献标引中人与计算机的分工协作［J］. 中国索引，2004（4）：58.（又入：索引编纂研究）

［10］张琪玉. 计算机排序还不能完全自动化［J］. 中国索引，2006（3）：49-50.

［11］张琪玉. 利用WORD和WPS编制汉语题内关键词索引［J］. 中国索引，2007（3）：57-58.

六、索引与数据库研究

［1］张琪玉. 报纸文献是一种极为丰富而未被充分开发的信息源——关于发展报纸文献索引和数据库的思考［J］. 图书馆杂志，1999（2）：7-9.（又入：索引类型研究）

［2］张琪玉. 古籍索引的一个范例——介绍《古今图书集成》电子版的索引数据库［J］. 图书馆杂志，2000（5）：48-49.

［3］张琪玉. 学术年表式索引数据库的设想［J］. 图书馆理论与实践，2002（4）：32-34.

［4］张琪玉. 索引和数据库的选题与设计［J］. 图书馆学刊，2002（5）：9-16.（又入：索引编纂研究）

［5］张琪玉. 现代的索引就是数据库［J］. 图书馆杂志，2001（12）：6-7.

［6］张琪玉. 集成工具书：工具书条目索引数据库［J］. 图书馆理论与实践，2003（3）：37-39.

［7］张琪玉. 改造题名的汉语题内关键词索引数据库［J］. 图书馆理论与实践，2003（3）：37-39.

［8］张琪玉. 目录索引书刊与数据库的更新和改造［J］. 图书馆理论与实践，2003（4）：43-45.

［9］张琪玉. 期刊论文数据库检索结果或小型专题期刊论文索引的一种排序方法［J］. 图书馆理论与实践，2003（6）：47-49.（又入：索引编纂研究）

［10］张琪玉. 基于含糊抽词的汉语题内关键词索引与数据库分析［J］. 中国索引，2004（2）：12-14.（又入：索引编纂研究）

［11］张琪玉. 关于图书内容累积索引数据库的设想［J］. 中国索引，2007（4）：18.

［12］张琪玉. 文献篇目数据库犹如做表格索引游戏［J］. 中国索引，2008（4）：36-38.

七、索引员研究

［1］《中国索引》编辑部. 索引工作的性质与索引工作者劳动的性质［J］. 中国索引，2004（3）：2-3.

［2］张琪玉. 索引员署名的意义［J］. 中国索引，2006（2）：53-54.

［3］张琪玉. 谁来编图书内容索引［J］. 中国索引，2007（1）：47.

［4］张琪玉. 关于图书内容索引的稿酬［J］. 中国索引，2008（1）：47-48.

［5］张琪玉. 索引工作者需要懂一点情报语言学［J］. 中国索引，2008（3）：45.

［6］张琪玉. 关于我国实施索引员资格认证和专业培训的思考［J］. 中国索引，2009（1）：2-3.

［7］张琪玉. 建议实行图书内容索引编制者署名及定位［J］. 中国索引，2015（3）：26-27.

八、索引普及与应用研究

［1］张琪玉.《中国索引综录》的功用［J］. 图书馆理论与实践，2002（4）：32-34.

［2］张琪玉. 知识诚可贵索 引价亦高——简论索引的功用［J］. 中国索引，2003（3）：3-4.

［3］张琪玉. 索引与数字化书刊和数字图书馆［J］. 图书馆理论与实践，2003（3）：37-39.

［4］张琪玉. 关于专著索引上网［J］. 中国索引，2003（4）：44.

［5］《中国索引》编辑部. 推广实用性较大的文献索引与数据库［J］. 中国索引，2004（2）：2.

［6］余晖. 用索引法管理家庭剪报［J］. 中国索引，2004（2）：57-58.

［7］《中国索引》编辑部. 索引要走向社会［J］. 中国索引，2004（4）：8.（又入：索引事业研究）

［8］张琪玉. 索引与图书［J］. 中国索引，2005（2）：56.

［9］张琪玉. 索引与期刊［J］. 中国索引，2005（3）：47-48.

［10］张琪玉. 索引与辞书-［J］. 中国索引，2005（3）：47-48.

［11］张琪玉. 书目、题录、专著索引、文本检索系统的联系与区别［J］. 中国索引，2005（2）：56.

［12］张琪玉. 全文检索与索引［J］. 图书馆杂志，2007（11）：3-5.

[13] 张琪玉. 学术性索引的一个范例——《泰山研究资料索引》[J]. 中国索引, 2008 (2): 35-36.

[14] 张琪玉. 编制教材索引为大学生服务 [J]. 中国索引, 2009 (4): 53.

[15] 张琪玉. 索引与地图的结合 [J]. 中国索引, 2010 (1): 43.

[16] 张琪玉. 吸引志愿者的力量 发展索引事业 [J]. 中国索引, 2011 (1): 53-54.（又入：索引事业研究）

王彦祥　北京印刷学院教授，传播学、新闻学和出版专硕研究生导师，索引编纂研究所所长。中国索引学会副理事长，中国地方志学会编辑出版研究会副会长。

Statistics, Analysis and Reviews of Zhang Qiyu's Research on Index
— Based on the Summary of the Articles Written by Mr. Zhang Qiyu

Wang Yanxiang

Abstract: This paper uses scientific methods such as the index method, statistical analysis method, comprehensive induction method, and grounded theory method, etc. to statistics and analysis of all 113 indexing research papers written by Mr. Zhang Qiyu. Then the author analyzes the research fields of Zhang Qiyu's index papers and gives a statistical table of the classification of these indexing research paper. The author also points out the characteristics of these paper and summarizes the topics of them by a high-frequency vocabulary list of them and a semantic network diagram. Through visual analysis and in-depth analysis, Zhang Qiyu's five major indexation viewpoints were drawn out, which are *Everything can be indexed, Modern indexes are databases, Index compilation is the core proposition of index research, The cultivation and implementation of professional qualification certification for indexers are century-old plan, Indexes must go to society, the public, and life*. At the end of the paper, the "Zhang Qiyu Indexing Research Paper Classification Index" is attached.

Keywords: Zhang Qiyu; Indexology; Index Research; Index Compilation; Statistical Analysis

论中国索引工作的重点方向
——基于张琪玉索引学相关论述研究

闫 森

(北京印刷学院新闻出版学院 102600)

摘 要 本文采用文献分析法、统计分析法、综合归纳法等方法，从时间脉络分析张琪玉先生撰写发表的索引学论文的主题方向，指出张琪玉先生索引学研究分为三个主要时期：20世纪90年代，张琪玉先生对中国当代索引学进行系统的研究，是中国索引学术研究的引领者；21世纪00年代，张琪玉先生重点主张现代索引就是数据库，是索引现代技术研究的带动者；21世纪10年代，张琪玉先生致力于将索引推向社会走向未来，是迎接索引新世纪的呼唤者，由此得出索引理论+实践研究、索引技术+数据库研究、索引编纂+创新研究三大重点工作方向。最后指出索引编纂应作为今后最核心的索引研究主题，也应成为我国索引工作的重点发展方向。

关键词 张琪玉 索引工作 索引研究 索引编纂 研究方向

一、数据源说明

张琪玉先生是我国索引学研究的领军人物，他的索引学研究成果非常多，而且在不同阶段呈现出不同的研究特点和研究重点，总是代表着中国索引工作的重点方向。

张琪玉先生一生发表的113篇索引研究论文中，第一篇关于索引学研究的论文1966年发表在期刊《综合科技动态情报工作》上，题为《新型文献索引》；第二篇索引学研究论文《文献主题的构成因素及层次》，刊登在期刊《图书情报知识》1985年第一期上。因这两篇论文发表时间相对较久、且时间不够集中，因此不在本次研究范围内。

对其余111篇论文发表的时间及主题研究方向进行统计分析，可分为三个时期：第一个时期是20世纪90年代，共发表论文18篇；第二个时期是21世纪00年代，共发表论文87篇；第三个时期是21世纪10年代，共发表论文6篇。

二、索引理论+实践研究：索引学术研究的引领者

20世纪90年代也就是1990至1999年期间，张琪玉先生共发表论文18篇。在这时期的中国，索引作为舶来品，索引知识亟待研究，索引编纂操作经验亟需丰富，索引专业队伍亟需壮大。自20世纪90年代以来，张琪玉先生对索引学的研究不断深入，成就卓著，成为中国当代索引学研究的领军人物。

张琪玉先生的索引学研究重点主要体现在他撰写的论文中，可看出在这一时期，索引工作的重点方向是索引编纂实践研究和索引学理论研究，从确定索引选题到索引编纂的理论、方法、技术等整个过程，每一个步骤都有详细的论述。在这一时期，张琪玉先生所撰写的论文数量以及对应索引研究方向如图1所示。

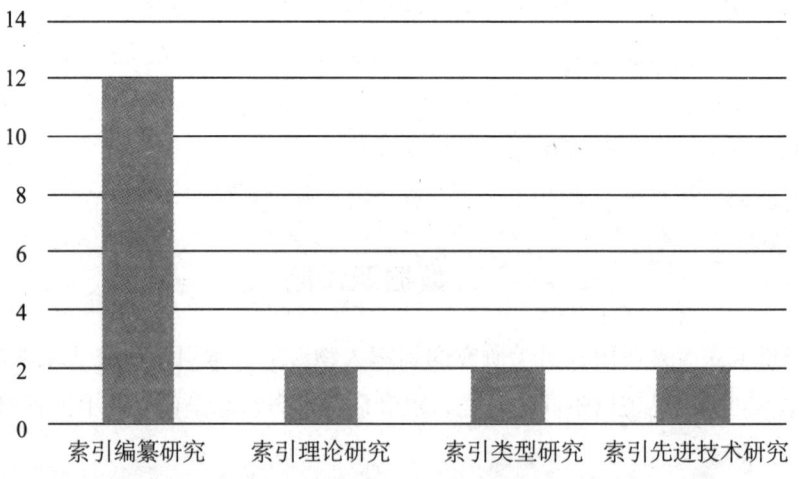

图1　20世纪90年代张琪玉论文数量及索引研究方向统计图

通过分析张琪玉先生对索引学研究的论文，可以得知，在这一时期张琪玉先生主要研究了索引原理、索引项、索引体系、索引源、索引结构、索引学学科概念、索引学研究对象、索引学研究任务、索引编制技术、索引计算机化和工具书功能索引等方面。具体表现在以下几个方面。

(一) 阐明索引概念、特点及其功用

20世纪90年代中期，张琪玉先生对索引的概念、特点及其功用进行了专门探讨与研究。他在1993年发表的《关于索引学研究和索引工作开展的设想与建议》一文中认为，索引是对某种文献或某一文献集合中所包含的各篇文章，或所讨论的各个局部主题，或所涉及的各种事项（如地区、人物、机构、事件、生物、矿物、产品、设备、公式、数据、著作等），以简明的方式分别著录标引，即确定其检索标识和指出其所在位置，并将款目按一定的可检顺序排列和组织，以方便检索的一种工具。

索引作为一种检索工具，具有下列四个显著特点：一是它是一种高深度标引的检索工具，以文献中的一个局部或事项，或期刊中的一篇作为一个标引单位；二是它以极简洁的形式（一般仅有检索标识和出处）起指引的作用，而不是对文献进行登记和报导；三是它总是提供与书刊的目次或检索工具的正文部分不同的检索途径；四是它以便于查检的顺序编排其款目。

索引的功用，主要表现在七个方面：一是方便查检，可大大节约查阅文献的时间；二是可增加查全或查到所需资料的可能性；三是提供与文献正文不同的另一种甚至多种查检途径；四是浏览索引时，可使读者发现某些他所未想到的有用资料；五是某些书虽非工具书，有了索引，在一定程度上也可起到工具书的作用；六是一种检索工具或工具书配备了索引，可使它的检索功能或参考功能成倍提高；七是某些索引还有特殊功用，如引文索引、杂原子索引、化学结构索引、等同专利索引、某些古籍索引等。①

张琪玉阐明的索引概念、特点及其功用，言简意赅，内涵丰富，深刻透彻，为我国索引学的创立、发展起到了积极的导向和推动作用。

(二) 阐明索引学学科概念、研究对象和研究任务

20世纪90年代中期，张琪玉先生对索引学学科概念、研究对象和研究任务进行了专门研究和深入探讨。他在《关于索引学研究和索引工作开展的设想与建议》一文中指出：尽管索引这一事物的出现已有不短的历史，索引方法和技术已有长足的进步，但索引学作为一门学科还是处于幼年时代。关于索

---

① 张琪玉. 关于索引学研究和索引工作开展的设想与建议 [J]. 江苏图书馆学报, 1993 (1): 3-7.

引的知识，过去称为索引法。"索引学"这个名词的出现时间还很短，还很少使用，是一门新学科。

他认为，索引学研究主要包括索引原理、索引结构和设计、索引编制技术、文献微观标引、索引计算机化、索引法应用和索引使用法、索引评价、某些类型索引的专门研究以及索引发展史等几个方面。其中应以索引这一事物的基本原理、基本方法和基本技术作为自己的研究重点，对各种类型的索引作统一研究。

索引学的任务主要表现在四个方面：第一个任务是要总结索引实践来丰富、充实自己；第二个任务是要从学科理论建设的角度去分析研究现有的索引，从中提取基本的原理、方法和技术；第三个任务是要使索引学研究与索引实践密切结合；第四个任务就是要使索引工作现代化。①

张琪玉先生阐明的索引学学科概念、研究对象和研究任务，不仅为我国索引学理论研究工作开辟了新路，而且也为我国索引学发展指明了正确方向。

(三) 阐明索引项、索引体系、索引源和索引结构学科概念

20世纪90年代中期，张琪玉先生对索引项、索引体系、索引源和索引结构等学科概念进行了专门研究和深入探讨。他在《论索引项》一文中指出，"索引项"这一概念，是指文献中被索引对象的类称。索引项的书面形式就是检索标识，也叫索引标目。检索标识可以是自然语言，也可以是人工语言。检索标识和相应出处构成索引款目。一个索引实体就是其全部索引款目的有序集合。

关于索引体系，张琪玉先生认为，每一种索引项提供一种检索途径，回答某种检索提问。只含有一种索引项的索引称为单一索引或专门索引，含有多种索引项的索引称为综合索引或普通索引。多种单一索引（有时也可以包括一个综合索引）的有机集合称为索引体系。

关于索引源，张琪玉先生认为，索引总是与被索引的某种文献或某个文献集合相配合的，索引项只可能来自文献，所以，被索引的文献是索引项的来源，即索引源。他还特别指出：文献的内容或形式特征是否应该作为索引项，取决于三个方面：一是文献的学科性质或其他特点；二是文献的质量或使用价值；三是读者或服务对象的需要。

---

① 张琪玉. 关于索引学研究和索引工作开展的设想与建议 [J]. 江苏图书馆学报, 1993 (1): 3-7.

关于索引结构，张琪玉先生认为有两层意思：一是指"单个索引"的结构；二是指"索引体系"的结构。"索引项无论是对单个索引的结构，还是对索引体系的结构"来说，都是"决定的因素"。他还特别指出：如果是一个"索引体系"，则应使其中的"各种索引不要形成并行的互不关联的结构形式，而要形成互相之间有机联系的结构形式"，其中有的索引作为"直接索引"，有的索引作为"间接索引"。另外，张琪玉先生还提出了把"文献的数量关系作为一种索引项引入书本式索引，使文献索引与文献计量相结合"的观点。①

张琪玉先生阐明的索引项、索引体系、索引源和索引结构等学科概念以及提出的观点，不仅促进了索引学学科的创立与发展，而且推动了索引学新理论、新方法的产生。

(四) 阐明主题标引、自由标引和检索系统

20世纪90年代，张琪玉先生对索引编纂研究进行重点的阐述，尤其是在索引标引的相关知识点方面。张琪玉先生在《主题标引的原理和方法（一）》中提到：所谓主题标引，是指用语词标识（即标题词、叙词、单元词、关键词）来表达文献主题的操作过程。主题标引全过程包含两个过程，即：一是分析文献主题——弄清文献有多少主题？是什么主题？二是用语词标识表达文献主题，也就是将分析出来的主题概念转换成语词标识。他还在文中指出，标引方式可概括为整体标引、全面标引、补充标引、重点标引四种。每种文献在标引时，应在这四种标引方式中选择适当的一种方式。②

张琪玉先生在《论自由标引》中论述了自由标引的概念、优点及适用范围、种类、基本方法和要点，以及自由标引系统配备后控制词表的必要性。他认为自由标引是不依据词表的一种主题标引法，标引人员在对文献的情报内容进行分析之后，按一定规则自拟标引用词来表达文献主题。就其实质而言，这是一种在文献检索中利用自然语言的方法。③

张琪玉先生还深刻阐述基于文献题名的自动标引系统的原理和方法，该系统是分类法主题法一体化的。在《分类法主题法一体化自动标引系统的基本原理和方法》一文中，说明了依据文献题名对文献进行分类和主题标引的可

---

① 张琪玉. 论索引项 [J]. 图书馆杂志, 1994 (5): 9 – 11.
② 张琪玉. 主题标引的原理和方法（一）[J]. 图书馆学刊, 1996 (1): 26 – 28.
③ 张琪玉. 论自由标引 [J]. 图书馆学刊, 1995 (5): 35 – 37.

行性、从题名中自动抽词、以体系分类法为基础的自动分类用分类词表、自动分类规则及以分面分类法为基础的文献自动分类、自由体系自动分类、半自动抽词、检索系统的分类法主题法一体化检索功能、保证检索系统质量的关键因素等问题。①

张琪玉先生阐明的主题标引、自由标引以及分类法主题法一体化自动标引系统，不仅为索引标引提供了借鉴，也在索引标引实践操作中提供了理论支撑。

（五）阐明工具书功能索引结构原理和编制方法

20世纪90年代初期，张琪玉先生对工具书功能索引的结构原理、编制方法及其功用进行了专门探讨和深入研究。他在《工具书功能索引——关于编制"工具书之工具书"的设想》一文中指出，所谓工具书功能索引，是指一种具有多项检索功能的工具书之工具书。它能把每一部工具书的全部功能，包括各种显见功能和潜在功能都分析、挖掘出来，采用主题法对每种功能予以标引，使得在利用工具书时，不需要凭对某部工具书有哪些功能的清楚记忆和熟练的查检技巧，就能方便、有效地利用丰富的工具书资源来解决各种各样需要查考的问题。

关于工具书功能索引的结构原理，张琪玉先生认为由四个部分组成：一是工具书登记目录；二是工具书书名索引；三是工具书功能主题索引；四是工具书功能分类索引。其中，关键部分是工具书功能主题索引，它能全面、深入地把每部工具书的各种显见功能和潜在功能分析、挖掘出来，并从主题、语种、工具书类型三个角度予以标引。

关于工具书功能索引的编制方法，张琪玉先生认为其要点如下：一是对工具书功能的分析应周详，但分析出的每项功能必须是实际存在的；二是索引款目的主标目不宜太细，但副标目则应相当专指，尽量利用工具书中原来的标题；三是全部标引完后或积累到相当数量时，应对标目和副标目的措词进行整理，对一种功能很多工具书都有的，可删去一些质量低的款目，使之统一、协调、精炼；四是不同工具书可能有同一功能，但质量不同，可在索引款目出处项后加注"加权符号"。张琪玉先生还特别指出：工具书功能分类索引是在工

---

① 张琪玉．分类法主题法一体化自动标引系统的基本原理和方法[J]．图书馆论坛，1995（6）：3-4+57．

具书功能主题索引的基础上编制的,两者款目完全相同,只是按分类体系排列而已。①

张琪玉先生阐明的工具书功能索引,不仅可使工具书资源得到深度开发,而且还可使利用工具书的困难降到最低限度。同时,它为我国索引类型的深度开发提供了理论上、编制技术与编制方法上强有力的支持。由此得知,这一时期张琪玉先生进行索引理论与实践研究,广泛而深入地进行索引学知识的普及与传播。

三、索引技术+数据库研究:索引现代技术研究的带动者

21世纪头十年也就是2000至2009年期间,张琪玉先生在这个阶段发表论文数量是最多的,形成明显的论文刊发高峰期。笔者认真分析研究张琪玉先生在这10年间发表的87篇论文,发现用一定篇幅论述索引与数据库方面的论文有22篇,包含有直接论述索引与数据库研究的论文,还有个别在论文中提及到索引与数据库方面知识,可以得出在面向21世纪,张琪玉先生的侧重点是对数据库研究。在这一时期,张琪玉先生每年所撰写的论文数量与论文中是否存在论述索引与数据库数量对比图如下所示。

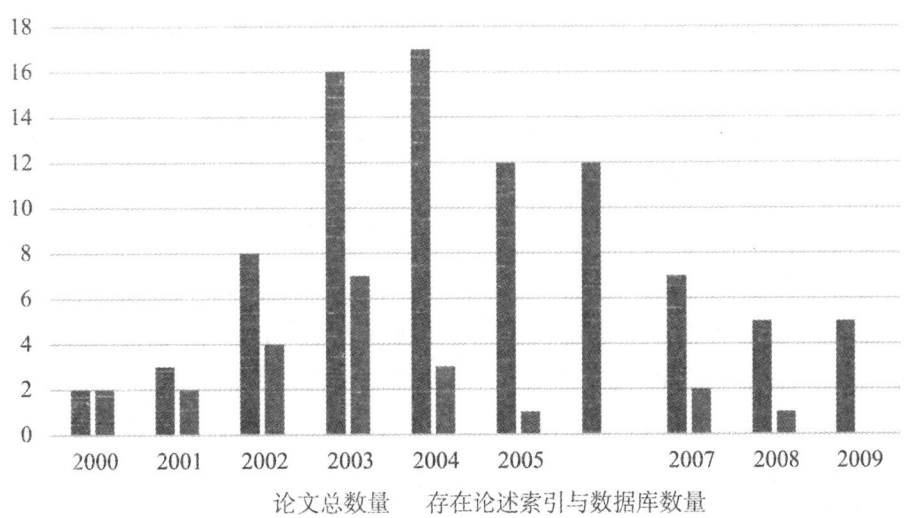

图2 21世纪00年代张琪玉每年论文数与存在论述索引与数据库数量柱状图

---

① 张琪玉. 工具书功能索引——关于编制"工具书之工具书"的设想 [J]. 图书馆杂志,1992 (2):22-25.

在2001年，张琪玉先生提出了"现代的索引就是数据库，现代的索引工作者就是数据库建造者"。由上表可以得出，在面向21世纪，张琪玉先生比较重视索引与数据库的现代技术研究，可以看出，在前四年，关于索引与数据库的研究基本占每年论文总数的一半。分析各篇论文可知张琪玉先生主要研究了数据库索引的理论阐释与方法研究、数据库索引的技术研究与实践创新、索引和数据库的选题与设计、索引与数据库结合的类型等方面内容。

（一）数据库索引的理论阐释与方法研究

数据库在检索功能上相当于一个传统的索引体系。在《现代的索引就是数据库》中，张琪玉先生通过对索引工作现代化概念的阐述，比较分析了数据库与传统索引的结构与功能，认为数据库推动了索引工作的现代化进程，指出"数据库扩大了索引原理的应用，以及数据库对索引学发展的贡献"。[①]

索引工作现代化实质是索引编制和使用的计算机化。21世纪初，张琪玉先生发表了《现代的索引就是数据库》。他认为，用计算机编制索引是索引技术发展的高级阶段。用计算机生产的索引产品有多种载体形式，其中以数据库（数字化索引）和印刷型索引为多见。特别是数据库，由于有许多无与伦比的特点，因而发展迅速，数量已远远超过了印刷型索引。[②]

在《中国索引事业：当前格局与问题》中，他提出传统索引已部分被网上文献数据库取代，纷纷上网的文献数据库正在占据索引事业的主要地位，是索引事业现代化的标志和成果，从其收录规模和检索功能看，已远远超过传统索引而成为我国索引事业的主要部分。[③]

数据库的出现大大丰富了索引学的内容、推动了索引学的发展。张琪玉先生认为，在推动检索方法进步方面，数据库出现后创造出了许多新的检索方法，如布尔逻辑检索法、加权检索法、扩缩检方法、二次检索法、多标识组合检索、截词检索、模糊检索、成批检索和历史检索等新的检索技术；在推动索引编制技术发展方面，数据库出现后创造了许多新的索引方法，如自动抽词、自动赋词和赋分类号等索引编制新技术；在推动索引用语言或情报检索用语言创新和改造方面，提出"索引语言的组配化"和"自然语言的应用"。

---

① 张琪玉. 现代的索引就是数据库［J］. 图书馆杂志, 2001 (12): 6-7.
② 张琪玉. 现代的索引就是数据库［J］. 图书馆杂志, 2001 (12): 6-7.
③ 张琪玉. 中国索引事业：当前格局与问题［J］. 中国索引, 2005 (4): 9-13.

在《索引和数据库的选题与设计》中，张琪玉先生还就索引和数据库选题的原则进行了分析研究，他认为选题是索引和数据库编制工作的重要一环，应遵循"文献价值"原则、"用户需要"原则、"可能性"原则和"编制人员能胜任"原则。索引和数据库选题时的着眼点是"文献内容（和类型）在当时的索引价值，以及与索引类型（和数据库类型）"的配合，然后用"选题原则"筛选找到合适的选题。在确定选题后，能对所需编制的索引或数据库的"用户对象、收录范围和规模、索引或数据库类型"等作出明确的规定。①

（二）数据库索引的技术研究与实践创新

张琪玉先生对索引和数据库的"功能设计"和"结构设计"进行了详细阐述，认为功能设计的要点就是"充分地、有效地挖掘被收录文献"的使用价值。被收录文献的可索引项，或者说可作为检索途径的对象可能很多，要根据具体需要以选择取舍，如果"越多越好"则会"画蛇添足"，造成白费工本。张琪玉先生认为结构设计的要点就是规定其索引项或字段、使用的索引语言、条目的形式、字段的著录格式、索引深度（或称标引深度）、印刷型索引的多个索引之间的联系等方面。可见，张琪玉先生对数据库索引的技术研究已经深入到微观。②

张琪玉先生指出，数据库是索引系统发展过程中更为高级、更为先进的形式。由于计算机所具有的强大运算能力，使得高效率的引文检索以及文献之间的跨越式检索得以实现，数据库对文献或知识的发现功能得到了极大的发挥。因此，与传统索引系统相比，数据库是索引系统发展过程中更为高级、更为先进的形式。在索引品种日益呈现多样化、传统索引正在快速向数据库转化的时代大背景下，为提高中文索引和数据库的编制质量，促进知识和信息的快捷检索和有效利用，张琪玉教授等索引专家多次呼吁制定中国索引标准，与国际索引标准接轨。③

2005年年初张琪玉先生发表的《四种索引标准综述》一文，介绍了国际上较为成功的国际索引标准草案、中国台湾索引标准、美国国家索引标准和英国国家索引标准，比较分析了各种索引标准的特色，并提出了适合中国国情的

---

① 张琪玉. 索引和数据库的选题与设计 [J]. 图书馆学刊, 2002 (5): 9-16.
② 张琪玉. 索引和数据库的选题与设计 [J]. 图书馆学刊, 2002 (5): 9-16.
③ 《中国索引》编辑部. 四种索引标准综述 [J]. 中国索引, 2005 (1): 2-4.

完整的索引标准体系。在此基础上，中国索引学会于 2005 年下半年提出了制订《索引编制规则（总则）》的建议。该建议迅速得到了国家标准化管理委员会的批准，当年正式启动了制定《中国索引标准〈索引编制规则（总则）〉》的项目。

（三）索引与数据库结合类型研究

张琪玉先生在《推广实用性较大的文献索引与数据库》中指出，选择推广什么类型的文献索引与数据库，所依据的原则：一是适应我国当前对文献索引和数据库的普遍需要和索引与数据库知识的普及水平；二是索引与数据库具有较高的检索效率和相对较低的编制成本；三是能覆盖大多数文献类型。[①]

张琪玉先生在《万事万物皆可索引》中指出：数据库是索引的现代形式，比之传统索引编制更容易，而功能更多、更强。任何索引都可以实行数据库化。[②]

2002 年张琪玉先生发文提出，可以编制一种学术年表式索引数据库。这种数据库的特点，是在题录数据库的基础上，仿照年表的体例，增加该文献在学术发展史上的贡献的说明。学术年表式索引数据库除具有一般题录数据库的检索功能外，可按时序揭示某一学科、专业、专题、主题领域的文献及其在该领域学术发展史上的贡献。这对于了解某一领域学术上的开创与继承关系及当前的学术前沿、检索重要的学术著作、评价学者的学术贡献等，总之，对于学术研究和学习，都是一种便捷的工具，它可以免去不少文献查找、筛选和整理的前期劳动，其功效是分类、主题等检索途径所不能直接达到的。[③]

另外，张琪玉先生也提出了群书章节索引数据库的需要。书籍虽在内容的新颖性上一般不及期刊论文，但其系统性和全面性则优于期刊论文，何况，有许多书籍也是一次文献。目前，书籍在图书馆藏书中仍占着重要地位，在教学中，书籍起着极重要的作用。充分发掘书籍收藏的潜在价值，是图书馆工作者应予注意的。群书章节索引是发掘书籍收藏潜在价值的一种很好的工具。[④]

张琪玉先生对中国当代数据库索引研究领域取得了卓越的成就。在数据库

---

① 《中国索引》编辑部. 推广实用性较大的文献索引与数据库 [J]. 中国索引, 2004 (2): 2.
② 张琪玉. 万事万物皆可索引 [J]. 图书馆理论与实践, 2003 (6): 47 - 49.
③ 张琪玉. 学术年表式索引数据库的设想 [J]. 图书馆理论与实践, 2002 (4): 32 - 34.
④ 张琪玉. 群书章节索引 [J]. 图书馆理论与实践, 2002 (4): 32 - 34.

索引理论方法层面，阐述索引工作现代化实质是索引编制和使用的计算机化、数据库在检索功能上相当于一个传统的索引体系、现代索引工作者即数据库建造者等，极大丰富了索引学的内容并推动了索引学发展；在数据库索引技术应用层面，阐述功能设计要充分有效地挖掘被收录文献的使用价值，数据库是索引系统发展过程中更为高级更为先进的形式，信息技术引领下数据库索引编制研究将继续进步等，为我国索引学研究指明了方向，具有重大的现实指导意义。① 在大数据时代，张琪玉先生的研究成果明确表明，中国索引与数据库的研究需要紧密结合。

四、索引编纂 + 索引创新研究：
迎接新世纪的呼唤者

21 世纪 10 年代也就是 2010 年至 2019 年期间，这一时期张琪玉先生已经进入晚年生活，共发表了 6 篇论文。张琪玉先生一辈子研究索引，到生命的最后也身体力行地为索引走向社会、走向大众、走向生活而努力。

在这一时期，张琪玉先生研究索引的方向比较多向，我们不能以一个主题将其完全概括，所以，在此笔者以"创新"来进行论述，总结张琪玉先生对索引事业做出的贡献，对后世索引者的指导。

（一）索引项的创新

索引项这一概念，是指文献中被索引对象的类称。所谓索引项的创新，是指发现新的索引项。索引项的每一次创新，都是对文献资源中未被利用的信息成分的一种发掘，其结果是创造一种新的索引品种乃至索引类型。有些索引项的发掘具有重大意义，可以说是索引领域的一项发现或发明。例如，文献之间引证关系被发现可作为一种索引项，导致了引文索引的产生。如果我们浏览一下《中国索引综录》，就可发现，许多索引项是我们所意想不到的，当然，那已经是过去的创新了。可以肯定，还有许多的索引项有待索引工作者去发掘。

在《产品说明书内容索引》这一篇文章中，张琪玉先生把一份血糖仪产品说明书的内容索引全文抄录在文章中，供读者参考学习，并指出：如果内容

---

① 王兰成.张琪玉教授关于数据库索引的理论与实践创新之研究［M］//中国索引学会.中国索引（第五辑）：195-203.

比较复杂的产品说明书，配备一个这样的内容索引，对产品的正确使用和充分发挥其功能，一定会大有帮助。而且产品说明书内容索引目前还不普及，极少数见之于仪器、笔记本电脑、电子照相机之类的说明书，实在有推广应用的价值。① 在《索引与地图的结合》中提到，地图索引早已有之，但在编制地图索引时，应注重索引的系统性，并提高其实用性。而索引与地图有效结合的原理，还可广泛应用于各种各样的导游图等。②

（二）索引形式的创新

索引形式从手稿型、印刷型、缩微型到机读型，机读型又从磁带型、软盘型到光盘型，目前又出现存贮于服务器的网络型等。每一步发展，都是一种创新。当然，随着信息技术的发展，这种创新也会继续不断。

在《索引事业繁荣的标志》中，张琪玉先生提到索引是否易于获得，即需要者是否能容易找到索引，也是索引事业繁荣所不可缺少的条件。如果说编了许多符合社会需要的索引，但是很难找到它们，不能被充分利用，则索引就不可能发挥广泛的作用，也同样会影响索引事业的繁荣。影响索引是否易于获得的因素，如索引是否印刷出版及其发行范围是否广泛（包括是否向国外交流），索引是否上网及网上索引的使用是否免费，等等。

社会普遍需要的索引，至少要在县级以上公共图书馆能够找到。专业需要的索引，至少要在省级及较大的市级公共图书馆、高等学校图书馆以及专业研究机构图书馆能够找到。③

（三）索引方法的创新

索引方法（包括标引方法）的创新，大方向是索引工作的计算机化，具体的方法则层出不穷。以自动抽词和自动分类标引方法为例，其创新就无止境。检索新技术也在不断出现，这也可以划归索引方法的创新一类。

2015年地方志索引标准编制申请已获批准，张琪玉先生最后一篇收笔之作就是对《（地方志索引编制规则）起草方案（征求意见稿）》提出了几点意见，其中提到，从建立数据库（计算机检索系统）的必要性看，必须增加分

---

① 张琪玉. 产品说明书内容索引 [J]. 中国索引, 2010 (3): 58 - 59.
② 张琪玉. 索引与地图的结合 [J]. 中国索引, 2010 (1): 43.
③ 张琪玉. 索引事业繁荣的标志 [J]. 中国索引, 2013 (4): 21 - 22.

类检索功能。起草方案对索引款目的排序，仅仅提到汉语拼音排序法和笔顺排序法。当然，对于书附内容索引来说，这已经够了。但是，对于含有大量标引数据的数据库（计算机检索系统）来说，没有分类检索功能是极不方便的，而且，其检索效率也不可能是很高的。所以，在文献标引阶段，除标引主题词以外，也必须增加分类检索功能（这里不是指还要标引分类号）。[①]

（四）加强索引员培养

编纂索引、研究索引必须由索引员来执行，张琪玉先生密切关注索引队伍建设问题，关注索引员工作和索引员培养问题。张琪玉先生在《建议实行图书内容索引编制者署名及定位》一文中提到正式建议在我国实行图书内容索引编制者署名的制度，主要是确定图书内容索引编制者署名的地位。

张琪玉先生指出，在我国，普遍对图书内容索引不重视，更未见给予编制者署名的，这很不公正。而实行图书内容索引编制者署名及定位，这种做法可纠正不给予图书内容索引编制者署名权的陋习，是对内容索引编制者的一个慰藉和鼓励。[②]

张琪玉先生在这一阶段也一直在为促进索引与索引事业的发展而努力，为争取索引员相关权益而奋斗。相信在张琪玉先生的理论指导和实践探索下，中国的索引事业能迎来新的未来。

五、结论与展望

张琪玉先生毕其一生都在研究索引，涉及领域广泛、论文成果丰富，他对索引工作的研究重点方向，也代表着中国索引学的发展趋势。通过以上论述，笔者得出从20世纪90年代开始，我国索引工作与索引事业在张琪玉先生相关研究的引领下，形成了索引理论+实践研究、索引+数据库研究、索引+创新研究这三大重点工作方向。

那么我国索引工作与研究今后发展的重点方向又会如何？国内索引工作者进行了相关的研究论述，但呼声最高的索引工作重点方向，是把索引编纂作为

---

① 张琪玉. 关于《〈地方志索引编制规则〉起草方案（征求意见稿）》的几点意见［M］//中国索引学会. 中国索引（第一辑）. 上海：复旦大学出版社，2016：2-5.

② 张琪玉. 建议实行图书内容索引编制者署名及定位［J］. 中国索引，2015（3）：26-27.

最核心的索引研究主题。索引编纂是进行相关索引研究活动的基础，我国目前又处于索引编纂比率较低、索引编纂专业人员缺乏的状态，集理论与实践于一体的索引编纂研究，既可以改变目前这种状态，更可以指导索引编纂工作及索引理论创新，理应成为我国索引工作的重点发展方向。

闫　森　北京印刷学院2018级新闻传播学硕士研究生。研究方向：索引编纂与研究。

The Focuses of the China Index Development
— Based on Zhang Qiyu's Research on Indexology

Yan Sen

Abstract: This paper used the methods of literature analysis, statistical analysis and comprehensive induction from the time sequence to analysis index articles written by Mr Zhang Qiyu. It pointed that Mr Zhang Qiyu's index study could be divided into three main periods: in the 1990 s, he researched on Chinese contemporary indexology and was a leader of China index academic research, In the 21st century, he emphasized that modern index is a database and was a leader of modern index technology researcher, In the 2010's, he devoted himself to push the index towards the future and was an advocate to welcome the index in the new century. From his works, three key work directions could be concluded: index theory + practice research, index technology + database research, and index compilation + innovation research. Among of these, index compilation should be the key topic in the future and focusing development direction of China index.

Keywords: Mr. Zhang Qiyu; Index Work; Index Research; Index Compilation; Research Directions

张琪玉索引先进技术的理论与实践研究

朴 莹

(北京印刷学院新闻出版学院　102600)

摘　要　本文首先对张琪玉先生撰写发表有关索引先进技术的 11 篇研究论文进行梳理，分析其主题思想，提炼出张琪玉先生关于索引先进技术的核心观点。然后结合实际发展应用情况，分析张琪玉先生的思想在索引技术五个应用方向——索引软件、图书索引实践、期刊索引实践、报纸索引实践、工具书索引实践中的贡献。最后得出结论：张琪玉先生对索引先进技术发展的思想极具前瞻性，但仍有个别技术问题未实现，这些问题也是今后索引技术研究的工作重点。

关键词　张琪玉　索引技术　索引研究　索引编纂

一、引　言

张琪玉先生是我国著名情报语言学家，他在情报语言学领域取得巨大成就的同时，将研究延伸到索引学领域。张琪玉先生是中国索引学会的创始人之一，也是《中国索引》杂志的创办者和第一任主编。张琪玉先生关于索引学的研究成果丰硕，对中国索引事业的发展有极大的贡献。因此，在回顾当代中国索引学术思想的过程中，纪念和研究张琪玉先生对索引事业的成就与贡献，有助于丰富索引学内容、推动索引学发展，为我国索引学下一阶段的研究指明方向，具有重大的现实指导意义。

据统计，张琪玉先生发表的学术文章共有 113 篇，覆盖了索引事业研究、索引理论研究、索引类型研究、索引编纂研究、索引先进技术研究、索引员研究、索引与数据库研究、索引普及与利用研究等多个方面，且持续发表专著，2006 年出版了《图书内容索引编制法——写作和编辑参考手册》一书。可以看到，如此高密度高水平地深入研究索引学，张琪玉先生对发展索引事业作出了巨大贡献。

索引是提高学习和研究效率的重要工具，而索引发挥检索作用的根本保证,很大程度取决于索引技术发展的高度和水平。张琪玉先生认为,索引的现代化水平是索引事业繁荣所必不可少的标志之一。他指出:"用计算机检索文献,是情报、图书馆、档案工作现代化的核心","数以千计的各种类型的数据库是网际联机检索的支柱"①,"我们现在研究索引,应站在高起点上,一定要研究和普及计算机编制索引的方法,这样才能使我国的索引事业赶上世界水平"。因此笔者在回顾张琪玉先生索引思想过程中,着重关注索引先进技术的理论创新与实践应用。

二、索引先进技术的相关理论与方法

随着信息技术的发展和计算机的普及,更多先进技术亟待进步和发展。索引编制方法、应用形式都随着科技变化而进步,索引必须不断创新、与时俱进才能跟上时代的步伐。张琪玉先生在探索索引先进技术方面的许多论文中多次强调索引现代化的重要性与现阶段索引技术的不足之处。

张琪玉先生关于索引技术现代化的思维成果主要发表在《中国索引》等期刊中:1993年《关于索引学研究和索引工作开展的设想与建议》发表在《江苏图书馆学报》第一期;1997年《推广文献索引计算机编制法是促进我国索引事业发展的一项重要措施》发表在《索引研究论丛》第五辑;2000年《告别手工索引时代——一名中国索引学会会员的思考》发表在《情报资料工作》第一期;2003年《索引:面向21世纪》发表在《中国索引》第二期;2004年《图书索引软件的功能要求与编制难题》发表在《中国索引》第三期;2006年《索引与数据库漫笔(连载)——计算机排序还不能完全自动化》发表在《中国索引》第三期;2005年《中国索引事业:当前格局和问题》发表在《中国索引》第四期,等等。

(一)索引技术发展开拓索引事业新格局

21世纪初,张琪玉先生在《中国索引事业:当前格局和问题》中通过对索引工作现代化的阐述,指出我国索引事业是以传统索引、文献数据库与网络信息检索工具为主的三足鼎立的局面。从索引事业发展趋势来看,索引的计算

---

① 张琪玉. 推广文献索引计算机编制法是促进我国索引事业发展的一项重要措施[J]. 图书与情报, 1996(4): 34-37.

机化范围越来越大。文献数据库是索引事业现代化的标志和成果，从其收录规模和检索功能看，已远远超过传统索引而成为我国索引事业的主要部分，与此同时传统索引也将越来越多地采取数据库形式。在网络信息检索方面，为网络用户提供网络信息检索工具是网络信息检索服务的基本形式。[①] 目前，绝大部分网络用户都是通过网络信息检索工具来获取符合自己需要的网络信息资源的。

可见，传统索引、文献数据库与网络信息检索工具这三种形式都需要借助索引技术发展的力量，传统索引形式也越来越多地采取数据库模式，且其编纂过程也需要索引软件辅助。因此，索引技术进步有助于索引事业新格局的开拓。

在此观点提出之时，文献数据库方面，《中国科学引文索引》与《中文社会科学引文索引》已相继诞生。之后，《中文学术图书引文索引》和《中文学术集刊索引数据库》也逐步上线，这些索引数据库既能帮助科研人员从多角度、多途径查询检索结果，也能提升中国学术综合评价体系的国际影响力。在网络信息检索服务方面，毋庸置疑，网络检索在今日已经成为生活中不可缺少的一部分。传统索引，张琪玉先生限定为除图书索引以外的印刷型索引，以专题索引和检索刊物为主。如今网上文献数据库服务已相当普遍，大部分传统索引工作很大程度上被文献数据库代替，而个性化的传统索引品种，如地方文献索引、针对个性化需求的索引等，其编纂过程也依赖于索引软件。

由此可见，张琪玉先生在20世纪初就做出精准判断：索引技术进步将会影响索引事业新格局。

（二）索引编制计算机化是索引技术发展的大方向

张琪玉先生呼吁要热情迎接索引工作全面计算机化的时代。早在1993年，张琪玉先生在《关于索引学研究和索引工作开展的设想与建议》一文中就指出，计算机在索引编制方面，能实现自动生成多种轮排款目并排序、自动抽词编制关键词索引、累计索引等功能。[②] 所以，研究和普及计算机编制索引的方法，才能尽快使我国索引事业赶上世界水平。之后在《推广文献索引计算机编制法是促进我国索引事业发展的一项重要措施》一文中进一步指出索引编制工作计算机化的优越性，当时我国已具备相应的计算机条件。但实际上正式

---

① 张琪玉. 中国索引事业：当前格局与问题 [J]. 图书馆杂志, 2006 (1): 3-5, 13.
② 张琪玉. 关于索引学研究和索引工作开展的设想与建议 [J]. 江苏图书馆学报, 1993 (1): 3-7.

软件市场上并没有商品化的机编索引专用软件,各单位都是自编自用。① 因此,张琪玉先生明确指出,推广索引计算机编制法能有效促进索引事业发展。

在《索引:面向21世纪》中张琪玉先生再一次强调"索引创新的主要方向是索引的计算机化和网络化"。可以看到,此时张琪玉先生已经明确,索引的数据库化、索引服务的网络化等是我国索引事业繁荣的标志。

新世纪以来,索引编制计算机化正是众多学者努力的方向。索引编制基本流程包括索引标引、索引款目编制、校对、索引款目排序、索引款目合并整理这几个步骤。索引编制可以选择已有的、成熟的索引软件,也可以根据不同项目特点而自行设计、自行选择优化索引编制的工具。笔者翻阅了22篇从新世纪伊始至今有关索引编制实例的样本论文,这些编纂索引的实例皆是使用计算机编制索引,且索引编制趋于无纸化。索引编制者既可以选择普通文字处理软件(如WPS和Word),也可选择机编索引专用软件(如"索引之星"软件),还可以自行开发专门用于特定项目的索引编制软件,如在中外合作编制中文索引的尝试中,为高效编制中外多种文字排序,工作组开发了适用于本项目的专门排序程序,去重效果好,速度快。②

可以看到,众多学者一直往拥抱索引计算机化的方向发展,且张琪玉先生提出的"迎接索引工作全面计算机化的时代"也已基本实现。

(三) 索引技术进步有助于建立文献数据库

张琪玉先生认为,现代化的索引就是数据库,一个数据库实际上就是建立在计算机技术基础上的一个索引体系。他曾多次强调这一观点,因为数据库或机编索引产品的检索功能远比手编索引高效,而且有许多功能是手编索引所不具备的,手工编制索引时代的那些简单的题录式索引产品已不再能满足现代社会的需要。

张琪玉先生还指出,数据库具有可派生性和可合并性两项十分有用的功能。利用这两项独特的功能,在数据库的建库过程中可以重复利用已有数据,节约大量人力和时间,并可减少差错,使数据库的设计和数据的利用具有很大的灵活性和多样性。而索引技术的发展决定了数据库的发展上限,这代表着了

---

① 张琪玉.推广文献索引计算机编制法是促进我国索引事业发展的一项重要措施[J].图书与情报,1996(4):34-37.

② 徐菁琦等.《白氏文集·索引》编纂概述[J].图书馆理论与实践,2019(7):89-91.

索引技术在索引事业中的重要性,索引工作人员要给予充分的重视,才能保证索引事业蒸蒸日上。

《中国大百科全书》光盘版索引正是索引技术进步带来的数字化索引形式,该光盘版的索引体系分为全书的总索引和各卷索引两个部分,易用性极强。每个索引都可以在浏览过程中选定某个条目,直接显示条目正文,另外条目之间的直接链接也可以避免查看相关条目时进行再次检索。① 可以说《中国大百科全书》光盘版的索引体系充分说明了索引技术现代化的重要性,一种全文数据库配备一个完善的索引体系是电子出版物的一种理想的结构。

在当时,为书籍配备光盘版索引是电子出版物的理想结构,随着技术的进步,《中国科学引文索引》《中文社会科学引文索引》《中文学术图书引文索引》及《中文学术集刊索引数据库》这些数据库相继问世,可见,索引技术的进步为建立文献数据库奠定了基础。

(四) 数据库是索引系统发展中更先进的形式

张琪玉先生在中国索引学会成立的时候就提出"现代的索引就是数据库,现代的索引工作者就是数据库建设者"这一观点。在1993年他提出,现代索引事业的核心就是数据库生产业和检索服务业。数据库使得书后索引、古籍索引各种基本特征和应用都得以实现。数据库是比传统索引更为高级、更为先进的索引。他指出,当前索引事业发展的重点是数据库建设,因为数据库的出现推动了索引编制技术的发展、推动了检索方法的进步、推动了索引用语言(情报检索用语言)的创新和改造。当前联网的中文数据库太少,这对索引工作者来说既是一项历史任务也是一项挑战。

张琪玉先生还就索引和数据库的功能与结构设计进行阐述。他认为数据库功能设计的要点是"充分、有效地挖掘被收录文献"的使用价值。被收录文献的"可索引项"较多时,要根据具体情况进行取舍。而结构设计的要点是规定"索引项或字段,使用何种索引语言,条目的形式或字段的著录格式等"方面。

随着索引技术的发展,数据库形式在索引系统发展方面有丰硕成果。从技术角度,数据库技术形式创造了许多新的索引方法,如自动抽词、自动赋词和赋分类号等技术,为索引事业建设添砖加瓦。在计算机应用领域,数据库索引

---

① 张琪玉.《中国大百科全书》光盘版索引体系分析 [J]. 图书馆杂志,2001 (10):52-53.

的技术在存储、使用效率、性能等方面逐渐完善。在索引事业领域，数据库为引文索引数据库研究、特色索引数据库研究、索引算法研究等方面的深入研究提供了方便。数据库技术不仅在索引方面发挥最优应用，而且在不同领域都有独特的应用方式。数据库是索引系统发展中更先进的形式这一观点得以验证。

"互联网+"时代各种媒体信息资源进行整合并高效利用，中国索引学会也一直致力于推进索引数据库事业的标准化建设。《中国索引》集刊中的专栏"索引和数据库事业"刊载了数据库在索引事业方面应用与开拓创新的优秀论文，为数据库索引研究给出方向、指南。

张琪玉先生"现代的索引就是数据库"的观点以及数据库建设的相关论述，高瞻远瞩，为我国21世纪索引学研究指明了方向，具有重大的现实指导意义。

三、索引先进技术的应用与实践

张琪玉先生不仅在理论上对索引技术发展做出宏观的指导，同时也注重技术在索引具体工作中的应用。张琪玉先生十分重视各种索引类型的技术应用和实践，提高索引系统的检索效率。张琪玉先生对图书、报纸、期刊、工具书、笔记、日记等索引都进行研究，在技术前沿方面提出设想和更进一步改进探索。

(一) 索引软件

在索引软件方面，张琪玉先生主要研究采用WPS编制简单电子索引的方法，这是在没有文献索引专用软件的条件下采取的方式。在《用WPS文字处理软件编制简单电子索引的方法》一文中介绍用WPS等文字处理软件编制索引的方法，指出在缺少文献索引专用软件的情况下，WPS是可以用于索引工作的。

但当时文字处理软件功能不甚齐全，缺少自动排序功能，故用于编制书本式索引不大方便，但还是要比手工编制方便得多。[1] 因此，张琪玉先生指出，索引工作者应该加强机编索引软件的研究，为索引计算机化打下坚实基础。

张琪玉先生在索引软件技术方面的探析主要集中在文字处理软件编制索引方面，而在索引软件大方向的思考则显出了超出时代局限的前瞻，他建议"热情迎接索引工作全面计算机化的时代，将一些有关机编索引和数据库的比

---

[1] 张琪玉. 用WPS文字处理软件编制简单电子索引的方法 [J]. 图书馆杂志，1997 (3)：7-8.

较简单的应用程序全文发表"。张琪玉先生以身作则，在研究利用 Word 与 WPS 编制汉语题内关键词索引时，共提供四篇文章来说明编制方法，从编制步骤到程序全文都公开予以讨论。

这种思考与做法是极具前瞻性的，2000 年以前，计算机科技伴随信息化的浪潮刚进入中国社会各个阶层不久。根据国家统计局的数据，1997 年中国大陆个人电脑普及率是 6.0 台/千人。可以看到，此时计算机的运用形式尚不明朗，普及程度不足。在这样的背景下，张琪玉先生鼓励"新世纪的索引工作应该与手工索引时代一齐告别"。

随着时间和科技的发展，虽然我国索引软件研发起步比较其他国家晚，发展水平有待提高，但"索引之星"研发成功并推向市场，结束了我国一直没有专业索引软件的历史。以"索引之星"为代表的中文独立索引软件可以应用于索引的直接编制，对索引对象文件直接标引并自动生成页码，可编制专业化的中文索引，而且细节齐全，可实现多级标引后的索引词自动格式编排，在排序方面能做到中文繁体字正确排序，实现中文多音字排入正确位置、自动合并相同标目页码项等功能。①

中文索引软件的开发正是按照张琪玉教授提出的索引软件编制方向前进，并且针对中国索引软件的研发与完善需求，进一步走出适合我国索引软件的新软件之路。

(二) 图书索引

图书内容索引可以起辅助说明作用或辅助参考作用，为读者提供有学术参考价值的检索途径，还可以将叙述相同事物的内容有序地组织起来，同时在组织编排的过程中，会存在检测出书稿中有误的情况。因此，在世界范围内，图书索引编制都是非常有必要的。早在 1997 年，张琪玉先生就曾以中国索引学会的名义致函中国图书奖评奖委员会，呼吁学术界、出版界重视索引，并建议将图书内容索引作为衡量参加评奖的学术著作质量重要标准之一。

2004 年，张琪玉先生在《图书索引软件的功能要求与编制难题》一文中从索引编纂技术入手，指出我国编制图书索引软件的不足。他认为一个编制图

---

① 参见王彦祥，毋栋，邓晓磊."索引之星 3.0"软件的功能特点与应用技巧 [C] //发展中的世界索引事业国际学术研讨会论文集. 上海：中国索引学会，2018.

书索引的专业软件需要具备的12项功能，包括标引、编制出处项、索引款目排序、产生轮排款目、相同索引标目进行合并、建立参照系统及助检标志、建立后控词表或类似结构、按特定版面格式输出索引数据、一般检索、组配检索、反白（或变色）显示检索结果、文本任意字词匹配检索。[①]

其中"标引"和"编制出处项"功能实现自动化有很大困难。彼时自动标引技术仍停留在自动抽取关键词的水平，对自动抽取主题还没有突破性进展。因此图书索引的标引与编制出处项这两种功能暂时未能实现，只能达到"人工标引+计算机抽词处理"或"计算机抽词（依据抽词词典）+人工判别修正"的人—机结合水平。

随着技术的发展，当今社会索引编制方法已经可以实现计算机辅助编制。对比前文张琪玉先生提到的图书索引编制专业软件需具备的12项功能，"索引之星"软件已经实现了诸如款目排序、相同标目合并、建立参照系统及助检标志、高亮显示检索结果、文本任意字词匹配检索等功能。其中"编制出处项"功能已实现，"自动标引"需求则逐步完善中。"索引之星"软件依据循"人工标引索引词+计算机抽词处理+计算机排序整理"以及"计算机抽词（依据主题词表或抽词词典）+自动添加地址出处项+人工修正处理+计算机排序整理"这两种开发模式，直接打开各种排版文件，进行人机结合的索引词标引，然后自动添加页码出处，并对索引款目进行自动排序，成为全流程计算机操作的专业软件。[②]"索引之星"软件功能的完善，得益于张琪玉先生的思路和反馈意见。

（三）报纸索引

张琪玉先生早在1998年的《报纸文献是一种极为丰富而未被充分开发的信息源——关于发展报纸文献索引和数据库的思考》中就提出报纸数据库建设和索引编纂的必要性。报纸文献是非常重要的信息源，具有特殊的参考价值和史料价值，但报纸信息内容零散，同一件事、同一领域的资料也往往刊载在不同时间、不同版面的报纸上。为了更好地实现报纸文献内容的使用价值，张琪玉先生提出索引和数据库是开发报纸文献信息源的主要手段。此时我国报纸文献索引和数据库理论与技术的研究还十分不足，庞大数量的报纸文献资源远远没有得到充

---

① 张琪玉.图书索引软件的功能要求与编制难题［J］.中国索引，2004（3）：41.
② 王彦祥.中国索引软件的开发与应用［J］.中国索引，2009（2）：53-57.

分开发利用，张琪玉先生建议开发建立一整套适合报纸文献的著录规则和标引规则，采用自然语言标引的自由标引法来标引报纸文献，建立报纸文献数据库。

在张琪玉先生的倡议下，1998年中国索引学会与《人民日报》《解放军报》联合举办了"全国新闻数据库与报纸索引技术研讨会"，推进了我国报纸数据库建设与新闻索引编纂事业的发展。随着技术的发展，目前报纸资源的数字化加工工作有了长足的进步，建立起相当多的报纸数据库。如《全国报刊索引》索引搜集的数据量年更新量超过500万条；《中国近代报纸资源全库》包括了4 000多份中英文报纸，主要涵盖了《中国近代中文报纸全文数据库》《中国近代英文报纸全文数据库》以及《字林洋行中英文报纸全文数据库》。[①]诸如此类的特色专题数据库最终可以达到资源共享，使得索引数据库形成一张网，读者可以更为方便地使用这些文献。

(四) 期刊索引

编纂期刊尤其是学术性期刊索引，可以丰富科研信息资源，拓宽服务领域。当前各学科知识交叉，边缘学科不断涌现，新知识的产生也导致了文献出版量的增加，反映到文献中就显得异常分散，给检索带来了局限性。

张琪玉先生在新千年伊始时就疾呼：期刊年度索引亟需改进。他指出期刊出版满一年或一卷，应在最后一期附一个年索引或卷索引，这在国外已成惯例。然而我国期刊提供这种索引的比例较少，已有的期刊年度索引几乎都是栏目索引。还存在编制分类索引、主题索引、著者索引及其他类型索引的期刊凤毛麟角，索引品种单一且编制方法不科学等问题。

张琪玉先生认为按栏目合并成索引的方法是不科学的，而编制期刊年度索引最好是采用自由标引法编制主题索引，在篇幅允许的前提下再增加诸如著者索引等。除了期刊，论文数据库检索结果按刊名和年卷期排序在检索结果不多的条件下都可使用。

针对张琪玉先生提出"期刊索引品种单一且编制方法不科学"这项不足，十余年时间里，期刊索引现状已有大幅改善。笔者选取了2000—2020年编制索引的学术期刊部分样本，分析了48个样本期刊的索引类型。

---

① 韩春磊. 文献揭示与知识服务——《全国报刊索引》近代报纸数字资源建设 [J]. 上海高校图书情报工作研究，2018, 28 (3)：30 – 31.

表1 2000—2020年学术期刊索引类型汇总表（部分）

学科分类	期刊名	期刊索引类型	学科分类	期刊名	期刊索引类型
工程科技I	矿业研究与开发	书评索引	社会科学II	广西民族研究	篇目索引
	化工技术与开发	年度总索引		广西民族研究	论文篇目索引
	无机化学学报	作者索引	信息科技	福建图书馆学刊	年度总索引
	农药	分类索引、年度总索引		图书情报工作	篇目索引
	有机化学	作者索引、年度总索引		图书馆杂志	报刊索引
	化工进展	栏目索引、广告索引		今日电子	广告索引、厂商索引
	合成纤维工业	分类索引		中国药物应用与监测	文题索引
	现代面粉工业	年度总索引		中国生物医学工程学报	作者索引、年度总索引
工程科技II	机械设计	工业设计作品欣赏索引、书评索引	医药卫生科技	基层医学论坛	主题词索引
	能源研究与利用	年度总索引		中国实验血液学杂志	主题索引
	交通运输系统工程与信息	作者索引、主题索引		中国肿瘤	主题词索引
	石材	全年目录索引		微循环学杂志	栏目索引
	电力电容器与无功补偿	年度总索引		口腔颌面修复学杂志	作者索引、中文关键词索引
	动力工程学报	年度总索引		中国医学影像学杂志	主题词索引
	广东科技	大事件索引		中风与神经疾病杂志	文题索引
	水泵技术	年度索引		南昌大学学报（医学版）	文题索引
	广东科技	大事件索引		中国卒中杂志	作者索引、中文关键词索引

续表

学科分类	期刊名	期刊索引类型	学科分类	期刊名	期刊索引类型
基础科学	生物产业技术	栏目索引、年度总索引	医药卫生科技	实用临床医学	文题索引
经济与管理科学	汽车观察	车型索引		中日友好医院学报	作者索引
	证券市场导报	论文篇目索引		医用生物力学	作者索引、中文关键词索引
农业科技	湖北农机化	年度总索引		麻醉安全与质控	文题索引
	农业机械	年度总索引		实用检验医师杂志	文题索引
社会科学I	上海党史与党建	全年目录索引		医学争鸣	作者索引、中文关键词索引
社会科学II	教育测量与评价	篇目索引	哲学与人文科学	当代中国史研究	篇目索引

如表1所示，附有"栏目索引"的期刊仅有三部，且其中两部期刊除栏目索引之外，还带有"年度总索引"与"广告索引"。除此之外，带有"作者索引"的期刊占18%；"年度总索引"的比例较大，占31.2%；"篇目索引"的期刊占12%。个别期刊根据自身特色而编制了大事件索引、分类索引、文题索引等多种形式。

笔者在此对期刊索引的探究较为粗略，仅抽样举例48部期刊，样本数并不充足，但对20年来我国学术期刊索引现状可窥见一斑：期刊索引品种逐渐摆脱单一化，且根据不同期刊特色和定位而编制多种形式索引。

(五) 工具书索引

在工具书索引方面，张琪玉先生提出集成工具书的设想。没有任何一种工具书可以做到对本专业内容的穷举，因此工具书的使用应该配合"工具书条目索引数据库"来使用，也就是把工具书的内容集成一个工具书条目索引数据库。这种工具书条目索引数据库方便查阅，可以把每一部工具书的全部功能，包括显而易见的功能与潜在功能都分析、挖掘出来，也可以对新工具书的编纂有帮助。除此之外，这些工具书条目索引数据库对术语整理很有帮助，是明辨概念和术语的好工具。

《中国工具书网络出版总库》和《中国工具书资源全文数据库》相继面世，都是涵盖重学术性及公认具权威性的、各学科最普遍使用的工具书。读者使用这些工具书数据库时，工具书内容以条目数据形式展示的同时还可直接定位到原书位置，并可以进行原版原式的内容比对及浏览翻阅。通过工具书检索平台检索到的条目内容通过某个知识点可以实现在本工具书内、其他工具书之间及与非工具书的普通电子图书之间的关联。《中国工具书网络出版总库》在此基础上，还可实现每一个条目后面链接相关的学术期刊文献、博士硕士学位论文、会议论文、报纸、年鉴、专利、知识元等，帮助人们了解最新进展，发现新知，开阔视野。

由此可见，工具书索引的思路也是按照张琪玉先生提出的建设"工具书条目索引数据库"的方向演进。

四、结　论

张琪玉先生思想超前、一丝不苟、探索创新，其严谨的学术态度和超前的学术思想影响着中国索引事业的发展路线。本文通过分析张琪玉先生在索引先进技术研究的作品，分析提炼其学术思想。张琪玉先生对索引技术发展有极高的评价和期待，认为索引技术发展会影响索引事业新格局，索引技术进步有助于建立文献数据库，且数据库是索引系统中更先进的形式。

结合索引技术实际应用情况，可以观察到，先进技术在索引事业方向上的发展验证了张琪玉先生的设想，基本符合其期待。但张琪玉先生有关索引先进技术的设想并未完全实现：

第一，在索引软件方面，尚未攻克"自动标引"的难题；

第二，在报纸索引数据库方面，现有技术还未开发出适合报纸文献的著录规则和标引规则，不能实现自由标引法来标引报纸文献；

第三，在期刊索引编制方面，期刊索引品种单一的问题并未完全解决，仍需提高编制期刊索引的认识；

第四，在工具书条目索引数据库方面，使用者可选择余地较少，可以根据不同工具书的功能而编制多种形式的工具书条目索引数据库。

统而言之，张琪玉先生本人的学术思想和对实际的把握远远超过了其个人范围，对中国索引事业乃至社会科学都具有重要启示。与此同时，索引技术研究有待解决的问题还有很多，上述问题亟待解决，应作为今后索引技术发展的方向，期待有更好的、有学术价值的文献资料及研究成果问世。

朴　莹　北京印刷学院2018级新闻传播学硕士研究生，研究方向为索引编纂与研究。

Zhang Qiyu's Theoretical and Practical Study on Advanced Index Technology

Piao Ying

Abstract: This article sorts out 11 research articles on advanced indexing technology written by Mr. Zhang Qiyu, analyzes their topics, and extracts Mr. Zhang Qiyu's core viewpoints on advanced indexing technology. Combined with the actual development situation, it points out the contributions of Mr. Zhang Qiyu's thoughts in five application directions of indexing technology as indexing software, book indexing practice, periodical indexing practice, newspaper indexing practice, and reference book indexing practice. Finally, it is concluded that Mr. Zhang Qiyu's thoughts on advanced indexing technology are very forward-looking, but there are still some technical problems which have not been realized. These problems are also the focuses of future indexing technology research.

Keywords: Zhang Qiyu; Index Technology; Index Research; Index Compilation

对张琪玉索引员资格培训和认证设想的进一步思考

张 丽　王雨菲

（北京印刷学院新闻出版学院　102600）

摘　要　张琪玉先生对我国索引人才培养有着很高的热忱，曾从多个方面阐述索引人才培养的重要性，提出了索引员资格认证和培训的具体设想。根据张琪玉索引人才培养思想，结合出版职业资格考试与认证的方式方法，本文探讨了索引员资格认证和培训的若干问题。通过索引员稀缺现状和索引员资格认证与培训的具体分析，提出索引员资格认证和培训工作是推动我国索引事业持续发展的有力举措，中国索引学会在其中要发挥关键性作用，从承接和提供索引编纂项目、解决索引员利益追求和索引编制等实际问题入手，逐渐形成索引员资格认证和培训的良性循环体系，以此促进我国索引编制队伍的建设。

关键词　张琪玉　索引员　资格认证　索引培训

一、张琪玉索引人才思想回顾

张琪玉先生曾任中国索引学会副理事长、《中国索引》主编，是我国当代索引学研究的领军人物，其索引研究内容广泛，其中在多篇论文中提及索引人才的培养问题，专门针对索引员的研究就有6篇。

张先生强调，"索引知识亟待普及，索引专业队伍亟需壮大"[1]，"目前我国没有大批掌握索引理论、方法与技术的索引员，索引工作难以开展"[2]。他指出，虽然作者、编辑都能成为编制索引的工作人员，但职业或非职业的索引员才是编制索引的主力军，"编纂索引、研究索引必须要由索引员来执行"，

---

[1] 张琪玉. 中国索引事业：当前格局与问题 [J]. 中国索引, 2005 (4)：9-13.
[2] 张琪玉. 关于我国实施索引员资格认证和专业培训的思考 [J]. 中国索引, 2009, 7 (1)：2-3.

"毫无疑问,那些索引中的大部分,不是图书著者本人编制而是由索引人员编制的"。①

他提出了索引员的劳动是创造性的,应该给与其署名和稿酬的观点。他提议在我国实行索引员资格认证,对索引员进行考核、培训,并就此提出了较为详细的方案。

二、索引员稀缺的现状分析

索引员是从事编制索引的工作人员。"在西方国家,索引员是一种职业,属于自由职业性质。有专职的,也有业余从事的"②。在中国很难找到编制书后内容索引的职业索引员,"索引"一词对普通大众抑或专家、学者来说都很陌生。

那么,中国的书后内容索引由谁来编制呢?张先生提出:"图书的内容索引,既可以由作者自己编制,或出版社编辑人员编制,也可以由索引专业人员来编制,三者各有长处。"③

作者编制索引,不太现实。我国有记载的最早的书后索引出现在上个世纪,1912年商务印书馆为本馆编译所编纂的《英德法日政治名词表》做了英、德、法、日文名词索引。④ 20世纪30年代,索引的出版与研究也出现了一个小高潮。今日出版业繁荣发展,出版的图书无论是内容的丰富还是外在形态的臻美,都可以说是令人瞩目,除了部分引进版图书附带有原索引的翻译本外,书后索引难寻踪迹。"索引"一词并没有随着出版业的发展而深入人心,一般大众都不知索引为何物,自然无法完成索引的编制工作。

编辑人员编制索引,现阶段有难度。从事编辑工作的人员,因其工作特点,在编辑出版相关知识的掌握上具有明显优势。编辑是辅助作者编纂其书辅文的责任人,但由于我国不重视书刊索引编制工作,"虽然编辑具有编辑索引的意愿,但受过相关培训以及参与过相关工作的编辑占比很低"⑤。我国是出

---

① 张琪玉. 索引与数据库漫笔(连载)—谁来编图书内容索引 [J]. 中国索引, 2007 (1): 47.
② 张琪玉. 图书内容索引事业:我国可能采取什么模式 [J]. 中国索引, 2007 (2): 2-3.
③ 张琪玉. 图书内容索引事业:我国可能采取什么模式 [J]. 中国索引, 2007 (2): 2-3.
④ 平保兴. 中国现代中文书籍最早的书后索引 [J]. 图书馆杂志, 2011 (5): 87-89.
⑤ 李彤. 关于编辑人员提升索引编制能力的若干思考 [M] //中国索引学会. 中国索引(第四辑). 上海:复旦大学出版社, 2018: 67-76.

版大国,年出版图书几十万种。据统计,2018年我国出版新版图书225 940种、重印210 111种,合计436 051种(不含课本及图片)。而我国有出版权的出版社仅500多家,编辑们承担着较繁重的编辑出版工作,从选题、审读、加工、设计、印制监制到宣传营销全流程,都要负起必要的职责。可以说,目前除了参加各种评奖的学术著作外,索引不是一般图书的必要构件,出版单位也没有计算这部分文字工作量给编辑,所以编辑没有时间和兴趣为图书增添索引。若将索引工作落实到与图书编辑切身相关的利益上,如评职称时索引算成果,所编索引算工作量,抑或出版企业加强图书学术规范考核,在这样环境下可能更会引起编辑对书后索引编制工作的重视。

  索引员,是最适合编制索引的人选。索引员在西方是一种独立职业,专职或业余地编制各种索引,并以此作为谋生手段。他们一般不属于出版企业。张先生指出:"我们也需要逐渐扩大从事索引工作的职业队伍。国外大多索引工作者是自由职业者,我国几乎没有这种索引工作职业队伍,所以作者和出版社也无法将编制索引的工作承包给职业索引家去做。"①在我国也有一些人为图书编制了大量的书后索引,这是应该属于西方的索引员范畴,但这样可以编制书后索引的人才太少了,需要加大力度培养。

  在我国"索引员"还属于新鲜事物,而且不被重视。张琪玉先生认为,我国索引事业面临的根本问题,"在于出版业界和作者读者都还没有普遍意识到图书内容索引对充分发挥图书的潜在价值,对提高图书的品位的重要意义。这里出版界是关键所在。如果出版界没有觉醒而起来采取行动,我国的图书内容索引事业是不可能快速发展的"②。

  张先生一针见血地指出了我国书后索引发展的桎梏。新闻出版总署于2012年9月4日发布的《关于进一步加强学术著作出版规范的通知》中的第四条:"引文、注释、参考文献、索引等是学术著作不可或缺的重要组成部分,体现了学术研究的真实性、科学性与传承性,体现了对他人成果和读者的尊重,是反映学术著作出版水平和质量的重要内容,必须加强出版规范,严格执行国家相关标准。"③

---

① 张琪玉. 中国索引事业:当前格局与问题 [J]. 中国索引, 2005 (4):9-13.
② 张琪玉. 图书内容索引事业:我国可能采取什么模式 [J]. 中国索引, 2007 (2):2-3.
③ 邬书林. 加强学术著作出版规范 扎实推进文化繁荣发展 [J]. 中国出版, 2012 (22):3-5.

原新闻出版总署副署长邬书林先生也非常重视图书书后索引的编制问题，曾反复强调学术著作如果不做索引，将不能获得政府奖参评资格、出版基金将不予赞助。他指出："只有管理部门制定国家级的评审标准，提高学术出版的门槛，出版单位高标准、严要求去做原创图书，才能形成一个良好的出版机制和评价体系，我们的学术著作才能真正走出国门，得到国际学术界和出版界的认同。"①

但整个出版业目前对索引还缺乏足够的重视。一旦图书出版规范化落到实处，管理部门加强监管、监督，到那时社会对索引人才的需求将会呈现"井喷"式增长。

三、索引员资格认证和培训的具体分析

关于索引员资格认证及培训问题，张先生从索引员应具有的学历、参加培训考核达标标准、认证索引员时应具备的实践成果，以及我国索引学会在索引员资格认证中的作用、工作开展等方面给出了指引，更为索引员的任职条件提供了方案。

张琪玉先生认为，具备以下条件的人员可获索引员资格：②

(1) 具有本科（及以上）学历，通过培训和实践作品考核优秀者，可获索引员资格；(2) 图书情报专业本科（及以上）学历，通过考试和实践作品考核优秀者，可获索引员资格；(3) 具有一般大专学历，通过培训和有三倍的实践作品考核优秀者，可获索引员资格；(4) 具有图书情报专业大专学历，通过考试和有三倍的实践作品考核优秀者，可获索引员资格；(5) 不具备以上学历，但有五倍的实践作品考核优秀者，可获索引员资格。

具有图书情报专业学历者之所以可免去参加培训，是因为他们一般都学习过与索引员培训相近的课程，但又必须通过考试，以检查他们是否真正具备索引员应有的知识。③

通过上述张先生关于索引员资格认证的学习和解读，我们可以知晓学历、理论与技能考核（图书情报专业人员可免除）、优秀的实践作品是获得索引员

---

① 新闻出版总署副署长邬书林谈书后索引 [J]. 中国索引, 2012 (1), 2: 3.
② 张琪玉. 关于我国实施索引员资格认证和专业培训的思考 [J]. 中国索引, 2009 (1): 2-3.
③ 张琪玉. 索引工作者需要懂一点情报语言学 [J]. 中国索引, 2008 (3): 45.

资格认证必须具备的三个条件。在此,笔者也围绕这三点进行一番新的分析。

(一)学历具体要求

张先生认为,索引员应该有学历,但没有学历者,经过培训和实践成果丰厚(五倍成果),也可以申请资格认证。

这点笔者有不太一致的看法,索引工作是一项创造性的精神内容生产活动,从事这项工作的人,应该接受过高等教育,尤其是编制书后内容索引人员,应该具备大专以上的学历,受到较好的文化知识、专业理论和科学研究的浸染。在出版业至少是大专以上学历的人,才有资格参加出版专业职业资格考试。在现实中能独立做编辑工作的一般至少有硕士以上学历。况且在我国高等教育已经基本普及的环境下,满足大专以上的学历条件应该不难。

(二)培训考核内容

张先生明确提出,"培训考试与资格认证考试可以合二为一"。培训后考试一步进行,不用分成两步走。这个设想一定会受到希望获得资格认证者的欢迎,短时间内便可以达到目的。资格认证是一项牵扯广、工作内容琐碎且复杂的活动,与索引员资格认证相近的应该是出版业的专业技术人员职业资格认证,它可以作为间接经验进行参考。

全国出版职业资格考试由国家统一组织,统一时间、统一大纲、统一标准、统一证书,每年举行一次。考试分初级资格考试和中级资格考试两种,没有统一的考前培训,但原新闻出版总署培训中心、各省市区出版局也都分别组织过从业人员的考前辅导班。

2002年起通过职业资格考试,取得相应级别的《中华人民共和国出版专业职业资格证书》,才能上岗。2008年6月开始对取得出版职业资格证书的人员进行职业资格登记,如为责任编辑,要办理责任编辑注册手续并取得责任编辑证书。进入一般性的专业技术工作岗位的人员,要持有初级证书。从事责任编辑等重要专业技术工作的人员,要持有中级证书,每年还要完成72学时的继续教育课程的学习,每3年进行一次职业资格注册。国家新闻出版管理部门设立考试办公室(办公室设在新闻出版研究院)组织考试工作。国家新闻出版管理部门负责全国出版单位出版专业技术人员职业资格的监督管理工作和中央在京出版单位出版专业技术人员职业资格登记注册工作。省、自治区、直辖市新闻出版行政部门负责本行政区域内的出版专业技术人员职业资格登记注册及管理工作。

出版专业职业资格考试的初级考试面向社会,大专以上学历的人员都可以报名参加,不要求一定有出版工作经历。中级考试则面向出版业,参加考试人员报名时需要持有出版单位的证明信,还要满足以下条件之一:(1)取得大学专科学历,从事出版专业工作满5年;(2)取得大学本科学历,从事出版专业工作满4年;(3)取得双学士学位或研究生班毕业,从事出版专业工作满2年;(4)取得硕士学位,从事出版专业工作满1年;(5)取得博士学位。

出版专业技术人员的职业资格考试工作已经开展了近20年,已形成一套成熟的考试、判卷、资格认证和持证注册管理模式。这对我国索引员的培训、考试及认证工作,具有一定的借鉴作用。

(三)索引员的达标标准

张琪玉先生提出索引员专业培训的内容,要依据资格认证的标准确定,包括理论和实践两个部分。

理论方面的培训内容有:(1)索引学基础知识,重点为索引的结构与功能原理、索引排序、索引设计;(2)文献篇目索引的编制,重点为文献著录、分类、主题标引;(3)图书内容索引的编制,重点为图书可索引内容的提取,索引标目措辞;(4)索引的计算机编制和文献数据库,重点为数据库的建立。

实践上的训练内容包括:(1)编制文献篇目索引(收录文献不少于1 000条目)一种,必备分类和主题检索途径;(2)编制图书内容索引(图书篇幅不少于20万字)一种;(3)培训方式采取网络教学和面授结合的方式进行。

张先生提出获得索引员资格要有实践作品,且必须达到一定的数量(3倍或5倍的作品)和一定的质量(优秀)。

张先生在其论文中也给出了一些思路,比如通过资格认证者,发给索引员资格证书,并随时在中国索引学会网站上公布中国索引学会索引员名单。可根据索引员的请求,向相关用人单位作推荐。他还倡导索引学会要"对索引员的工作给予日常帮助,组织索引员的经验交流和知识更新"[1]。

培训考试是索引员资格认证的关键,也是索引员资格认证中核心的组织工作,需要花费时间、人力,动用专家最多的环节。它是设立索引员合格标准的

---

[1] 张琪玉. 关于我国实施索引员资格认证和专业培训的思考[J]. 中国索引, 2009 (1): 2-3.

过程，需要索引学会设置一套较详尽的计划。出版业资格考试专门设有资格考试办公室，负责组织考试教材的编撰、考试内容的确定、考试评判的标准等工作，有这样固定的组织，认证工作才能持续地、有针对性地进展下去。参考出版职业资格考试模式，索引员的考试培训和资格认证，应该由中国索引学会承担起来。

四、中国索引学会应发挥资格认证和培训的关键作用

（一）解决申请人的利益追求问题

张琪玉先生提出的索引员资格认证及培训，其实存在着一个隐含的问题，必须先期予以解决才行。索引员培训和认证工作于国家、于行业、于索引学界都有益，但申请人的利益如何体现？

索引员资格认定是在申请人具有实践作品后，说明申请人经过培训已经具有了从事索引编制的能力，即便没有索引员资格证书也可以独自编制索引。换句话说，索引员资格认定应该是为了持证上岗，那么索引员资格认证吸引人的地方在哪里？吸引力是否足够大呢？

出版职业资格考试实质上是考取上岗证，考试不通过就没有从事编辑出版工作的资质，也无法晋升职称，无法担任责任编辑，因此，无论是主动还是被动，这对考试申请人具有非常大的利益驱动力。国家人社部于2014年、2017年两次发布《减少和规范职业资格许可和认定事项的改革方案》，在现阶段的环境下，索引员资格考试与认证很难列入国家统考和专业资格目录。如此说来，索引员若没有专门的专业资格认证，缺乏社会认同感和荣誉感，就必须在经济利益上给予其充分的满足。

索引员资格认证最先被吸引的应该是热衷于索引事业的索引工作从业人员，包括索引编制人员，其自愿参与的成分较高。但后续工作的开展，就要靠这项工作的社会意义和个人经济效益吸引，这一点是索引员资格考试和认证首先要解决的问题。

参考国外的索引编制者状况，其大多数是自由职业者，靠编制索引获得收入并维持日常生活。所以，我们要实现张先生提出的索引员资格培训和认证愿望，推行索引员制度，必须要满足申请人的利益追求，亦即为索引员提供索引项目，使其获取经济收入，成为热爱索引事业、编制索引项目并保持衣食无忧

的名副其实的索引员。

(二) 源源不断地承接和提供索引编纂项目

通过上一问题的论述可知，在全国推行索引员考评和认证制度，无论从索引实践作品的评判，还是索引业务的指导和监管，支持索引员编制索引并得到相应收入和社会地位，以及其组织和管理工作都应是中国索引学会要承担的一项重任。张先生认为，索引员资格认证工作，理应由中国索引学会承担，索引员的专业培训任务，也最好由学会具体实施。[①]

困难与机遇往往是并行存在的。当前我国书后索引编纂率极低，编制索引的学术著作达不到总数的7%，而这一数据在民国时期是20%—30%，在西方发达国家是90%以上。造成这一尴尬现状的原因，有出版业、教育界、宣传媒介缺乏对索引的正确认识，也有索引人才短缺。没有大量索引员支撑索引编制，出版单位想编索引都不清楚找谁，不知道谁能承担这个工作。

如前所述，我国作为世界级的出版大国，年出版图书已达40多万种。这其中除去少儿读物、教材等图书可以暂不编制索引，至少每年应该有15—20万种图书需要编制书后索引。如果以每名合格的索引员平均一年编制70种书后索引计算，我国至少需要2 000—3 000名索引员来应对出版界的索引编制任务。此外，还有报刊资料、图书情报机构收藏的文献需要编制索引，保守估计我国需要有5 000名的专兼职索引员队伍才能支撑起索引事业的顺利发展。

我们再回到索引员培训和认证问题上自然就清楚了，索引员需要有索引编制项目，全社会需要大量索引员来展开索引编制服务。但索引员很难凭借一己之力来获取索引项目，出版单位对于个体化的索引员也难以信任，不愿也不敢将众多的书稿交给其编制索引。由此，问题就聚焦到中国索引学会上，一方面索引员需要学会四面出击，广泛承揽索引编制项目，再源源不断地将这些项目提供给索引员；另一方面，索引委托方也愿意与中国索引学会及其下属单位、各地工作站合作，不仅合作关系有保障，索引编制质量也可监控。

中国索引学会可以通过索引项目，将索引员队伍组织起来，并顺势开展索引员的培训、认证、管理等一系列工作，并为索引员的权益保驾护航。所以说，中国索引学会发挥出关键作用，源源不断地承接和提供索引编纂项目，是

---

① 张琪玉. 关于我国实施索引员资格认证和专业培训的思考 [J]. 中国索引, 2009 (1): 2-3.

索引员资格认证和培训的前提与发展动力。

（三）形成索引员资格认证和培训的良性循环体系

毋庸置疑，没有中国索引学会的坚守，中国索引事业连今天的成就都不会有。中国索引学会需对索引员日常业务咨询和指导提供服务，对索引员的编制工作给予日常帮助，组织索引员的经验交流和知识更新。索引学会还应与相关行业广泛建立联系，承揽大批的索引编制项目，以实际行动服务社会，提高国人的索引思维和索引意识。索引项目多了，才能助力索引员编制索引，社会效益和经济效益上去了，索引员的资格考评和认证制度也才能推行下去。久而久之，我国的索引员资格认证良性循环体系就能形成并发展下去。

但观察我国目前的索引编制状况，索引编纂队伍状况，以及索引界与出版界、图书情报界的联接程度，都是难以让人满意的。在目前的环境下，索引员资格认证和培训，自然无法整体推进和具体实施，索引员资格认证的良性循环体系也就无从谈起。

中国索引学会唯一的基础教育界理事刘党生，2008年曾在第三次全国会员代表大会上倡议，应尽快把索引知识的普及工作下移到中学生中去。他将索引验证和检索查新成为中学生参赛上海市科技创新大赛决赛时必经的审查步骤，还创设了多门校本课程。通过多种方法、不同平台，将索引普及工作融入到中学教育工作当中去，这样可为培养索引人才打下良好的基础。①

同样，中国索引学会领导大力倡导索引思维，希冀提升国人的文化素质；也还有索引编制研究所和索引编纂团队，以索引项目来培育索引员队伍，用索引成果服务新书出版。有这样的坚持和努力，我国索引员资格认证和培训的良性循环是大有希望的。

建设索引员资格认证和培训的良性循环体系，需要中国索引学会充分发挥学会组织的领导作用，带动全国会员砥砺前行。首先，把索引编制项目的承揽和分发这一前提工作做出成效，并组织索引专家做出索引编制示范，像正在进行的《上海府县旧志丛书》系列索引的编制项目那样，并推而广之。其次，吸引更多有志于编制索引的人尤其是年轻人加入学会，为实施索引员资格认证

---

① 刘党生. 索引文化指导中学生摘金夺银——中学索引教育成功之路的回顾与思考［C］//中国索引学会第三次全国会员代表大会暨学术论坛论文集. 中国索引学会，2008：15.

和培训积累人力资源,同时做好培训教材、认证师资的准备工作。第三,以索引项目带动索引员的培训,以培训接续索引员资格认证,再以资格认证推动索引员队伍建设,最后以大量的索引成果推动索引事业发展,由此形成我国索引员资格认证和培训的良性循环体系。

五、结　论

综上所述,当前国内大众缺乏索引意识,出版业等相关行业对索引工作重视不足,这需要引起整个社会的思考。索引员的资格认证和培训工作是索引事业持续发展的有力举措,但需要中国索引学会发挥中流砥柱的的作用,从承接和提供索引编纂项目开始,为索引员的资格认证和培训创造条件,解决索引员的利益追求和身份归属等实际问题,再通过大量的索引编纂,形成索引员资格认证和培训的良性循环体系。

尽管索引员的资格认证和培训工作困难重重,但有了对张琪玉先生思想的系统性思考,我们应该取其精华,砥砺前行。笔者希望在恰当的时间点上,中国索引学会能抓住时机,乘势而上,把全国性的索引员资格认证工作推出来,并在不断摸索的实践中把我国的索引员队伍培育好,使之不断发展壮大,服务社会。

张　丽　北京印刷学院新闻出版学院副教授,中国索引学会会员。
王雨菲　北京印刷学院新闻出版学院2020级出版专业硕士研究生。

Further Thinking on Mr. Zhang Qiyu's Proposals on Indexer's Qualification and Training

Zhang Li　Wang Yufei

Abstract: Mr. Zhang Qiyu has a high enthusiasm for the indexers training in my country. He explained the importance of indexers training from many aspects, and put forward specific proposals for indexer certification and training. According to his proposals, combined with publishing vocational qualification examination and certification methods, this article discussed several issues of indexer certification and training. Based on the specific analysis of the scarcity of indexers and the certification and training of indexers, it is proposed that the certification and training of indexers is a powerful measure to promote the sustainable development of indexing in China. The Chinese Indexer Society must play a key role in it to undertake and provide starting with the index compilation project, solving practical problems such as the pursuit of indexers' interests and indexing, gradually forming a virtuous circle system of indexer certification and training, so as to promote the construction of indexing team.

Keywords: Zhang Qiyu; Indexer; Certification; Indexer Training

口述历史

索引走向社会的倡导者
——刘苏南先生谈黄页与中国索引学会的缘分

刘苏南 李 华

(号百信息服务有限公司 上海 200085)

摘 要 作为黄页公司总经理和号百公司的高级总监,因为与索引结缘,刘苏南先生走上了一条与普通电信人不一样的道路。他借助索引的理论和方法改进了黄页的编制和出版技术,带领黄页公司创造了辉煌业绩。在加入索引学会后,刘苏南先生连续担任多届副理事长,也为号百信息业务转型,为推进索引学会走向社会做出了卓有成效的贡献。

关键词 刘苏南 黄页编制 黄页出版 索引 中国索引学会

访谈时间:2020年6月13日
访谈地点:浦东张江中芯国际花园,刘苏南寓所
访谈对象:刘苏南
访谈人员:李 华

刘苏南先生近照

李：刘总好！您是黄页公司的创始人，带领黄页公司走过了辉煌的 22 年。您在 2003 年至 2019 年之间连续 16 年担任索引学会的副理事长，如果加上之前担任常务理事的 9 年，您与学会共同走过了 25 年，在学会和企业之间架起了一座交流的桥梁。近年来，学会启动了"索引口述史"工作，希望您能谈谈您在黄页公司、号百公司工作的经历以及您与索引学会之间的渊源，让我们能进一步了解学会与信息服务企业之间是如何互利共生、合作共赢的，以便我们在后续的工作中能更好地将索引理论及方法与企业应用结合在一起，让信息服务工作能有更好的理论指导，也给索引事业赋予新的活力。

刘：由于新近国家有关部门对社会团体管理有了一些新的制度，因此我作为索引学会年轻的老同志将要退出学会的管理层，但这并不影响我参与索引学会工作，所以我还是希望能借助自己的工作经验，尽自己的力量参与索引学会工作。今天的口述史访谈并不是我在索引学会工作的终止，而是作为非管理层身份参与学会工作的新的开始。

一、在工作中成功地应用索引

李：您作为黄页公司的领导者，带领黄页公司创造了极为辉煌的业绩。您是如何做到一边工作一边学习和积极应用索引理论的？

刘：算起来我直接从事黄页工作有 22 年，占我 43 年职业生涯的一半时间，也就是在这 22 年里，经过我和上海市电话号簿公司同事们的努力和奋斗，2000 年，上海黄页广告收入达到 1.8 亿，占全国黄页总收入的 80%。2002 年 3 月，根据中国电信集团决定，我奉命在上海市电话号簿公司的基础上组建全国性的"中国电信集团黄页信息有限公司"，注册地在上海。经过艰苦整合，在 2005 年，全国电信黄页收入达到 5.64 亿，利润 3 300 万，一举成为在亚太地区仅次于澳大利亚黄页公司（SENSIS）的第二大黄页专业公司，蜚声中外。

在黄页公司、号百公司，我主要在电信信息业务领域里做了大量的改革和创新工作，其中绝大部分离不开我对索引技术的应用实践。其中在信息与索引工作方面主要有下列成果：一是编写了《黄页分类体系表》，后来成为全国黄页行业分类的标准，实现了全国黄页检索方法的统一；二是主编了《中国电信黄页业务管理标准及规范》，首次建立了全国统一的黄页数据库，真正实现黄页动态信息更新"日日新、天天清"；三是编写《第三届全国话务员技能比赛训务、业务及赛务指引手册》，成为国资委组织全国级新型话务员技能大赛的工作指南，成为上海市总工会组织信息员业务技能竞赛主要参考文献之一。

期间我还发表了不少与索引有关的论文和文章，其中论文有"电话号簿在市话业务管理中的探索""企业情报检索的实施方法和应用"。我的工商管理博士（DBA）论文的题目是《中国泛黄页业务营销战略分析》。

在索引学会任职期间，我也利用自己通过索引学会所增加的见识、学识，身体力行做了大量的工作，使黄页的业绩得到了社会公众的认可，得到了邮电部（后来是信息产业部）的认可。2002年3月，刚改组的中国电信集团决定在上海市电话号簿公司的基础上组建中国电信集团黄页信息有限公司（比照副局级单位管理），我担任了首任董事长、总经理，兼党委副书记。可以说索引成就了我的事业，在带领员工创造了中国黄页的辉煌时，我也实现了个人的人生价值，在中国电信的平凡工作中做出了不平凡的成绩，终身难忘，这里要感谢中国索引学会对我的支持和对黄页工作的引领和启迪。

二、邂逅中国索引学会

李：中国索引学会作为一个学术组织，其成员多为高校图情界教育工作者。您作为企业管理者，是什么时候、在什么样的机缘巧合下加入中国索引学会的呢？

刘：1988年至1990年，由于我感到在黄页信息检索研究中，缺乏分类和索引知识，决定报考华师大图书情报系在职本科班就读。有一次在系资料室偶然看到有"中国索引学社"的名称，后来去了解，才知道这是一个全国性的专门从事索引研究的社会团体，当时学会总部就在华东师大，不久改名为"中国索引学会"。这样我就对这个学会产生了一种亲切感。1992年华师大图情系首次开了在职研究生班，当时同学中陈尧和印永清分别在索引学会兼职办公室主任和业务部负责人，从而得知了索引学会的具体情况。当时教我们古籍目录学的罗友松教授也多次向我发出邀请。

1994年，上海黄页公司在原来电话号簿公司的基础上有了新的发展，正面临着黄页索引如何方便使用者（电信用户和广告客户）检索的市场需求，急迫需要在索引方法上有一个突破，于是在当时学会秘书长葛永庆先生同意下，我就以"上海市电话号簿公司"的团体名义加入学会，成为中国索引学会历史上第一个企业团体会员,同时我也被选为学会常务理事,从 2005 年 8 月起一直任学会副理事长,直到退休。

三、索引助力黄页事业

李:黄页出版过程中的编目、标引等基础性业务工作其实就是索引的基本方法和手段,在您看来,索引理论和技术对黄页的编排和出版方式带来怎样的变化?

刘:索引理论和技术带来的黄页编排和出版方式的变革是多方面的。

第一,索引的理论和技术应用可以将传统的黄页检索方法改造成适应时代要求的科学的多途径检索的信息工具书。

新中国成立以来,电话号簿主要用于查找电话号码,因此检索手段比较实用,只要按公司、工厂、商店、学校、党政机关这几个索引词就可以很容易找到,遇到这个类目下单位比较多的,再按照首字笔画顺序寻找,虽然不科学,但由于当时电话数目少,也就这样年年依样画瓢编辑就可。

然而改革开放后,电话业遇到迅猛发展时期,黄页如何跟上这一潮流,与国际接轨,成为当时上海市电话号簿公司所面临的新课题,是安于现状还是改革创新?我带领我的伙伴和员工毅然选择了创新变革之路。当时我们收到很多用户对电话号簿编辑方面的意见,归纳起来就是一个问题——难查。

针对难查这个问题,我们利用图书馆的分类理论和索引编目技术对黄页检索体系进行彻底的创新。主要采取了以下五个方法:一是针对纸本黄页检索途径单一的现状,采纳多途径检索的新方法,除了建立行业户名分类类目的汉语拼音索引和汉字笔画索引外,在分类目录及其索引中应用类似图书分类标引的"见"参照项和"参见"参照项,丰富具体类目的检索途径,方便读者查找迅速;二是针对用户名称重复、手工整理作业繁复问题,我们增加了户名规范标准和半智能自动查重功能,大大解放了劳动生产效率;三是针对黄页分类广告特别细的特点,在黄页正文的白页部分(企业名称索引)中的企业名称下,如该企业在黄页内刊登了一个以上广告,就在其名称下列出其广告在黄页内的页码,方便用户查找该企业的广告内容;四是增加了产品或商品商标名称的索引;五是在黄页部分对一个企业在多个分类中刊登广告的,对每个黄页分类广告的下方增加其他广告"参见 P＊＊"的参照的指向标识。

上述的索引项并不是按传统的手工方式去实现的，而是一旦分类目录系统确认无误后，全部都是通过黄页排版后的实时信息予以自动编排生成，最后数据导入黄页排版系统输出蓝图或胶片以供付印。

第二，摒弃以人工进行标引、编目的传统办法，按工具书的出版特性，采用索引技术和计算机手段实行全过程的电话用户资料的日常增删改和电话号簿编辑。

黄页除了电信服务属性外，它还具有出版物的属性，具有信息编目、标引、流通的生产属性。而大部分出版物属性都与索引技术应用有直接或间接的关系。当时黄页出版最大的难题是当时的手工作业方式越来越不适应黄页信息日常增删改维护的需求，由于业务量严重超负荷，员工们已经干得筋疲力尽。

所以在上述以索引标识技术为基础实现黄页各类索引的编制和出版自动化外，我记得当时还不满足上述成效，又根据黄页日常工作的时间特点，为确保黄页信息出版质量万无一失，在采编维信息维护中予以作业创新。我们在基于索引技术和计算机技术的半智能化的工作工序和控制方面做了一些探索和创新：一是任何信息增删减维护一律实行两遍输入，确保原始信息源头准确无误；二是对每一个主户名信息予以自动规范；三是对电话号码位数自动辩误；四是对地址信息予以自动规范；五是对黄页分类广告文字内的传真电话和电话号码进行自动辨析；六是对黄页户名信息予以智能切分及按黄页类目自动标引。

第三，打造"黄页即行业索引"的服务方式，参照国际惯例，使黄页在市场经济的洪流中迅速成长和发展，成为真正的行业名录、消费指南。

说起黄页，最早起源于电话号码本内的插页，采用黄颜色纸，以示与白页相区别。中国的黄页最早出现在上世纪40年代的上海租界，上海美商电话公司第一次在电话号码本中加插了黄页分类广告专栏。直到1987年上海实现了6位电话号码升7位后，上海才出版了第一本上海黄页分类电话号簿，开了中国黄页的先河。之后上海一年出版116万册黄页，其中对机关企事业单位，根据电话号线总数按比例赠送"大黄页"（上海工商指南），对住宅电话用户，每线免费配送一册"小黄页"（上海消费指南），从此上海黄页服务真正达到了国际黄页的水平。

由于我们利用索引理论将书本黄页索引做到了极致，应运而生了许多黄页衍生产品。例如：（1）行业类黄页分册，如旅游黄页、物资行业黄页、消费服务业黄页，教育行业分册；（2）工具书类型出版物，如精装版黄页、特殊开本黄页、袖珍型黄页，后来每年还编一个口袋本迷你型黄页，用户格外欢喜，也拓展了纸本黄页销售业务的发展；（3）特殊黄页，如传呼电话号簿、地址行名簿、住宅电话号簿等；（4）通信类黄页，如传真电话号簿、电报挂号和电传号簿、互联网网址簿；（5）黄页杂志，如行业分析报告、《玩转上海》；（6）海外版黄页，如中英文对照电话号簿；（7）电子黄页，如《CD-ROM光盘黄页》、"黄页城市通"查询终端（包括地图黄页）、手机黄页；（8）互联网黄页，如网络城市黄页、黄页本地搜等。

李： 那么，作为一个专业索引团体，中国索引学会给予了黄页公司哪些帮助？

刘： 在我带领黄页公司进行业务创新和改革的时候，索引学会给予了切切实实的指导和帮助，这也是我接着要讲的索引学会为黄页公司的全面提升做出了重大贡献的三个方面。

一是索引学会提供了黄页与高校的合作机会。在索引学会的引荐下，我们先后与上海大学计算机学院、复旦大学计算机工程系和复旦光华技术公司开展了合作。参考《中国图书馆分类法》，采用以读者和黄页广告主为目标对象的新的检索体系，新的计算机黄页信息综合业务管理系统和黄页排版出版系统的先后应用，大大提高了全国黄页信息日常采编维的工作效率和排版出版效率。随着出版能力大幅度提高，我们从一年只能出版五六种黄页出版物到一年可以出版上百种黄页出版物，不断创造历史奇迹，也实现了从铅与火（人工铅字排版印刷）到光与电（激光排版印刷）的蜕变。

二是索引学会引领黄页公司实现从纸质黄页向电子黄页、互联网黄页的转型。记得在世纪交替之际，我们借助索引学会的学术优势，通过索引学会与复旦大学计算机学院合作进行了黄页行业户名自然语言智能切分的研究。与华东师范大学地理研究所合作进行黄页地图矢量自动检索，使我们早在1998年就制造了"黄页上海通"终端，率先放在写字楼大堂和机场、车站内，供大众检索。我们与原上海万达计算机技术公司合作，最早在上海推出"一网五库"中开放黄页信息数据库，通过"上海热线"提供信息服务和广告加载。与上海科委合作，在2002年4月率先在手机上直接检索黄页消费信息服务。2003年起我们整合了全国黄页信息，拥有了当时中国最大的海量数据库。我们与百度合作，在互联网上提供基于竞价排名的检索探索，促进了黄页索引检索转型到互联网搜索的新型信息服务的行列中。

三是索引学会向黄页公司提供了黄页索引的系统培训，直接参与了黄页日常业务管理，在提高黄页的查准率、查全率方面的成效尤其卓著。例如直接参与黄页公司的读者座谈会，了解读者的意见和建议，征求具体改进的方案，特别是在全国实行黄页业务一体化的过程中，对全国黄页后台编辑工作人员进行多次培训，提高了全国黄页业务人员的职业素养，也间接地培养了一批黄页索引骨干。

黄页公司当时加入索引学会有三大目标：一是通过中国索引学会的帮助，摒弃传统的检索手段，建立适应计算机管理的黄页分类科学体系和索引辅助体系；二是参照国家行业分类代码和国家党政机关代码的国家标准，建立黄页行业和党政机关事业的分类体系；三是荟萃图书情报检索理论、索引研究及检索工具，完善黄页业务的黄页分类和索引基础知识的培训体系。

经过短短几年的努力，我们初步实现了上述三大目标，为黄页实行全国一体化统一经营和管理，为适应21世纪互联网黄页信息发展打下了扎实的基础。1998年5月与世界上最大的美国大西洋贝尔信息公司成立了中国邮电部历史上第一个中外合资的业务类公司，跻身中国广告行业100强，"中国电信黄页"品牌获得国际品牌认证机构颁发的"超级国际品牌"。当时上海地区黄页经营业绩出现了井喷式发展，其营业收入占全国黄页总收入的80%。

四、助力索引学会发展

李：您前面谈到，在索引学的理论指导下，黄页公司在体系化经营和管理方面有了长足的进步。我相信由于您和黄页公司的加入，索引学会相应发生了一些变化。

刘：是的，我是索引走向大众的积极倡导者、引领者、参与者，我的很多建议和思路也得到历届理事长和秘书长的认可，在索引学会各种会议上，我多次提出学会不能仅仅满足于学术研究，成为当时索引界的共识，后来学会就开始发展一些企业团体会员。

我也陪伴索引学会经过了一段迷茫期，当时索引学会的开创者年事已高，精力有限，学会的管理层也出现了结构不合理的问题，在索引学会比较艰苦的时候，我能帮助学会度过难关，例如当时学会期刊遇到经费问题，我尽可能提供帮助,在多次索引学会年会上,参与学会对外宣传,提供人力、物力的支持。如今看到索引学会在新的秘书长领导下面目一新,充满活力,索引学会培训工作已制度化、系统化,学会编写的国家索引标准已经通过,地方志索引项目已有突破性进展,索引集刊也越办越好,我感到很欣慰。另外全国索引工作站如雨后春笋,勃勃生机,更可喜的是一批年轻人加入索引学会,给索引学会带来无限希望和遐想,我作为老索引人对索引未来充满希望。

五、从黄页到号百

李：您从黄页公司到号百公司后,带领号百公司众骨干参加了索引学会。当时号百公司是作为中国电信战略转型的排头兵而成立的,在您看来,索引理论与号百业务有哪些结合点？

刘：2007 年中国电信集团本着电信业转型的战略需要,在中国电信黄页信息有限公司的基础上组建了中国电信集团号百信息服务有限公司,旨在整合中国电信 114 信息业务,打造"语音 google"和融合电信增值业务,做大做强做优信息业务,而当时苦心经营的黄页的电子信息、地图信息、网络信息悉数归到号百业务大的体系内,期望能有突破。于是原中国电信集团黄页信息有限公司专心致力于纸质黄页,并保留了长三角一体化经营模式至今。

我认为作为以信息服务业务为主的号百公司与索引学会有很多的结合点：第一,可以利用中国索引学会的平台,与全国高校在信息业务方面进行充分的合作,例如号百公司的商家名片业务已做得非常成功,产值已超 20 亿之多,但如果在教育领域里开展高校名片业务,充分利用高校招生资源、课件资源,特别是疫情后出现的网课资源进行双赢合作,前景可能会很好,现在流行的就是跨界合作。第二,号百公司拥有全国企业三统一数据库,然而没有把其转换为一座金矿,而中国索引学会是全国性社会团体,尤其拥有一批索引年轻人才,在大数据挖掘、信息综合利用和生成等诸多方面都有可能实现号百公司大数据应用的梦想,帮助全国企业三统一数据库早日成为真正的金矿。第三,号百公司可以帮助索引学会扩大其索引成果,例如索引学会与地方志合作做了地方志索引,然而社会上有更多的企业志和行业志有待发展,市场空间很大,而号百公司和黄页公司可以帮助索引学会开发企业志和行业志索引,再比如帮助索引学会开发一个"索引通"软件,可能也会有市场需求。

六、结缘索引 30 年，踏上一条不寻常的路

李：您与索引结缘的这 30 年，也正是您个人与黄页公司互相成就的 30 年，索引让您走上了一条跟普通电信人不一样的职业道路。

刘：确实如此。一个本与索引无缘的我，一个偶然的机遇，我从电话局团委书记的岗位上直接调任到了刚成立一年的上海市电话号簿公司担任主持工作的副总经理，该公司前身是电话局营业室下属的电话号簿业务组和电话业务宣传组，员工总计 22 位。当年我 26 岁，正值朝气蓬勃、激情四射的年龄，我秉持"干一行，爱一行；爱一行，专一行"的思想来到了这里。也就是这个机缘，我毅然放弃报考上海教育学院教育专业的机会，转而选择了华师大的图书情报专业，边学边干，把学到的理论知识与黄页日常操作实践相结合，与信息应用和计算机技术相融合，探索出一条把电信码号信息与广告媒体书本载体及互联网网络一体化的创新实践历程。1997 年我被破格聘为高级经济师，当年还获得"上海市第三届优秀青年企业家"称号。

在号百公司的 12 年间里，我所做的工作也有涉及信息应用的实践，与索引也有着间接的关系。一是负责了中国电信代理世博会票务的业务；二是负责承办了一次国家级的全国话务员技能大赛；三是建立了第一个长三角文化娱乐票务电商平台。2011 年与上海世博局合作，我利用中国电信服务网点优势，在全国设置了 888 个票务服务点，共销售了 650 万张各类门票，收入达 6 亿，当年票务利润高达 4 000 万。在 2007 年年底与旗下江苏、浙江号百公司共同努力下，与东方票务公司合作建立了号百公司第一个电子商务平台。在 2016 年配合国资委代表中国电信承办的话务员技能大赛中，进行首次创新，秉持从话务员转型为信息员的信念，首次探索直接通过互联网、微信和传统话务三种载体进行技能比赛，效果令人叹为观止。

如今，我也与很多索引前辈一样，到了激流勇退的时候，尽管很留恋曾经的索引学会岁月，但根据最新的社团管理规定，我已不能再担任学会的领导职务。此时我非常感慨，如果当年我从电话局团委自然转到政工岗位，我也许就不会读图书情报学专业，而是去研究马列主义或社会学、法律学。如果当时转到电信管理或行政岗位上，我就不可能去研究图书分类、图书索引和信息应用，也不可能是现在的我，那另外的我又是怎样的呢？命运造就了每一个人，

我也将不落这个俗套。

七、提议"口述史"项目,让索引遗产得以留存

李: 最后,索引学会的老师告诉我,"索引口述史"还是您的提议,请问您怎么会有这个提议?

刘: 五年前,我在四川大学召开的常务理事会上提出索引学会要做口述史的建议,发挥许多热爱索引的老学者的作用,为学会留下宝贵的遗产。这个建议受到学会的赞同,于是我先后召开了几次座谈会,提出了做口述史的具体要求和想法,应该说我是幸运的,该建议除了学会领导支持外,还立刻得到上海师大图书馆马国平先生的支持,而后我们率先做了对索引学会创始人、高级编辑葛永庆老先生的口述图文记录,其后国防大学政治学院王兰成教授又在张琪玉教授健在时,抢先完成了张琪玉学术思想的访谈。截止目前,学会已完成葛永庆、张琪玉、侯汉清、黄秀文、张贤俭、卢正言、林仲湘等学会前辈的口述史的访谈工作。

其实我是没有资格做索引口述史的,因为索引学会主要致力于学术研究,而我没有学术功力,只是作为学会的企业会员代表之一,在如何让索引走向大众做了一些探索和倡导,况且在日新月异的时代,要实现我当时加入索引学会时提出的索引面向大众的理念,还需要长期的实践和探索。而我几十年极力经营的黄页索引实践在现在的大数据智能化时代也失去了普遍的意义,一个新的智能化信息服务时代将会来临。

然而出于对索引学会的热爱和深厚感情,我还是认真对待这次索引学会口述史工作,竭尽所能,不忘初心。

刘苏南 原号百信息服务有限公司高级总监;中国电信集团黄页信息服务公司董事长、总经理;曾任中国索引学会第五届至第七届副理事长;高级经济师。

李 华 号百信息服务有限公司高级运营经理,高级工程师。

Advocate of Index to the Society
— Interview with Mr. Liu Sunan on the Predestined Relationship of the Yellow Pages and China Society of Indexers

Liu Sunan   Li Hua

Abstract: As the general manager of China Telecom Group Yellow Pages Information Co., Ltd. and the senior director of China Telecom Best Tone Information Service Co., Ltd, Mr. Liu Sunan has taken a different path from ordinary telecom industry practitioners because of index. He improved the editing and publishing technology of Yellow Pages with the application of index theory and methods, and led the China Telecom Group Yellow Pages Information Co., Ltd. to create brilliant achievements. After joining China Society of Indexers, Mr. Liu has served as the vice chairman for many consecutive terms, and has made fruitful contributions to promote CSI to the society.

Keywords: Liu Sunan; Yellow Pages Editing; Yellow Pages Publishing; Index; China Society of Indexers

采访现场（左：刘苏南；右：李华）

索引与数据库技术

基于人工智能的自动索引编制技术研究

王兰成　张思龙　蒋　瑛　许和旭

（国防大学政治学院　上海　200433）

摘　要　人工智能是当前的热门研究领域，在其支持下，自然语言处理、信息组织和检索等技术获得了重要突破。中国索引学界一直致力于索引编制的精确化、自动化和智能化研究。本文分析人工智能与自动索引编制的研究现状，提出基于人工智能自动索引编制的可行性，探研面向图书内容索引设计的自动索引编制方案，讨论自动索引编制实施的重难点问题。通过研究基于人工智能的自动索引编制，以期对各类索引编制辅助软件、电子索引编制技术等相关研究工作提供参考。

关键词　自动索引编制技术　人工智能　知识图谱

一、引　言

索引又称引得、通检等，是一种将文献中的语词、篇目等有关项目标引出来，按一定次序排列，并注明出处的检索工具。[①] 索引的目的是要提高信息查询和检索的速度，在计算机发明出来之前，索引的思想就已经深入我们的生活，在计算机和数据库技术出现以后，利用计算机从事索引编制便成了一种习惯，除此之外，数据库索引技术也应运而生，并蓬勃发展。张琪玉教授就曾有"现代索引就是数据库"的观点。[②] 为了更好地发展索引事业，中国索引学会编制了《索引编制规则（总则）》的国家标准，该标准自2009年正式实施以来，对于我国的索引事业发展和中文索引编制工作，起到了积极有效的推动作用。

---

① 叶继元．索引编制与信息组织的现状及趋势［J］．上海高校图书情报工作研究，2018，28（3）：37－38．

② 张琪玉．现代的索引就是数据库［J］．图书馆杂志，2001（12）：6－7．

二、人工智能与自动索引编制研究

随着人工智能技术，特别是机器学习、深度学习、知识图谱等技术的发展，使得自然语言处理、信息组织和检索等领域获得了巨大突破，与此同时，将自然语言处理、统计学习、知识图谱等应用于索引编制系统中，实现对海量文献数据进行高效的索引分析和挖掘，也得到了更为广泛的关注和更深入的研究。早在2011年就有研究者指出智能检索环境下智能索引编制问题的重要性①，指出智能索引编制过程中涉及的技术有文档预处理技术、元数据与RDF等资源描述技术、语义网技术、机器学习技术等，并形成了中国古籍索引编制软件实践②、基于VFP + Word 的多文本古籍索引编制实验③，以及语义网技术在智能索引编制过程中的应用等研究成果④。总体上，智能索引的探索与语义网和本体的研究联系紧密，智能索引不仅为文献数据库检索提供便利，更为搜索引擎更快速、准确、自动地查找 Web 资源提供可行性。智能索引已成为数据库索引研究的主流方向。尤其是随着近几年深度学习、知识图谱等技术快速发展，数据库管理和索引研究取得了很多典型成果。比如，有研究者指出，在人工智能时代，数据库管理将人工智能技术中统计、学习、推理和规划等能力应用到数据库系统和数据管理中，以实现减少人力开销和提高性能的目的⑤，基于人工智能技术，对数据库查询负载、数据分布、数据库硬件特性、历史查询性能表现等进行特征抽取和建模，结合机器学习等技术，有效利用海量历史数据和习得模型，对大数据索引和查询技术进行针对性的优化。⑥

在传统索引编制研究方面，当前主要集中在基础理论、信息检索服务、索引事业和前沿领域的索引创新等处，尤其在地方志索引编制、主题索引编制、

---

① 王知津，王丽娜，胡玲玲. 智能检索环境下的索引编制 [J]. 图书馆杂志，2011 (1)：16 - 19.
② 黄建年. 中国古籍索引编制软件概述 [J]. 图书馆学研究，2011 (19)：65 - 68，101.
③ 黄建年. 基于 VFP + Word 的多文本古籍索引编制实验 [J]. 现代图书情报技术，2011 (10)：85 - 89.
④ 姬莉莉. 语义网技术在智能索引编制过程中的应用 [J]. 才智，2011 (31)：41 - 42.
⑤ 孙路明，张少敏，姬涛. 人工智能赋能的数据管理技术研究 [J]. 软件学报，2020，31 (3)：600 - 619.
⑥ 邱涛，王斌，舒昭维，等. 面向关系数据库的智能索引调优方法 [J]. 软件学报，2020，31 (3)：634 - 647.

学位论文索引编制、智能科技检索服务、数据库、互联网、大数据索引研究等方面已有长足发展。比如，潘正安[①]在《图书内容索引编制指南》一文中指出，图书内容索引是为查阅图书中的知识、信息而编制的检索工具，当前，印刷版图书中的索引均为人工编制，电脑起辅助作用，通过精选可索引内容和索引措辞等手段，可达到较高的查检效率；申赟祎[②]针对现存问题，以 ESIA 优化法为理论基础，从整合、补充、规范和半信息化这四个角度进行了优化设计，并与自身的编制实践相结合提出了具体的优化方案，按照优化策略和优化方案的具体指导，产出优化后的书后索引编制流程和具体流程图。王雅戈等人[③④]、张淑文等人[⑤]从学位论文索引编制、学术专著书后主题索引编制等索引实际工作细节，介绍工作流程，分析和探讨编制问题，提出来很多宝贵实践经验和改进建议。杨光辉教授[⑥]指出，索引是一种全新的思维方式，大数据时代索引新功能实现分析综合、目录索引、去伪存真、知行合一，"索引—关联数据"是大数据发挥作用的关键，主题词表、规范语义库与知识发现图谱为索引提供全新功用，智能机器人不能创造、生产概念，但是索引员能通过分析综合概括新语汇、新主题与新概念。张心源等[⑦]在分析国内外数据库索引编制研究的进展与趋势后指出，传统索引编制注重规范和规则，追求"全面、精炼"，数据库索引编制在此基础上更注重对索引技术、索引标引层次和信息挖掘深度等的研究，并指出索引内容深入化、索引技术智能化（即语义索引的发展）、索引呈现可视化的研究趋势。

综上所述，可以发现数据库索引技术、传统索引编制技术都随着网络技术、信息处理技术以及人工智能技术的发展得到长足进步。但从学科分布上也

---

① 参见潘正安. 图书内容索引编制指南 [J]. 科技与出版, 2013 (7): 6 – 13.
② 申赟祎. 书后索引编制流程的梳理优化研究 [D]. 北京印刷学院, 2019.
③ 王雅戈, 叶继元, 黄建年, 等. 学位论文索引的演进 [J]. 图书馆论坛, 2019, 39 (11): 44 – 46.
④ 李炜超, 王雅戈. 学位论文内容索引编制研究——以《萨都剌生平及著作实证研究》索引编制为例 [J]. 图书馆杂志, 2018, 37 (6): 38 – 43.
⑤ 张淑文. 编辑视角的学术专著书后主题索引编制浅谈 [J]. 编辑之友, 2018 (8): 90 – 94.
⑥ 杨光辉. 大数据时代索引面临的挑战与机遇——兼论索引与索引思维 [J]. 上海高校图书情报工作研究, 2018 (3): 40 – 41.
⑦ 张心源, 邱均平. 国内外数据库索引编制研究的进展与趋势 [J]. 图书馆杂志, 2016, 35 (3): 60 – 67.

发现，数据库索引技术主要分布在计算机科学与技术等学科，而图书情报学界更多的还是关注传统索引编制以及与索引数据库的结合应用。人工智能技术是当下较为前沿的热门研究领域，在数据库索引研究方面已有部分成果，但在传统索引编制应用上还很少见。应该说传统索引编制是直接服务于人的，容易理解，比较规范、精炼，对用户需求具有针对性，一般都是通过人工编制的，质量较高；而数据库索引更多的是面向机器查询使用的，人只能看到索引检索结果，不能直接看到索引本身，数据库索引一般是计算机通过分词、统计等自动构建的，当前自动编制索引与人工编制索引在质量上还存在不少差距。人工智能时代，自然语言处理、知识图谱、机器学习等技术对借鉴人工编制索引成果，提高索引自动编制质量，提高索引编制效率具有重要作用。

大数据时代主题词表、规范语义库与知识发现图谱、智能机器人等技术都是人工智能时代的典型代表，基于人工智能的自动索引编制研究，一方面可以开发索引的新功用，拓展索引学的研究范畴，深化索引学的理论研究和方法以及技术应用，另一方面，可以丰富索引工作实践内容，提高索引工作的信息化、智能化水平，构建一系列索引语料库、规则库，开放索引编制服务，拓宽索引服务面，为广大索引工作者、索引爱好者以及科研学术工作者提供便捷的索引工具，提高索引服务能力。

三、基于人工智能的索引款目自动编制

（一）知识库构建及对索引项的指导

严格遵照索引编制的规定流程，优化各流程数据处理，加强索引词之间的语义关联分析，借助语义知识库、规则知识库、主题知识图谱挖掘索引词之间的关系，并区分同义词、近义词、语义上下位关系。研究重点在于如何通过构建的语义知识库指导索引词的选择、标引和分组、参照处理等。

1. 在知识库的构建方面，采用问卷调研法和文献调研法。设计问卷调研索引编制中方案选定、索引类别、标目选择、分组策略、参考系统细则标准，形成调研材料，加工成为知识库中供程序自动处理的索引编制规则；通过文献调研方法收集已有的索引素材、研究文献，加工整理成索引编制语料库。

2. 索引项选择、分组和参照，采用实验法。通过实验法技术进行索引项选择、分组和参照的实验，记录各算法策略组合的索引编制自动化效果和质

量，选取最优组合算法，实现索引款目的智能化编制。

(二) 自动索引编制的研究框架及其功能

给定一个图书内容索引编制的任务场景，结合索引编制规则总则以及细则等标准规定的索引编制的规范化流程和编制规则，设计和开发索引知识库；根据文献内容和索引任务，进行索引设计智能化辅助，同时对文献信息内容预处理；索引设计确定后，根据索引编制规则和参照标引语料库，进行索引标目的智能标引、层级处理和款目编制、校对；智能生成参照系统，完成索引编制并实现多种格式转换和存盘。编制各个环节都期待能够进行可视化人机交互。目前，研究内容主要集中在索引知识库构建、文献信息内容智能化预处理、索引设计智能辅助、索引标目智能标引、标目层级智能处理、索引款目编制校对、参照系统智能生成以及索引格式智能存盘等方面。图 1 所示为基于人工智能的自动索引编制研究总体框架。

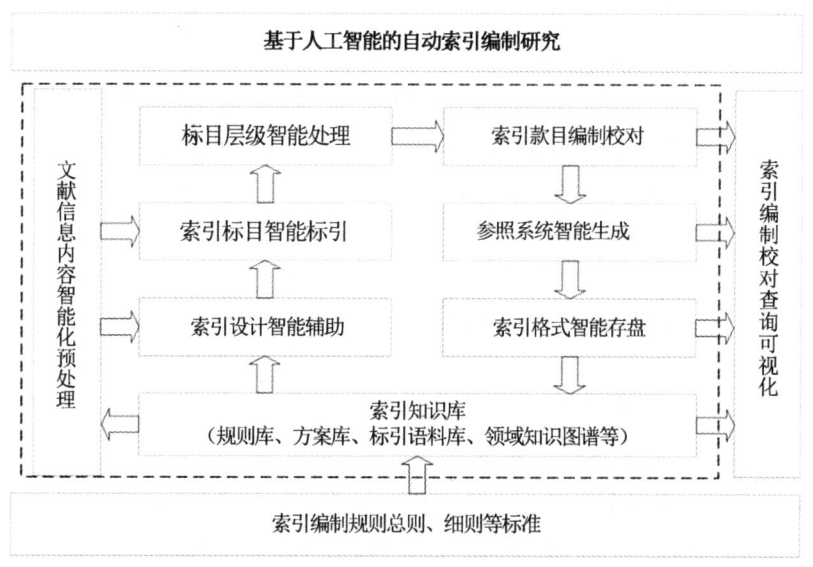

图 1 基于人工智能的自动索引编制研究总体框架

1. 索引知识库构建。基于索引编制规则总则以及细则等标准规定的索引编制的规范化流程和编制规则，形成索引编制推荐规则库、索引设计推荐方案库；收集现有的索引素材，构建索引标引语料库（词汇库）；结合索引语料、中文主题词表、中国知网收录的专业学术文献等构建各领域索引主题知识图谱等，用于索引标引词推荐使用。

2. 文献信息内容智能化预处理。基于规则库提取文献元数据，基于标引词库的中文分词和过滤停用词，基于知识库的人名、地名、机构名、概念等文献标引候选词标注，出处提取预处理等。

3. 索引设计智能辅助。基于人机交互索引设计辅助方案，根据文献类别和内容特征提供候选索引方案，智能化确定索引范围和深度推荐值，研究预标引自动测试功能。

4. 索引标目智能标引。基于知识库标引规则的索引标目智能选择，基于统计模型的索引标目智能选择，基于机器学习的索引标目智能选择，基于文献上下文语义的索引标目智能选择，自动标引和处理排序。

5. 标目层级智能处理。文献主题脉络自动化分析技术，索引标目自动化分组技术。

6. 索引款目编制校对。索引款目排序，索引款目编印，索引款目回查校对。

7. 参照系统智能生成。索引标目同义词识别，索引标目上下文语义关联识别，基于词义的参照系统规则制定。

8. 索引格式智能存盘。设计索引数据库，各类型索引格式转化，索引语料存盘，索引检索服务等。

四、基于人工智能的自动索引编制实现

（一）自动索引编制设计的重难点问题

1. 索引知识库的构建。索引知识库不仅涉及索引编制规则细则，还涉及索引编制方案、索引编制语料、各领域索引主题知识图谱等。索引知识库作为索引编制自动化的基础支撑，其内容的局部完备性、可拓展性是影响索引编制自动化效果的重要因素。

2. 索引标目智能选择和语义分析。索引标目，即标引词，直接控制着索引的类型、特征、性质，也影响着索引的质量和使用效果。为发挥索引的作用，实际编制索引时以标引出有实质检索意义的标目为主。而实现索引编制自动化，一定程度上需要实现准确的索引标目选择和语义分析，区分标目之间同义、近义、从属、关联等语义关系，以便为款目编制中分组和参照提

供依据。[1]

(二) 智能索引编制实现的几个关键

1. 基于索引语料和专业文献的索引主题知识图谱构建研究。知识图谱是近几年比较前沿的知识组织和语义网技术，知识图谱的提出就是为了解决搜索引擎语义分析问题[2]，对索引编制中标目语义分析具有适应性，但目前并未有索引知识图谱的真正研究。

2. 基于索引知识库的索引设计智能辅助策略研究。目前，索引设计还主要以人工的方式进行，通过分析文献、拟定方案、试标引、调整方案的过程实行，对索引员要求高，对后期索引质量影响大，且试标引无法对全篇待编文献进行试验把控，容易遗漏标引问题。建议通过标引规则库、方案库，以及自动化试标引测试评估，提出可行的最优索引设计方案。

3. 基于知识库和机器学习的索引标目智能选择、分组和参照方法。目前标目的选择仍然多靠人工自由标引，计算机自动标引的准确度还有很大差距。标目选择需要有实质检索意义，而实质检索意义的评估和确定，还需要在不断的标引检索实践中总结积累。索引语料库有丰富的语义积累，机器学习方法可以快速分析这些语义积累，发现语义关联的规律，提供智能化的索引标目选择、分组和参照。

4. 基于人工智能的索引多格式存取和检索服务。传统的索引往往在设计之初就确定了索引编印格式，无法实现不同格式的转换，也无法形成较为统一的索引知识库语料，这极大限制了索引服务的能力。需要研究基于人工智能的索引多格式存盘和检索服务，探寻一种统一的能够进行格式互转的索引服务，以便实现各种场景、各种需求的检索需求。

五、结　语

自动化索引编制技术发展到了一个新的阶段，在知识图谱、人工智能、大数据和机器学习等技术推动下不断趋向成熟。本文基于人工智能与自动索引编

---

[1] 李峤，王茹娟. 大数据环境下隐性语义索引的研究综述 [J]. 电子测试，2018 (14)：115 - 116.

[2] 参见邵领. 基于知识图谱的搜索引擎技术研究与应用 [D]. 电子科技大学，2016.

制的研究现状，分析了基于人工智能自动索引编制方案及实施的重难点问题，最终可对各类索引编制辅助软件、电子索引编制技术等相关研究工作提供参考。在中国索引学会的组织和支持下，我们将不断探索和实践，致力于索引编制的精确化、自动化和智能化的深入研究。

王兰成　国防大学政治学院教授，博士生导师，研究方向：智能索引、计算机情报分析、网络舆情监测。

张思龙　国防大学政治学院讲师，博士研究生，研究方向：计算机情报管理。

蒋　瑛　国防大学政治学院副教授，博士后在站，研究方向：舆情信息管理。

许和旭　国防大学政治学院硕士研究生，研究方向：电子索引、信息技术。

Research on Automatic Indexing Technology Based on Artificial Intelligence

Wang Lancheng　Zhang Silong　Jiang Ying　Xu Hexu

Abstract: Artificial intelligence is a hot research field at present. With the support of artificial intelligence, natural language processing, information organization and retrieval technologies have made important breakthroughs. The Chinese indexing academic community has been committed to the research on the accuracy, automation and intelligence of indexing. This paper first analyzes the research status of artificial intelligence and automatic indexing, puts forward the feasibility of automatic indexing based on artificial intelligence, explores the automatic indexing scheme for book content index design, and discusses the key and difficult problems in the implementation of automatic indexing. Through the research on the automatic indexing system based on artificial intelligence, it is expected to provide reference for various kinds of index compilation auxiliary software and electronic indexing technology.

Keywords: Automatic Indexing Technology; Artificial Intelligence; Knowledge Graph

面向阅读体验的电子文献索引编制研究

许和旭[1]　王兰成[1]　吕宏超[1,2]

（1　国防大学政治学院军事信息与网络舆论系　上海　200433）

（2　陆军装甲兵学院图书馆　北京　100072）

摘　要　电子文献因其便携、易用和成本低等特点，非常适合现代工作生活方式。互联网技术以及各类智能移动终端的不断发展，使得用户获取文献资料更加方便，为电子文献的繁荣发展奠定了基础。随着阅读需求的不断演变，读者对阅读体验有了更高的要求，对电子文献的索引编制研究，是提升用户阅读体验的重要方式之一。本文在分析当前主流的电子文献阅读方式和电子文献索引特点的基础上，重点阐述电子文献索引的实现方式，供制定电子索引编制国家标准参考。

关键词　索引学　电子文献　索引编制　阅读体验

自从计算机存储介质出现以来，电子文献逐渐成为信息记录的重要形式之一。尤其是随着通信技术和网络技术的迅速发展，电子文献信息茁壮成长，经历了从 TXT 文档到电子阅读器专属格式、从 HTML 网页到各类阅读平台、从网络小说到专业书籍、从单纯的文字内容到图文声像并茂等过程，电子文献所占比重越来越高。对于读者而言，随着手机、平板、电子书阅读器等移动终端的快速普及，广大读者对电子文献的使用率也在不断攀升。所以，对索引的理论研究也应当及时跟进，为读者提供更好的阅读体验。

一、电子文献的研究范围及索引范畴

电子文献通常又称电子出版物，我国 1996 年颁布的《电子出版物管理暂行规定》指出：电子出版物系指以数字代码方式将图、文、声、像等信息存储在磁光电介质上,通过计算机或具有类似功能的设备阅读使用,用以表达思想、普及知识和积累文化,并可复制发行的大众传播媒体。[①] 其范围较广,不但包括了传统的文字信息,还包括了声音、图像、视频等可视听的信息内容。

笔者所研究的电子文献主要是指普遍适用于计算机、手机、平板、电子书阅读器等多种终端设备,不依附于纸质出版物、不以印刷出版为目的而排版的长文本文字信息内容。不包含以下两种电子文献:一是通过扫描纸质出版物加工而来的电子文档,如:图片格式的 PDF 文件、DjVu 文件、PDG 文件等;二是为了打印或印刷出版而进行编排的电子版文档。这两种电子文献的索引编制,本文仍将其归类为传统索引的范畴。

二、阅读电子文献的主要方式

当前,非碎片可系统阅读的电子文献主要通过以下几种方式阅读。

(一) 电子阅读器

2007 年,亚马逊推出电子书阅读器 Kindle,随后索尼、三星等公司迅速跟进分别推出了自身品牌的电子书阅读器,近年来汉王、京东、掌阅、文石等国产电子书品牌也蓬勃发展。电子书阅读器在其出现之初,一般仅支持 TXT 格式以及厂商专属的格式,发展到现在已经支持众多的格式,其中比较主流的格式有 PDF、mobi、epub、azw3。这些格式都可以支持超文本链接、支持特长文件,还可以自适应排版,集成度和安全可靠性都较高。

(二) 云阅读

网页的在线阅读基本上是伴随着万维网浏览器(World Wide Web)的产生而出现。起初,网页在线阅读长本文主要内容是网络小说和一些博客连载的文学作品,近年来,伴随着"云"概念的走红,"云阅读"也应运而生。其较为明显的特点是集"找、购、读"三位一体,为读者提供较为系统的服务,例如网易云阅读、当当云阅读等。

[①] 电子出版物管理暂行规定(Z). 中华人民共和国国务院公报, 1996 (8): 307 – 317.

（三）阅读客户端应用

即我们通常所讲的阅读软件，一般支持 PC、IOS 和 Android 等设备，可以在不同设备自动同步标注、书签、笔记以及阅读进度，确保读者在不同设备和不同场景下的阅读都可以保持较好的一致性。目前比较流行的 app 有 kindle 客户端、微信读书、京东阅读、ireader 客户端等。

（四）在线文档分享平台

豆丁、道客巴巴、BOOK118 等平台属于 C2C 模式的电子文档的在线分享平台，允许用户上传实用文档、出版物、行业研究报告等电子文献，并以 Flash Player 等形式在网页中展示给读者，以实现文档的自由交换。

三、电子文献索引的特点

形式灵活多样、定位快速准确和节约成本资源，是当前电子文献索引的一些明显特点。

（一）形式灵活多样

电子文献的阅读离不开电子设备，电子文献索引编制的实现与计算机技术和理念的发展有着密切的关系。电子文献可以呈现图、文、声、像等多种内容，决定了其索引的编制可以以多种方式实现，不但可以通过传统索引样式、表格式等方式呈现，还可以以图谱等可视化的方式来进行表示。灵活多样的形式，可以更好地吸引读者的眼球，提高索引的使用率。

（二）定位快速准确

在以往的传统索引中，一般必须要有页码，才可以编制索引，对索引标目进行定位，而很多电子文献并没有页码，看似难以妥善编制索引，但其实并不然。电子文献的索引可以采取超链接的方式，直接指向文献内相应的具体位置。以这种方式编制索引，不但不需要像传统索引那样通过翻页才能定位索引标目，而且还可以直接将相应的词语以不同颜色、高亮显示或者下划线等方式进行标识，所以电子文献索引对索引标目的定位更加快速准确。

（三）节约成本资源

传统索引的编制根据文献类型的不同，大概需要占用总篇幅5%左右的比例，会一定程度地增加印刷出版物厚度，也提高了文献的印刷费用。对于电子文献来讲，特别是对于仅以文字信息呈现的电子文献索引，占用存储空间较小，相对于当前已经成为常态的 TB 级存储介质来讲，索引所额外占用的存储空间几乎可以忽略不计。① 并且，电子文献不用印刷出版，不需额外增加索引这部分内容的印刷成本。

四、电子文献索引的实现方式研究

电子文献索引实现的方式可以相对比较灵活，可以结合各种计算机的技术予以实现，并且电子文献索引占用存储空间非常小，可以在一个文献中，同时编制主题索引、人名索引、地名索引、插图索引等（如图 1 所示），更加便于读者使用。②

图 1 在一个电子文献中编制不同类型的索引

（一）侧边栏式索引

这种索引编制方式主要参照电子书常用的目录样式，如图 2 所示，用"+"号展开的形式，表示不同的层级，层次比较分明，并且通用性较强，实现的方法也相对比较简单，可以适用于大多数的电子文献。

---

① 温国强.《GB/T 22466 - 2008〈索引编制规则（总则）〉应用指南》前言 [J]. 中国索引，2012. 10（4）：6 - 8.
② 参见：中国索引学会. 索引编制规则（总则）GB/T22466 - 2008 [S]. 北京：中国标准出版社，2009.

面向阅读体验的电子文献索引编制研究

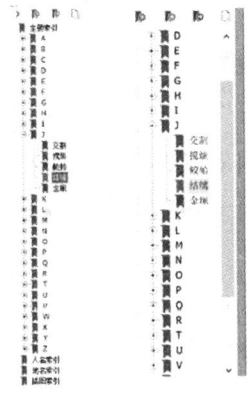

图2 索引的分层级展开以及标目定位

(二) 顶部导航栏式索引

顶部水平栏导航是当前最流行的网站导航菜单设计模式之一，它最常用于网站的主导航菜单，且通常放在网站页面头部的直接上方或直接下方。电子文献的索引编制，特别是在线的文献索引编制，可以参照这种网页导航栏的方式，如图3所示。当索引没有展开时，折叠于文献的顶部，或者缩略成一个图标。当鼠标移到某个选项上时，弹出它下面的各级的标目子导航项，其中的二级、三级标目可采取弹出小窗口的方式实现。

主题索引	人名索引	地名索引	插图索引			
二划	三划	四划	五划	六划	七划	八划	九划	十划	十一划
标目1	标目12	标目23	标目34	标目45	标目56
标目2	标目13	标目24	标目35	标目46	标目57
标目3	标目14	标目25	二级标目1	二级标目5	二级标目9
标目4	标目15	标目26	二级标目2	二级标目6	二级标目10
			二级标目3	二级标目7	二级标目11
标目5	标目16	标目27	二级标目4	二级标目8	二级标目12
标目6	标目17	标目28	标目39	标目50	标目61

图3 顶部导航栏式索引构想示意图

105

（三）知识图谱式索引

知识图谱是当前图书情报领域比较热门的一个概念，又称为知识域可视化或知识领域映射地图。如果在传统的出版物中使用知识图谱实现索引功能是相对比较麻烦的，但是对于电子文献的索引来讲，由于电子文献不需要标识页码，甚至也不需要标识序号，使得在电子文献中使用图谱样式进行编制索引相对比较容易。① 用知识图谱实现索引功能，不但形象直观，还可以揭示不同概念之间的相互关联关系。② 对于文字内容较多的文献来讲，单个图谱很难完整揭示整个文献的内容，可以采取分章节，分别构建知识图谱索引，点击词语节点，则会进入相应的正文。如图4所示。

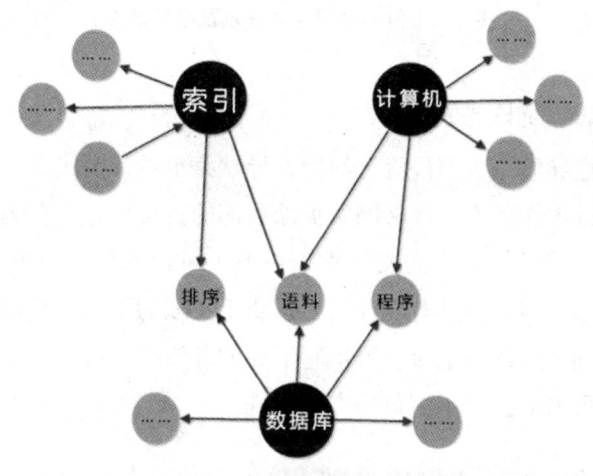

图4　知识图谱索引示例

（四）外置索引

为了更加规范统一电子文献的索引，可以对文献内容编制索引后，统一在线规范管理，建立文献索引的数据库（传统印刷出版物也可以通过此种方式，建立规范化在线数据库，减少印刷工作量）。其实现方式为，在文献的起始位

---

① 王兰成. 基于Python设计的索引智能标引与检索研究——以《张琪玉索引学文集》和《中国索引（第一辑）》为例［M］//中国索引学会. 中国索引（第七辑）. 上海：复旦大学出版社，2019：3-15.

② 张思龙，蒋瑛，王兰成. 基于知识图谱的智能索引技术研究［M］//中国索引学会. 中国索引（第七辑）. 上海：复旦大学出版社，2019：16-24.

置或者末尾，采取添加如图 5 所示的二维码或者网页链接的方式，链接到文献的外置索引。

图 5　扫描二维码打开文献索引

其外置索引编制采取选项卡的方式（如图 6 所示），或者参照传统出版物的排版以 html 网页的形式进行显示浏览（如图 7 所示），当单击某个标目时，弹出对话框对本标目进行简单介绍，并给出标目详细内容位置。

主题索引	人名索引	地名索引	插图索引					
二划	三划	四划	五划	六划	七划	八划	九划	十划　十一划
标目1	标目12	标目23		标目34	标目45	标目56		
标目2	标目13	标目24		标目35	标目46	标目57		
标目3	标目14	标目25						
标目4	标目15	情报学						
标目5	标目16	标目27						
标目6	标目17	标目28		标目39	标目50	标目61		

情报学是研究信息的产生、获取、传输、处理、分类、识别、存储及利用的学科。20 世纪 60 年代以后逐渐形成。它的主要基础理论和科学方法论是神经生理学、心理学、计算机科学、系统工程、信息论、控制论等。（更多具体内容详细见第二章 2.1.1）

图 6　外置索引示例（一）

《红楼梦》人物索引

贾宝玉——荣国府衔玉而诞的公子,贾政与王夫人之次子,阖府捧为掌上明珠,对他寄予厚望,他却走上了叛逆之路,痛恨八股文,批判程朱理学,给那些读书做官的人起名"国贼禄蠹"。他不喜欢"正经书",却偏爱《牡丹亭》《西厢记》之类的"杂书"。

林黛玉
薛宝钗
贾元春
贾探春
史湘云
妙玉
⋮

图7 外置索引示例(二)

五、结 语

虽然电子文献种类繁多,格式庞杂,但是它有印刷出版物难以企及的优势:电子文献携带方便,显示字体可随意改变;占用空间小,一个移动设备就可以存储众多书籍;设计精美,灵活多样;环保,节约纸质资源等。这一系列的优点,吸引了越来越多的读者把电子文献当作阅读的首选。所以,即使规范电子文献索引有诸多困难,也应对其进行探索研究,以便于拓展索引的范围,让索引的理论研究跟上时代发展的脚步。

电子文献的便携、易用和成本低等特点非常适合现代工作生活,互联网技术以及各类智能移动终端不断发展,使得用户获取文献资料更加方便,为电子文献的流转奠定了基础。本文只是对部分电子文献实现索引的初步构想,无论是在理论上还是在实现方式上都还有许多不成熟的地方,需要在以后进行更加深入的研究,为电子索引编制标准的制定做好准备工作。

许和旭 国防大学政治学院军事信息与网络舆论系硕士研究生,研究方向:电子索引、信息系统与信息技术。

王兰成　国防大学政治学院军事信息与网络舆论系教授，博士研究生导师，研究方向：电子索引、计算机情报分析、网络舆情监测。

吕宏超　国防大学政治学院军事信息与网络舆论系硕士研究生，陆军装甲兵学院图书馆馆员，研究方向：图书馆信息管理。

Research on Electronic Document Indexing for Reading Experience

Xu Hexu　Wang Lancheng　Lü Hongchao

Abstract: Electronic document is very suitable for modern work and lifestyle due to its portability, ease of use and low cost. The continuous development of Internet technology and various smart mobile terminals have made it easier for users to obtain documents and lay a foundation for the prosperity and development of electronic documents. With the continuous evolution of reading needs, readers have higher requirements for reading experience. Research on the indexing of electronic documents is one of the important ways to improve user reading experience. Based on the analysis of the current mainstream electronic document reading methods and the characteristics of electronic document indexes, this article focuses on the realization of electronic document indexes for reference in formulating national standard of electronic indexing.

Keywords: Indexology; Electronic Document; Indexing; Reading Experience

FAIR 原则在生命科学领域应用探析*

徐 维 朱妍昕 王 霞 李 栎

（海军军医大学图书馆　上海　200433）

摘　要　提出 FAIR 原则的产生背景，详细介绍 FAIR 可发现、可访问、可互操作和可复用的具体细则，分析其在生命科学领域数据科学顶层设计、平台管理和数据库建设应用的路径和策略方法，揭示生命科学领域数据生态系统环境下采用 FAIR 原则的意义。

关键词　FAIR　元数据　关联数据　本体

一、引　言

数字科学（eScience）的良性生态环境包括但不限于：更好地产生、处理和利用研究数据；从大量关联数据集中发现知识成为常规研究；机读数据成为知识发现的基础；数字化科学过程的平稳可持续。为增强数字科学生态系统能力，2014 年在荷兰 Lorentz 的研讨会上达成共识，通过定义和支持领域认同的最小指导原则和实践集——FAIR 原则，数据提供者和利用者，无论机器或人类，都能更容易地发现、访问、互操作和复用数据。[①] FAIR 原则的核心是数据需要具备可发现性（Findable）、可访问性（Accessible）、可互操作性（Interoperable）和可复用性（Re-usable），满足 FAIR 四方面特性，使数据同时能被人读和机读。[②] 使数据满足 FAIR 特性的过程，又称为 FAIRification，本文中译为 FAIR 化。

---

* CALIS 全国医学文献中心 2020 年科研基金重点项目"基于 FAIR 原则的循证医学文献本体表达"（CALIS - 2020 - 01 - 002）和国家社科基金项目"构建基于本体的循证医学知识管理体系"（13BTQ012）的成果之一。

① Guiding principles for findable, accessible, interoperable and re-usable data publishing version B1.0 [EB/OL]. [2020 - 05 - 18]. https://www.force11.org/fairprinciples.

② FAIR Principles [EB/OL]. [2020 - 03 - 20]. https://www.go-fair.org/fair-principles/.

FAIR 原则是在数字生态环境中，对数据生产者、发布者、研究资助者提出的科学管理数据的指南，旨在最大化利用研究数据。FAIR 原则一经发布就引起全球科学领域，包括生命科学领域的极大关注。欧盟率先采用 FAIR 方法作为开放科学的关键，建立起面向 FAIR 数据和服务全球网络的欧盟开放科学云（European Open Science Cloud，EOSC），同样与其目标一致的欧盟生命科学研究基础网络（European Life-Science Research Infrastructure，ELIXIR）也是将 FAIR 原则用于数据管理，作为推动和创新科学的关键[1]；在生命科学领域的许多专业数据库和平台也都开始采用 FAIR 原则进行数据建设和管理[2][3][4][5][6][7]。

二、FAIR 原则

FAIR 原则的四方面特性中，可发现性规定数据被清楚地标识、描述、注册和索引；可访问性规定数据集通过明确定义的访问程序进行访问；互操作性规定数据和元数据通过通用公开标准进行概念化、表达、结构化；可复用性进一步说明了其他原则的要点，即数据特征用领域标准详细描述。[8] 可发现、可访问、可互操作和可复用的四方面特性之下还规定了 15 项具体细则（如表 1 所示）。

FAIR 原则既明确了数据、信息表达的目标，在新的数字科学环境下，数

---

[1] Van Gelder C W G, Hooft R W W, van Rijswijk M N, et al. Bioinformatics in the Netherlands: the value of a nationwide community [J]. *Briefings in Bioinformatics*. 2019, 20(2): 375-383.

[2] Wittig U, Rey M, Weidemann A, et al. Data management and data enrichment for systems biology projects [J]. *Journal of Biotechnology*. 2017, 261: 229-237.

[3] Mcquilton P, Gonzalez-Beltran A, Rocca-Serra P, et al. BioSharing: curated and crowd-sourced metadata standards, databases and data policies in the life sciences [J]. *Database*. 2016, 2016: w75.

[4] Callahan A, Anderson K D, Beattie M S, et al. Developing a data sharing community for spinal cord injury research [J]. *Experimental Neurology*. 2017, 295: 135-143.

[5] Lakerveld J, Loyen A, Ling F C M, et al. Identifying and sharing data for secondary data analysis of physical activity, sedentary behaviour and their determinants across the life course in Europe: general principles and an example from DEDIPAC [J]. *BMJ Open*. 2017, 7(10): e17489.

[6] C Hazra R, Tenney S, Shlionskaya A, et al. DASH, the data and specimen hub of the National Institute of Child Health and Human Development [J]. *Scientific Data*. 2018, 5(1).

[7] Kodra Y, Weinbach J, Posada-De-La-Paz M, et al. Recommendations for Improving the Quality of Rare Disease Registries [J]. *International Journal of Environmental Research and Public Health*. 2018, 15(8): 1644.

[8] Boeckhout M, Zielhuis G A, Bredenoord A L. The FAIR guiding principles for data stewardship: fair enough? [J]. *European Journal of Human Genetics*. 2018, 26(7): 931-936.

据提供者和使用者，不论是人还是机器，都能够更容易地实现可发现、可访问、可互操作和可复用，最大程度再现、挖掘、共享和利用数据；也规划出制作标准化、结构化数据信息的清晰路径。FAIR 原则可以说是在数字科学环境下，对数据结构化和标准化要求的进一步延伸和细化，以构建起大数据时代的数据新秩序。

表1 FAIR 数据原则

可发现性	F1（元）数据被赋予全球唯一且永久标识符
	F2 数据特征由丰富的元数据描述
	F3 元数据清楚明确地包括所描述数据的标识符
	F4（元）数据在可检索资源中被注册和索引
可访问性	A1（元）数据可采用标准化通信协议通过标识符进行检索
	A1.1 标准化通信协议是开放、自由和可普遍实现的
	A1.2 且该协议允许在必要时执行身份验证和授权过程
	A2 即使数据不再可用，也可以访问元数据
可互操作性	I1（元）数据使用一种正式的、可获取的、共享的和通用的语言来表达知识
	I2（元）数据使用遵循 FAIR 原则的术语本体
	I3（元）数据包括对其他（元）数据的限定引用
可复用性	R1（元）数据由若干准确且相关的属性充分描述
	R1.1（元）数据发布时带有清晰且可访问的数据使用许可
	R1.2（元）数据关联详细来源信息
	R1.3（元）数据符合领域相关标准

三、生命科学领域应用 FAIR 原则的路径和策略要素

（一）数据科学在顶层设计时采用支持 FAIR 数据生态系统的政策和原则

美国国立卫生研究院（National Institutes of Health，NIH）将 FAIR 原则写入《NIH 数据科学战略计划》，明确所有的数据科学行为和产品都必须遵循 FAIR 原则，并且制定实用有效的政策和原则来保证生命科学数据的保存、利

用和安全。这从国家高度给予 FAIR 原则重要分量。①

构建现代化生命科学研究数据生态系统的第一步就是资助成立 NIH 数据共享空间试点。它的目的就是利用共享虚拟空间存储和处理生命科学研究数据和分析工具，以增强数据 FAIR 性能力。② 具体策略包括：制定合理和可支持的数据共享和数据管理政策，确保患者和参与者数据的安全性和保密性，并遵守相关法律；促进支持数据保存 FAIR 原则的领域标准制定；开发模型开放数据使用许可以支持对数据集的广泛访问；优化安全管理和访问政策；确保适当的标准和机制进行有效的数据访问管理；开发标准的利用效用和效率指标，并审查对数据资源和工具的期望；建立数据资源的可持续性模型；开发研究者奖励和期望系统以保证数据 FAIR 化并确保开放源代码的数据分析工具可用。

（二）在 FAIR 原则框架下优化生命科学数据共享平台

这里的生命科学数据共享平台指集成若干分布式生命科学数据库的统一检索平台。目前，根据 FAIR 原则优化和维护的最大生命科学数据平台是 FAIRsharing.org 平台。它在 FAIR 原则框架下整合了几乎生命科学领域大部分标准。它的前身是 2008 年建立的 MIBBI（Minimum Information for Biological and Biomedical Investigations）网络资源，旨在建立一个整合和协调生物学领域各专业最少数据集的一站式服务平台。2011 年，MIBBI 发展为 BioSharing 门户网站。BioSharing 作为欧盟 ELIXIR 网络英国节点的一个重要部分，是实施 FAIR 原则的关键资源。③ 2017 年，BioSharing 根据 FAIR 原则被重新设计为 FAIRsharing 平台，并将范围扩大到涵盖生命科学以外领域的标准、数据库和政策。④

FAIRsharing 平台整合了科学领域中的数据标准、数据库和数据政策三大类注册库。每个注册库按照专业领域（Domains）、主题（Subjects）、分类（Taxonomies）、国家（Countries）、机构组织（Organizations）聚类。其中，数据标准是实现数据 FAIR 化的基础，它包括五种类型标准：报道指南（Repor-

---

① NIH strategic plan for data science [EB/OL]. [2020 – 03 – 20]. https://datascience.nih.gov/sites/default/files/NIH_Strategic_Plan_for_Data_Science_Final_508.pdf.

② NIH strategic plan for data science [EB/OL]. [2020 – 03 – 20]. https://datascience.nih.gov/sites/default/files/NIH_Strategic_Plan_for_Data_Science_Final_508.pdf.

③ Mcquilton P, Gonzalez-Beltran A, Rocca-Serra P, et al. BioSharing: curated and crowd-sourced metadata standards, databases and data policies in the life sciences [J]. *Database*. 2016: 1 – 8.

④ FAIRsharing Timeline [EB/OL]. [2020 – 03 – 20]. https://fairsharing.org/timeline/.

ting Guideline）内容标准、模型/格式（Model/Format）语法标准、人工术语（Terminology Artifact）语义标准、度量（Metric）标准和标识符模式（Identifier Schema）标准。

生命科学数据共享平台主要在元数据层面上满足 FAIR 原则，如 FAIRsharing 平台的 FAIR 化具体包括：（1）平台中的资源记录都提供了详细描述资源的元数据并赋予唯一的 DOI 标识符，使得资源易于被发现；（2）平台中的资源都提供了公开级别和使用许可类型等可访问元数据；（3）平台中的资源都提供了资源所采用的标准，以及关联采用相同标准的相关资源，增强资源的可互操作性；（4）平台中提供的数据标准和政策为各种生命科学数据库的建立提供标准的数据结构和语义表达方式，从而有助于计算机复用数据和元数据，实现数据交换、整合和共享。

（三）基于 FAIR 原则建立生命科学数据库

目前，遵循 FAIR 原则的数据库主要是对已有的生命科学数据库根据 FAIR 原则进行升级完善实现的。数据库建立的关键环节是数据概念模型/格式和本体标准的构建。对已有生命科学数据库的 FAIR 升级主要是对已有的概念模型/格式或本体标准根据 FAIR 原则进行升级完善实现。如，2004 年建立的免疫表位数据库（Immune Epitope Database，IEDB）。IEDB 是可公开获取的实验数据库，展示适应性免疫受体对免疫表位的识别（FAIR principles and the IEDB: short-term improvements and a long-term vision of OBO-foundry mediated machine-actionable interoperability）。最初的数据主要是人工从期刊论文中提取，在经过 10 年的数据计算机化过程中，很大程度上实现了数据自动推理、高级查询以及与其他知识库链接。在对 IEDB 进行 15 个 FAIR 原则的比对分析后，发现 IEDB 高标准地遵循了部分 FAIR 原则，并继续完善尚未满足 FAIR 原则的部分，如，将期刊中的图、表等部分标识化和规范化；将 IEDB 元数据增加到 FAIRsharing 等平台；将实验测定数据转换为机读格式；IEDB 数据采用 RDF/OWL 格式表达；引用外部本体的数据项注明引用标识符；将内部术语公开并纳入免疫表位本体（ontology for immune epitopes，ONTIE）；IEDB 记录中增加许可元数据和来源元数据。

对于缺乏标准的符合 FAIR 原则的概念模型或本体则通过重新构建的方式来实现数据库的 FAIR 化升级。如，开源药物警戒信号本体（OpenPVSignal

正是为建立起具有 FAIR 化数据和实现智能推理的药物警戒数据库或元数据库而开发的本体模型。目前药物警戒系统都是文本报告系统，不仅难于实现计算机处理，而且也影响人读效率。OpenPVSignal 采用基于 RDF 的关联数据和语义网络标准，复用现有的语义本体模型，以及包含数据来源和相关时间的元数据，都保证从文本药物警戒报告提取的数据实现 FAIR 化。

（四）建立 FAIR 化生命科学资源策略的核心要素

目前，遵循 FAIR 原则完善和开发生命科学数据平台和数据库的研究与实践已经展开。虽然资源的建立、维护和完善在实施过程中是个性化、差异化的，但仍然遵循着共同的方法，这也是实现资源 FAIR 化的策略关键：

1. 采用本体和关联数据的建立和发布方法。FAIR 原则的实施仍依赖现有的本体、语义网络和关联数据等技术，因此，生命科学数据库的建立关键是定义数据结构和关系的模型和格式的建立，以及为概念和对象提供明确定义和标识的本体的建立。其建立的方法仍遵循现有成熟的本体和关联数据建立和发布方法。本体和关联数据建立的过程基本一致，都经历了需求说明—模型建立—数据形式化—实施利用的生命周期过程。所不同的是关联数据在数据形式化过程中，不仅需要对数据采用规范语言形式化，还需要建立数据之间的关联关系。目前提出的数据 FAIR 化的通用方法①也与本体和关联数据的建立发布方法基本一致。

2. 复用现有标准。无论是模型和格式还是本体，生命科学领域都已经建立起许多成熟的标准。在主要表达语法的模型或格式标准中，包括通用模型，如资源描述框架（Resource Description Framework，RDF）、网络本体语言（Web Ontology Language，OWL），系统生物学置标语言（Systems Biology Markup Language，SBML）；和专业领域模型，如用于研究实验的调查研究分析表（Investigation Study Assay Tabular，ISATab），蛋白质组学实验结果格式（mzTab）等。这些模型/格式标准保证了知识进行结构化的一致性，使研究者和计算机都能更有效地发现关键信息。② 如，为欧洲系统生物学领域服务的 FAIR-

---

① Jacobsen A, Kaliyaperumal R, Bonino da Silva Santos LO, et al. A generic workflow for the data FAIRification process [J]. Data Intelligence 2(2020), 56 – 65.

② Community Standards [EB/OL]. [2020 – 03 – 20]. https://fair-dom.org/knowledgehub/community-standards/.

DOMHub 资源的数据模型就是建立在 SBML、ISATab 等标准模型之上。

在主要表达语义的人工术语或本体标准中，也包括通用本体标准，如科学集成本体（Semantic Science Integrated Ontology，SIO），和专业本体标准，如药物本体（The Drug Ontology，DRON）。遵循 FAIR 原则的数据库可以直接采用现有本体术语标准来表达数据语义，如果现有本体标准不能满足表达数据语义的需求，则需要建立新的本体标准。新的本体标准也应尽可能复用现有本体标准。如药物警戒信号本体 OpenPVSignal 就复用了表达来源信息的本体（PROV Ontology，PROV-O）、表达药物副作用的不良反应本体（Ontology of Adverse Events，OAE）、表达持续时间的时间本体（Time Ontology，TO）等，而对于现有本体无法描述的概念则采用本体建立方法创建新的本体术语。

3. 数据通常都转换为 RDF 和关联数据模式，并遵循以下要点：每一实体都被分配一个唯一可解析标识符（通常为统一资源标识符 URI）；尽可能复用已有标识符；尽可能复用已有本体与术语来标注实体对象；相同概念参考引用多种不同的本体；新创建的术语词汇按照 FAIR 原则规范化；每一组件都有人读文本标注。①

四、结 论

FAIR 原则在发布之前，生命科学各领域已逐步采用最新的计算机网络技术建立起大量的专业数据平台以支持业内的数据积累、交换与共享。FAIR 原则的提出不仅使整个生命科学领域的数据建设和维护有了共同遵循的顶层指导原则，而且对具体数据资源中数据的标准化和结构化有了共同遵循的方法和步骤。

数字化科学环境下，FAIR 原则并非蕴含新的计算机网络技术，而是整合了数据在科学各领域内或领域之间顺利交流共享的必要条件和规范要求。随着时间的推移，FAIR 原则也会不断地可持续发展，其内涵可能会不断增加和优化，其依赖的技术也可能会更新换代。它促使科学数据的产生、收集、处理和利用过程的管理趋同，使更大范围、更深程度的知识发现成为可能。

---

① Rodríguez-Iglesias A, Rodríguez-González A, Irvine A G, et al. Publishing FAIR Data: An Exemplar Methodology Utilizing PHI-Base [J]. Frontiers in Plant Science. 2016, 7: 1 – 22.

徐　维　女，博士，副教授，硕士生导师。主要研究领域：医学信息学。主持国家及上海市课题3项；发表论文30余篇，其中SCI论文4篇，EI论文1篇；出版专著1部，主编教材1部。Email：zhuizhui@smmu.edu.cn。本文通讯作者。

朱妍昕　女，硕士，馆员，发表论文10余篇。

王　霞　女，硕士，副教授，发表论文20余篇。

李　栎　女，硕士，副研究馆员，发表论文10余篇。

Application of FAIR Principle in Life Science

Xu Wei　Zhu Yanxin　Wang Xia　Li Li

Abstract: The article explains the background of FAIR Principle, and elaborates on the specific rules of Findable, Accessible, Interoperable, and Re-usable. It analyzes the application path and strategy in top-level design of data sciences in life sciences, platform management and database construction, and reveals the significance of adopting FAIR Principle in the environment of life sciences data ecosystem.

Keywords: FAIR; Metadata; Linked Data; Ontology

索引与数据库事业

关于编制《中华人民共和国民法典》索引、《民法典词典》和开发《民法典》APP 的设想

刘苏南

(号百信息服务有限公司 上海 200085)

摘 要 本文围绕如何编制《中华人民共和国民法典》(以下简称《民法典》)书后索引、词典和开发《民法典》APP 提出自己的设想。针对目前在社会上影响巨大的《民法典》没有书后索引的现象，提出编制《民法典》书后索引的一些思路；并根据《民法典》的普遍用途，提出编撰《民法典》书后词典，以及使索引形式和词典方式有机相结合的创新思路。同时也提出如何开发相应的APP，使索引应用更宽泛、更切合大数据时代，使索引由传统封闭式信息服务方式向先进的开放式信息服务方式转变，最终真正实现中国索引学会提出的"索引走向大众"的服务宗旨。

关键词 民法典 索引 词典 APP

一、问题的提出

中国第一部《民法典》终于问世了，这是中国特色社会主义新时代的一个里程碑。2020 年 7 月 13 日《人民日报》新闻报道，中共中央宣传部已联合八个部委发文，提出了全民学习《民法典》的具体要求，"让《民法典》走到群众身边、走进群众心里"。[①] 然而笔者认为《民法典》颁布后，在普及和教育上还存在一些缺憾和不少问题，亟待政府有关部门和社会解决，问题归纳如下：

（1）刚出版的《民法典》没有按照国际惯例和新颁布的国家标准《索引编制规则（总则）》及时编制《民法典》的书后索引。

（2）由于《民法典》颁布时正值防控新冠肺炎进入关键时期，导致绝大

---

① 中宣部等八部门联合印发通知开展民法典学习宣传工作. 人民日报. 2020 年 7 月 14 日 (2).

多数公众没有对新颁布的《民法典》产生兴趣，除了部分高校陆续在做研究和开办了一些专题讲座外，政府部门也没有对此及时做引导宣传工作。

（3）一些司法部门、法院、律师事务所在时间上还缺乏紧迫感，特别是没有充分利用大众媒体予以广泛宣传，导致很多人对新颁布的《民法典》知之甚少的。

（4）《民法典》的内容体系化后的缺陷。《民法典》把原来的单一法整合成体系化的《民法典》之后，相关条款重复出现在各编中，不仅给公众在找出相关条款时带来一些困难，而且也不排除可能个别法官和律师对此也不适应。这样就需要为《民法典》编制更通俗化、更有效的检索工具，使之成为不仅是一本民法全书，同时还是一种认识民法的导航工具书。

鉴于上述问题，本文拟通过对已出版的《民法典》进行书后索引编制的研究，以及如何通过索引的应用进一步做好《民法典》的推进工作，唤起法律界及社会各界对《民法典》的重视，真正认识书后索引工作的意义，尽快弥补《民法典》没有书后索引的缺憾。希望不久在《民法典》再版时，有关出版社能在《民法典》书后增加索引并编撰相应的民法词典。

二、编制《民法典》索引、《民法典》词典和开发《民法典》APP 的意义

（一）提升《民法典》的实用性，适应新时代对民法的需要

全国人大第十三届三次会议在 2020 年 5 月 28 日正式通过《中华人民共和国民法典》，诞生了中国历史上第一部《民法典》，这关系到每一个中国公民美满的家庭生活和日常的生活工作方式，也是我们关注的民生法治化的具体体现。《民法典》是在原来单一的几个民法基础上，经过法律界的多次讨论，几经修订，最终汇总而成中国历史上第一部《民法典》。① 在其全部的 1 260 个条款中，有的是总结了这些单行法在经过实践检验、各类专家反复斟酌后予以补充和完善的，有的是参照了国际上的民法内容和案例予以增加的，改动的条文达到 107 处之多②，可见这部崭新的《民法典》更适合中国国情，更具有前瞻

---

① 关于《中华人民共和国民法典（草案）》的说明 [M] //中华人民共和国民法典. 北京：法律出版社：246-251.

② 5.27 更新版：《民法典（草案）》送审稿最新 107 处修改（附逐一对照表）. [EB/OL]. (2020-06-02) [2020-07-07]. http: //lh12348. cn/show-18-335-1. html.

性,也有助于解决未来可能发生的民事纠纷系列问题,民众可以使用这部《民法典》维护自己的民事权利。

可以说《民法典》关乎国家,关乎社会,关乎每一个自然人、法人和非法人组织的重大利益。但是由于《民法典》正式颁布之际,正值新冠病毒疫情防控阶段,没有引起普通百姓的足够重视,社会上对《民法典》的专题宣传推广工作一时没有到位,而且如此重要的《民法典》竟然没有配套的书后索引和词典,至今上海区一级公共图书馆也没有及时将其安放在书架上供读者阅读和借阅,可见《民法典》的问世还没有引起有关部门的足够重视,而正式实施日是2021年1月1日,时间却又非常紧迫。

(二)增强《民法典》的便利性,适应5G时代信息化发展需要

那么如何普及这部宏大的中国第一部《民法典》的使用呢?途径很多,需要社会各界出谋划策,尤其对法律界提出很多新课题。笔者所在的中国索引学会作为一个全国性的一级社会团体,一直致力于使索引走向大众的服务宗旨,同时也想为依法治国做出直接贡献,故想到为公众编制《民法典》索引及基于《民法典》索引的《民法典》词典,进而开发《民法典》APP。希望民众可以凭借自己拥有的法律常识和社会知识,很方便地使用《民法典》的书后索引,准确检索到需要的法律相关条款和民事内容,从而可以有效运用《民法典》来保护自己的权利,享有持久的获得感和幸福感。

(三)普及《民法典》的学习和应用,适应依法治国的需要

《民法典》索引和词典的编制,是对《民法典》的普法教育的补充,随着信息时代的发展,各种适合精读或泛读的阅读方式层出不穷,但仔细观察,万变不离其宗,都是对书本的知识进行各种不同的梳理,建立一个个主题,生成对知识和信息的二次加工,为读者提供了解和利用知识的解决方案。索引就是按照国际惯例、国家标准重新组织需要检索的书本信息、网络信息,为实现有效阅读的最终目的提供帮助。不言而喻,我们编制《民法典》索引和《民法典》词典的目的就在于此。

三、编制民法典索引的基本思路

根据我国颁布的《GB/T22466 - 2008〈索引编制规则〉(总则)》[①],结合

---

① 参见中国索引学会. 索引编制规则(总则)GB/T22466 - 2008 [S]. 北京:中国标准出版社,2009.

已出版的《民法典》目前暂时没有书后索引的现状，首先考虑编制适合《民法典》的索引，具体设想如下。

(一)《民法典》索引体系为"分编索引＋总索引"

新版《民法典》主要来自原来的单行法，为新版《民法典》编制一个总索引是必须的。但仅仅对整个《民法典》编制一个总索引也是不够的，反而有时不能满足读者快速检索的需要。因为虽然现在是一部完整的《民法典》了，但其中的每一编还是具有原来单行法文本的特点，并且在内容的逻辑上还没有建立科学的相关性体系，所以需从索引检索的实用性出发，从读者阅读检索的习惯出发，采用"分类—字顺索引"的最基本的组织方法，既要编制总索引，也要编制分编索引。首先按《民法典》七个编的门类顺序分类，即第一编"总则"、第二编"物权"、第三编"合同"、第四编"人格权"、第五编"婚姻家庭"、第六编"继承"、第七编"侵权责任"分别做索引。在此基础上，再对七个门类（编）的索引予以集成，生成《民法典》总索引。

(二)《民法典》索引的标目选取

1. 标引对象

图书内容索引是以局部内容主题及其他索引项为标引对象的，真正的索引对象是以正文内容为对象，因此，《民法典》的索引标目应以法律条款内的正文为主要标引对象，这是索引标引的基础工作。

《民法典》文本大部分内容是对条款的最简洁的解释，所以《民法典》索引的款目也要兼顾民法条款的名称，适合法律类书后索引的特点。

要之，《民法典》索引作用是为读者选读正文中的内容。帮助读者阅读和理解索引的主要对象，也就是《民法典》正文的内容，同时向读者提供检索向导和指南。同时《民法典》的条款名称本身也是一个索引的重要对象，在标引时兼顾到条款的名称，这对非法律专业的读者检索《民法典》内容尤为实用。

2. 款目编制

索引款目的选择与判断非常重要，是否编入《民法典》索引，需要索引编制者对《民法典》具体内容的含义有深入的理解，具有很高的认知能力、阅读理解能力、分类能力以及概念化能力等。特别是如果所选取的主标目的逻辑概括性强，可以使读者检索更方便。

特别要注意的是，把握索引标目选取深度、术语的标引准确和专指。

例如关于《民法典》第一编中"民事权利能力",是一个纯法律概念,一般非专业读者容易把它与"民事行为能力"混为一谈,所以标引时要特别注意语词的准确性。

在《民法典》中的第一编总则中,关于"民事权利能力",正文表述是"自出生到死亡止,涉及遗产继承、接受赠与、胎儿利益保护"。但从内容理解来看,主标目不宜选条款名称"民事权利能力",经过仔细阅读和分析,可以把主标目确定为"民事权利"。

民事权利,(主标目)　　P11（13-16）
　胎儿,（副标目）　　P11（16）
　自然人,（副标目）　P11（13-15）

读者根据索引提示,查到《民法典》第一编第二章中的第十三条到第十六条的"民事权利能力"相关条款及内容。

又如"绿色环保"应该设为主标目。

绿色环保　P10（9、1229-1235）

根据索引可以得知该主标目来源于第一编的总则和第七编的侵权责任。这就是索引带给读者的便利,很快可以找到民法典中相应的法律条款。

3. 主副标目形式

第一,确定主副标目,是形成索引款目的主要来源。① 要选择可能作为标目和概括主题的恰当词语。根据《民法典》的法律专业书的特点,应该选取具有法律概念性、知识性及应用性的法律专用词语和人们日常生活词语作为索引款目（主标目、副标目）,除此之外,尽可能选取读者比较熟悉的习惯用词。

第二,恰当决定副标目。除了选择主标目外,根据本书检索的实际需要还要设立一些副标目,这有利于表明标目概念间关系,这样也可以分析和引发出新的标目。

---

① 温国强. GB/T22466-2008《索引编制规则（总则）》应用指南［M］. 北京：国家图书馆出版社,2012：37-39.

第三，谨慎选择主、副标目。避免冗长、赘余的索引款目，让索引表达直接、简洁、清晰。为避免索引项过于宽泛，对《民法典》内的主题或条款的标题分析、辨别要慎重。

如关于《民法典》中第一编总则中"民事行为能力"，在做主标目时要把握几个问题，一是与"民事权利能力"概念的区分；二是自然人不同年龄的变化；三是有民事行为能力和无民事行为能力及限制民事行为能力的辨别。

  民事行为能力（主标目）   P11-12（18--24）
  未成年人（副标目）   P11（19-20）
  法定代理人（副标目）   P12（20-23）
  无民事行为能力（副标目）   P12（20-21，24）
  限制民事行为能力（副标目）   P11-12（19，22，24）
  成年人（副标目）   P11（17-18）
  16周岁以上有实际收入（二级副标目） P11（18）

经过研究发现，如根据《民法典》中的法律文本特点，选择索引款目的主标目、副标目比较困难，不同于其他书和专业，所以在实际选取索引款目时，必须取得与专业人士或专业单位的合作，因为从《民法典》1 260个条款下已很简洁的文字的字里行间里判别和确定主标目和副标目，更多的是需要采用逻辑推理、演绎的方式去寻找合适的词语，而基础就是具有法律知识和社会常识及有过体验法律诉讼的经历或经验。

(三)《民法典》索引参照系统

鉴于民法类词语的丰富性和多样性，以及新的《民法典》内七个编之间的体系化特征，《民法典》索引结构宜编制"参照系统"，引导读者多途径地检索《民法典》文本。"参照系统"一般有"见"和"参见"两种形式，可以增强相关索引标目之间的联系。《民法典》索引采用参照方法，特别适用于缺乏法律知识，但又非常需要用法律解决问题的读者，可以最快地检索到需要的民法信息和相应的条款。

例如：

  监护代理 参见 监护   P13（26-39）

祖父母 见 外祖父母	P13（27）
烈士肖像权 参见 死者肖像权	P43（185）
	P191（994）

(四)《民法典》索引地址标示

根据《民法典》各条款都有编号的特点，《民法典》索引的出处应该分别标上页码号和条款编号，即在地址出处主要标页码号，同时在页码后面加标此款目在本书中的条款号（条款号用括号围起），以便同时满足直接通过页码和直接通过条款编号检索信息的需要。

(五)《民法典》索引款目排序

《民法典》书后总索引采用音序法排序。但鉴于《民法典》七个编又具有各自的独立性，所以在每个编后插入该编内的主标目，并按音序排序，作为每编后的分索引。

四、编制《民法典词典》的基本思路

(一) 编制《民法典词典》的基础

编制《民法典词典》的基础是《民法典》索引。由于《民法典》的文本特殊性，按传统做法制作一个书后索引，还是达不到信息检索的高效率，因此有必要另外编撰一本基于《民法典》索引的《民法典词典》。

词典也是读者最熟悉的工具书，与索引具有相似性的检索功能。研究法律与学习知识或研究学术最大的不同是法律文本是必须拿来用的，所以读《民法典》的读者往往需要根据具体的法律问题，检索相应的法律文本，找到判决或诉讼的依据，从而解决读者所遇到的问题。除了索引能起到指南作用外，《民法典词典》可以提供详细的要义，方便读者有效利用，并解决问题。

(二) 编制《民法典词典》的目的

一是便于读者"即索即得"。根据《民法典》的文本格式，如仅做传统的书后索引，会使读者在检索时受到一定的局限，因此编制一个基于《民法典》索引的词典非常有必要，可以帮助一部分读者不用再花很多的时间去看正文，就可以根据实际解决问题的需要，直接通过《民法典》书后索引或《民法典词典》找到所要的民法信息。

二是使用《民法典》方便实用。通过《民法典词典》检索可以大大提高检索民法的实用性。词典与索引检索最大的不同的是，索引可以准确地找到标目的出处，至于相关解释需要读者自己去判断；而词典中的条目实际上具有文摘和法律概念、定义的功能，这样可以免除再去找正文内容，直接按页码找到需要的条目及其内容，从而快捷地找到法律文本依据，达到检索目的。

例如：在词典中，可以按分类找到下列条目即可。

如查找"个人信息权"。

个人信息权，是指自然人依法对其本人的个人资料信息所享有的支配并排除他人侵害的人格权。（要义，P84）

再如"法人"。

法人是"自然人"的对称，是自然人之外最为重要的民事主体，有自身独立的法律人格，可以以自己的名义起诉和应诉、拥有财产、进行交易、承担责任。（解读，P172）

又如"建设工程合同订立方式"。

建设工程合同订立主要采取两种方式：总发包和平行发包。无论哪种方式，必须贯彻禁止支解建设工程承包合同的原则，即发包人不得将应当由一个承包人完成的建设工程支解成若干部分发包给数个承包人。但建设工程可以分包。有下列规则：分包是指总承包人经发包人同意后，将其承包的的部分工程交由第三人完成，分包人必须向发包人承担连带责任。禁止承包人将工程分包给不具备相应资质的单位。禁止分包人将其承包的工程再分包。禁止全部转包。禁止承包人不得将其承包的全部建设工程全部转包给第三人。（要义，P563）

还如"离婚冷静期"。

双方自愿离婚，到婚姻登记机关申请离婚，符合离婚条件，暂时不发给离婚证,不马上解除婚姻关系。设定30天离婚冷静期。自婚姻登记机关收到离婚登记申请之日起30天内,任何一方不愿意离婚的,都可以向婚姻登记机关撤回离婚登记申请。

在30日冷静期届满后的30天内,双方应当亲自到婚姻登记机关申请发给离婚证,婚姻登记机关应当发给离婚证,即解除婚姻关系。在30天内,当事人未到婚姻登记机关申请离婚证的,视为撤回离婚登记申请,不发生离婚的后果。(实用,P601)

(三)《民法典词典》的编排

《民法典词典》的格式、排序也参照索引编制的原则,先按每编为单元予以标引或编写条目,一旦七个编的条目和采集、编辑全部完成后,再对七个编的词条进行分类(类目的设置可参照中国图书馆分类法)。如果一个类目下条目太多,可以酌情再设二级类目和三级类目。

最后生成正文,按分类编排的分类目录,末尾附有按音序排列的《民法典词典》索引。例如:

门类:总则
  类目:自然人
    条目:宣告死亡 P17(46-53);(要义 P37)。

(四)《民法典词典》词条的来源

经笔者对已出版的《民法典》内容分析,仅仅按照传统的书后索引是不够的,其原因就是根据这1 620条款目及其正文内非常简洁的内容去判断和选择索引款目是比较困难的,这也是法律书本与其他书本根本不同的特征,因此从为读者服务的角度出发,增加和扩大《民法典词典》词源,是非常必要的,可以大大提高《民法典》检索的查全率和查准率。

《民法典词典》的词条来源有三。一是先从每一编中挑选出具有内涵的条目名称(主题词或关键词)和具有抽象意味的条目名称;二是从《民法典》索引中挑选重要的标目名称;三是再从《民法典要义解释》(简称"要义")[1]、《民

---

[1] 杨立新. 中华人民共和国民法典条文要义. 北京:中国法制出版社,2020.

法典（实用版）》（简称"实用"）①和《中华人民共和国民法总则解读》（简称"解读"）②中选择与前面不重复的重要条目，最终形成《民法典词典》词条的来源。

需要强调《民法典词典》与《民法典》索引的标引范围是截然不同的。《民法典词典》中词条的来源主要来自原书外，可以根据上述三大《民法典》辅助读本作为编《民法典词典》的第二大来源，这样就为编词典提供了很好的基础，具有可操作性。

另外，这三本辅助读本的特点是信息量大，内容详尽，词条丰富，而且编排体例顺序与《民法典》一致，某种程度上可以认为是解读《民法典》的姐妹篇，所以可以使《民法典词典》的编制真正做到事半功倍。在标引时务必在《民法典词典》的条目下，列出三本辅助读本的简称、条目编号和具体页码。

（五）《民法典词典》词条的释义

《民法典词典》词条的释义应该从《民法典》正文和相关司法解释中抽取、编辑。但考虑到需要法律的专业性，务必选用上述三本最权威的《民法典》辅助读本，以《民法典》为蓝本，确定必要的词条和具体释义内容，然后将编辑好的词条和直接采集的文摘、释义等内容正式编在该词条下。

编写释义应该遵守下列原则：第一，采集原则。即把原本的释义直接编入条目内，保持词典的权威性；第二，二次加工原则。对采集到的释义进行必要的加工，减少篇幅，做到简洁明了；第三，剪辑原则。把来自三个途径的同样条目的采集内容进行必要的剪辑；第四，扩写原则。主要是因为来自《民法典》总索引的条目，或直接从《民法典》正文采集的有关释义内容，往往内容不够丰富，因此必须参考上述三本辅助读本进行扩写和编辑。

（六）《民法典词典》索引的标识

若《民法典词典》的词条与《民法典》索引中的标目是一致的，则在索引中的标目用黑体或加粗；词典收录的其他词条不用黑体也不加粗，每个条目可标出在《民法典》原文和其他三本辅助书中的地址，以便于读者在需要深

---

① 中华人民共和国民法典（实用版）[M]．北京：中国法制出版社，2020．
② 张荣顺．民法总则解读[M]．北京：中国法制出版社，2017．

度检索时直接获取。下列就是《民法典词典》中条目的表达样式。

条目：**宣告死亡** （要义 P37）

正文：宣告死亡，是指自然人下落不明达到法定期限，经利害关系人申请，人民法院经过法定程序，在法律上推定失踪人死亡的民事主体制度。规定宣告死亡制度，能够消除自然人长期下落不明造成财产关系和人身关系的不稳定状态，及时了结下落不明的人与他人之间的财产关系和人身关系，维护正常的社会秩序。

条目：**居住权** （要义 P268）

正文：居住权，是指自然人依照合同的规定，对他人所有住宅享有占有、使用的用益权。民法的居住权与公法的居住权不同。在公法中，国家保障人人有房屋居住的权利也叫居住权，或者叫住房权。《世界人权宣言》第 25 条规定，"人人有权享受为维持他本人和家属的健康和福利所需的生活水准，包括食物、衣着、住房"。还有十几个国际条约将拥有体面的住房规定为一种神圣的权利，属于公法权利，是基本人权和自由，不是民法的用益物权。

五、编制《民法典》APP 的基本思路

（一）开发专门 APP 客户端是索引开放式信息服务的有效方式

鉴于目前索引编制工作尚处于传统的方式，虽然书后索引比较实用，但属于封闭式信息服务，存在很大的局限。随着大数据、云计算和 5G 网络发展，索引提供开放式信息服务是未来人们检索各种信息的趋势。因此要在做传统纸质索引的同时，制定切实可行的微信公众号或在互联网平台上的检索系统或半智能检索体系，这也是现在做《民法典索引》和《民法典词典》时必须研究和考虑的问题。

从目前情况来看，信息检索的基本手段是纸质检索与互联网检索并行，暂时不能互相取代。但未来索引的重点会转移到电子和网络检索上，显而易见，开放式信息检索是未来索引的根本趋势。因此，在做《民法典》索引和词典的同时，同步开发出《民法典》APP 是必要的和刻不容缓的。

（二）APP 将以《民法典》全文阅读为基础

《民法典》索引必须向开放式信息应用转变，实现网上搜索。

第一，充分利用《民法典》的索引编码、文本信息、文档格式，在APP上用关键词进行全文搜索，即可得到《民法典》中所要获得的款目和信息。

第二，对《民法典》全文内容进行二次加工，通过抽词法，确定常用的关键词，在APP上直接检索。特别需要说明的是，要建立一个关键词参照表，提高查全率，降低误检率。

第三，没有被《民法典词典》选入的主标目，可以编辑相应的文摘内容，列在标目内，同时也把《民法典词典》嵌入到APP中去。

为更好满足读者的需要，《民法典》APP还会收罗已出版的关于对《民法典》的相关法律解释、案例等实操性的信息检索，除了提供全文检索的环境、衍生《民法典》的索引服务空间外，还可以按"一书一索引"的原则，把其他三本《民法典》辅助读本的正文及索引也充实到拟开发应用的《民法典》APP中去。

在APP中，要积极研究七个编中法律条文之间内在勾连，特别是跨章节的民法条文和内容之间的相关性并予以体系化，方便用户对民法典内容的通透了解。

(三)《民法典》APP要兼有培训普及功能

《民法典》APP要直接或间接地提供网上《民法典》检索和相应的网上培训服务，使之成为《民法典》普法的一个新阵地。因为充分发挥了全文检索的优势，《民法典》APP将更受用户的欢迎。

例如把民法典与社会热点问题相结合，围绕"《民法典》一千问"，提供漫画、培训课件，为《民法典》进社区提供培训资源。

同时可以把已有的《民法典》各种题库汇集后编入《民法典》APP中，进一步普及《民法典》中的民事法知识。

六、结　语

编制《民法典索引》是索引走向大众的一次具体尝试，可以实现"索引就在人们的日常阅读中，就在各类信息的使用中，就在互联网上的万物皆可索引中"的理想。

而要达到这个索引大众化的理想，就需要一个桥梁，这个桥梁就是将复杂繁琐的文章篇目化为便捷的搜索语言，通过搜索找到有用的、需要的、实用的具体信息，且可以更好地实现精读和泛读目标信息的需要。我们可以把"索引"定义为"搜索"；把"命中率"定义为"搜索率"；把"查全率"定义为"搜索覆盖率"；把"查准率"定义为"搜准率"。

其实，近三十年来，中国索引学会在理论上一直没有停止过在索引创新方面的研究，在这个漫长的学术研究中，也出现了索引的一大批佼佼者。例如在谷歌、百度出现后，继而出现了腾讯、阿里巴巴，他们彻底颠覆了我们传统的索引思想和学术，他们早就在不经意中跳出了传统索引做索引，并使索引实实在在地进入到大众的日常生活中去了。例如"去搜一搜"实际上就是索引的当下口头禅了。

现实告诉我们，索引已经走进大众，而我们只是还保持了推进索引发展的主体地位，即索引的有形的推动者，而那些互联网巨头公司已经是无形的索引创造者了。

为适应这种变化，我们中国索引学会就要扮演两种角色，第一，要从索引理论高地走到信息新时代的索引实践中去；第二，把索引走向大众的那些无形推动者推到前台，汇入我们索引工作者大军，真正揭示出"索引无处不在、无处不有和万物皆可索引"的奇妙魔力。

本文的编制《民法典》索引的思路只是一个开始，一个新的实践。希望能通过本文对《民法典索引》和《民法典词典》的编制和《民法典》APP的设想，引出索引界一泓清泉，激荡起新的浪花。

刘苏南 高级经济师。原号百信息服务有限公司高级总监，中国电信集团黄页信息服务公司董事长、总经理。历任中国索引学会第三、四、五、六届理事会副理事长。

Index and Dictionary Compilation for *the Civil Code of the People's Republic of China* and its APP Development

Liu Sunan

Abstract: This article focuses on index and dictionary compilation for the *Civil Code of the*

People's Republic of China and its APP development. The author suggests to complicate an index for the PRC Civil Code since there is no referencing system for such document that affects Chinese society remarkably. He introduces an innovative approach to integrating the referencing methods with how the dictionary complies when creating the index for the PRC Civil Code according to its general application. Last but not least, he raises to develop corresponding APPs which will popularize the index and make it more adapted to the Big Data Era. Meanwhile, it will also transform the index from a traditional enclosed data service to an advanced open data service, and thus finally achieving the service objective of ' popularization of index' proposed by the China Society of Indexers (CSI).

Keywords: *Civil Code*; index; dictionary; APP

《民国丛书续编》第二编的历史文献价值及人名索引的编纂

傅德华

（复旦大学历史系 上海 200433）

摘 要 《民国丛书续编》第二编民国人物资料专辑，是一部兼备资料性、学术性、实用性和可读性的文献资料汇编。计划选定不同时间出版的最具代表性的民国人物资料309种，包含综合类的60种、个人传记（自传）等184种、日记15种、年谱29种、纪念文集（含荣哀录）50余种，汇编成民国人物资料专辑，共计100册。所收录的309种选目，就其历史文献价值考量，大体上有以下几个特点，一是所收录的民国人物的数量及传记资料种类多；二是材料来源广泛；三是内容丰富充实；四是传记资料所附载的信息弥足珍贵；五是专为检索综合类人物而编纂了《人名索引》。本专辑具有很高的历史文献价值，对专家学者研究民国人物亦有非常重要的参考价值。

关键词 《民国丛书续编》 人物资料专辑 文献价值 人名索引

《民国丛书续编》第一编年鉴专辑（100册）2008年被上海市社会科学规划办公室列为上海社科基金重大项目（2008DLS002）、2011年被列为国家新闻出版改革发展项目，翌年又作为国家出版基金资助项目，自2012年出版以来，引起海内外学术界的强烈反响。美国哈佛大学燕京图书馆也于2016年补购了一套。这说明本丛书还是颇受学术界青睐的。《续编》第二编民国人物资料专辑一（以下简称"专辑一"），继续本着前一编的编纂指导思想，以保存史料、抢救文献、繁荣学术、造福子孙后代为宗旨，讲求资料性、学术性、实用性和可读性兼备。在书目遴选上，侧重于发掘整理民国时期编纂出版的各种有学术参考和文化积累价值的历史文献资料。复旦大学以姜义华教授为首席专家承担的国家社科基金重大项目"20世纪中国人物传记资源整理与数据库建设研究"（10&ZD097）课题组，多年来通过种种途径搜集到数千种民国时期出版的各种有价值的民国人物传记资料，为汇辑民国时期出版的各种重要的、具有代表性的民国人物著作奠定了坚实的文献资料基础。这也是本专辑编辑委员会之所以要将民国人物资料列为《民国丛书续编》第二编主题的依据。它既符合续编第一编的编选原则，即首先看其历史文献价值，同时也有代表性和系统性以及在当时或以后产生的影响方面的考量，更重要的是它为我们不再重新组织专家为此进行挑选图书和考订其所选人物资料的学术价值和史料保存价值，节省了大量的人力和宝贵的时间。

据查与民国人物相关的各类工具书，如《三十三种清代人物传记综合引得》《碑传集》（1—3 编）和《民国时期总书目·传记类》等，民国时期出版过的人物传记资料，包括人物志、人名录、人名辞典、人名图鉴等在内各种体裁的综合性民国人物资料，还有个人传记、日记、回忆录、年谱、纪念文集等，数以万计。经过筛选，本编最终选定不同时间出版的最具代表性的民国人物资料 309 种，其中综合类的 60 种①、涉及个人传记（自传）等 184 种、日记 15 种、年谱 29 种、纪念文集（含荣哀录）50 余种，汇编成民国人物资料专辑。这几类以不同的出版形式详细记录民国时期涌现出来的各类人物的传记资料，为专家学者做进一步研究与探索，提供了很高的参考价值。从已出版的民国人物传记所载录内容上看，都具有一定的代表性。如列为民国人物资料专辑第一种的是 1912 年的《当代名人事略》（新中国图书局出版），是中华民国创立后出版的第一部人物合传。该书将袁世凯、孙文、黎元洪、黄兴、陆征祥、唐绍仪、段祺瑞、孙武、朱瑞、王天纵、刘之洁、李显谟等 12 位当世政要显宦，作为上卷"健存者"，将陶焕卿（陶成章）、刘澂、吴禄贞、张世膺、张振武、周维桢、温生才、陈敬岳、赵声、徐锡麟、吴樾、熊成基等 12 位为创建民国献身或开国初期遇害的志士先烈，作为下卷"凋谢者"，由此不难看出，编纂者的指导思想十分鲜明，既肯定在位的中华民国临时政府领导者的地位，更未忘怀那些曾为推翻帝制、建立民国而英勇献身的先烈。与其同年出版的还有收录辛亥革命事起后被各省推为都督的谭延闿、陈作新、吴介璋、马毓宝、庄蕴宽、陈其美、蒋雁行、蒋尊簋、孙道仁、胡衍鸿、陈炯明、黄士龙、沈秉堃、蔡锷、李根源、蓝天蔚、胡瑛、阎锡山 20 人照片及传略的《共和人物·甲集》（上海商务印书馆出版发行）；还有收录黎元洪、孙文、黄兴、赵

---

① 本民国人物资料专辑综合类 60 种 30 册已于 2018 年由上海书店出版社影印出版。

声、林觉民、陈与燊等时政名人和民主革命先驱传记，收录冯超骧、韦云卿等黄花岗就义烈士传记，收录毕永年、杨守仁、吴樾、秋瑾、熊天觉、谭剑英等辛亥革命先驱先烈传记，收录杨禹昌、彭家珍、李君白等同盟会先烈和各地光复首义人士传记，6册共计收录158人传略的《革命党小传》（上海自由社编并发行），以及后来出版的同类型的民国人物传记资料《红花冈四烈士传》（民智书局出版发行）、《革命先烈传》（中国文化服务社印行）等。

另有王子坚编、经纬书局发行的《时人自述与人物评传》，此书为当时"现代百科文选单行本"，封面右上角标有"适合中等学校教科之用"，刊登胡适、蔡元培、陈独秀、茅盾、鲁迅、林语堂、周作人、冰心、丁玲、柳亚子、丰子恺、钱歌川等学术文化界代表人物的自述或回忆文章约50篇。袁清平编辑、李剑翁审选，李剑萍、汪铁吾、刘明祺校阅的《当代党国名人传》，全书分上下册，共收录600人左右的传略。该书上册为军事类，介绍国民党军事人物的传略；下册分政治、外交、财政、教育、建设、司法6类，分别介绍国民党中央政府及地方机构的各界人物传略。

本专辑还收录了民国金融、工商界及实业界的人物传记资料，代表性的有中国金融年鉴社编订的《金融人物志》，据书前"例言"称，本书原欲取名《金融名人图鉴》，后以各方意见所刊金融人物多为最近我国各金融机构之负责人或主持人"，"包括各金融人物之字号、公元出生年份、籍贯、学历、曾任职务、现任职务、事业、著作等"，"列每一金融人物，均附近影一帧"。徐盈著的《当代中国实业人物志》，属"新中华丛书·传记汇刊"，收录民国时期航运、公路、桥梁、化工、石油、纺织、金融等各界著名人物，如茅以升、卢作孚、林继庸、吴蕴初、范旭东、孙越崎、钱昌照、龚继成、鲍国宝、赵祖康、陈光甫等28人的小传，包括传主籍贯、年龄、学历、职务、事迹、著述等，以及中华国产厂商联合会编印的《实业界名人录》，辑录上海工商界200多位名人小传，部分含照片。书有刊前语，肯定了这些实业家的功绩，并希望以此书"向社会方面推介，以激励后起的人物，供他们借作镜鉴"。

本编民国人物资料专辑所收录的选目，以出版时间先后编排为序，从民国创立到北伐告成，从抗日战争到新中国诞生前夕，每一个标志性时段，都有一批紧扣时代脉搏的人物资料书目入选。如1911年11月起次第推出的《革命党小传》，共6册，其编辑出版时间紧随着从武昌首义到南京临时政府成立的历史进程，因而及时保存了众多在历次反清起义、刺杀行动以及辛亥革命中献身或成名的人物资料和相关文献，十分珍贵。类此的书目还有1912年即民国创建之年出版的《当代名人事略》《共和人物（甲集）》。又如1928年即北伐后接踵问世的《中国革命名人传》《党国名人传》，1937年全面抗战开始后成批出版的《抗战中的女战士》《在火线上的四川健儿》《中国空军英烈全传》《抗敌将领印象记》《空中英雄》等，以及在历史转折之际密集推出的由新华书店编辑部编辑、苏南新华书店出版的《烈士传》，本书辑有李大钊、瞿秋白、关向应、刘志丹、左权、彭雪枫、罗炳辉、王若飞、秦邦宪、叶挺、邓发、罗登贤、李兆麟、吉鸿昌共14位革命先烈的传记和事迹，以及有关顾正红、刘华、萧楚女、熊雄、陈延年、赵世炎、马骏、张太雷、罗亦农、向警予、苏兆征、彭湃、杨殷同、恽代英、蔡和森、黄公略、赵博生、邓中夏、杨靖宇、寻淮洲、方志敏、李斗文共22位先烈的纪念文章，书前刊有《中共七大代表暨延安人民代表追悼中国革命死难烈士祭文》。再如由读者出版社编印的《新政协重要人物志》，汇录参加会议的各党派和各界代表有李济琛、李德全、何香凝、沈钧儒、张澜、章伯钧、罗隆基、张东荪、黄炎培、章乃器、胡厥文、施复亮（施存统）、马寅初、郭沫若、胡愈之、曹孟君、许广平、马叙伦、吴耀宗、谭平山、陈铭枢、王昆仑、许宝驹、蔡廷楷、蒋光鼐、朱学范、李烛尘、包达三、盛丕华、俞寰澄、张絅伯、沈雁冰、欧阳予倩、郑振铎、曾昭伦、田汉、洪深、邓初民、谢雪红、汤桂芬、陈嘉庚等约80多人的小传，据称"这是一部红色文献，大体反映了新政协的党派界别分布情况等信息"。类似这些传记资料，俱被称为有一定代表性的选目。

  本编民国人物资料专辑收录的选目从横向看，在题材上和体裁上，比较周到地考虑它们之间的平衡与完善。除了先贤英烈、军政要人、社会名流等一般意义上的人物资料外，本资料专辑还汇辑了不少各界别或具有代表性专业领域的人物资料选目，如既有专门介绍工商实业人物的《当代中国实业人物志》《实业界名人录》《现代工商领袖成名记》，亦有专门介绍财政金融人物的《金融人物志》，既有专门介绍戏曲演艺人物的《当代名伶传》《电台明星集》，还有专门介绍教育文化新闻出版人物的《二十今人志》《人物种种》《陨落的星辰》，更有专门介绍金石书画艺术人物的《中国现代金石书画家小传》（第1集），以及《现代中国女作家》《中国现代女作家》的传记资料。旧上海是旧中国政治经济文化重镇，学术界有"从上海看中国"之说。据此不难看出民国上海人物资料的相对完备，构成本资料专辑一个亮点。从《海上名人传》

到《中国名人年鉴：上海之部》，再到《上海时人志》，以及《环球中国名人传略：上海工商各界之部》《上海工商人物志》《上海市工界人物志》等，由此可见，各个时段比较重要的几部反映上海人物志书基本上都收齐了。

综观民国人物资料专辑所收录的309种选目，就其历史文献价值考量，大体上有以下几个特点：

其一，所收录的民国人物的数量及传记资料种类之多是这一时期已出版的人物传记资料汇编无法比拟的。据与本编同时出版的《民国丛书续编第二编·民国人物资料专辑人名索引》，仅60种综合类人物传记选目涉及政治、经济、思想、文化、外交、司法、教育、新闻出版、戏曲等领域，包括时政名人、抗敌将领、空中英雄和革命先烈各类名人传记资料的传主，就多达28 000余人。其中有的人物是过去从未出现，或很少出现过的。如收录《抗战中的女战士》一书中的中国游击队之母冯文姑、冒险送旗到四行仓库的女童子军英雄杨惠敏；《空中英雄》一书中的陈竹平、万家鹏，原都是名不见经传的人物，但在抗战期间为保卫祖国的领空立下了汗马功劳，青史留名。类似这样可歌可泣的事迹与人物在本专辑内比比皆是。

其二，材料来源之广泛，是其他同类型人物传记资料汇编所不及的。如张丹子主编、中国名人年鉴社发行的《中国名人年鉴：上海之部》，收录近千位人物的传记，全书材料"以直接访问居多，并函询本人校正，以照征实"；又如余牧人著、上海天一书院出版的《党国名人传》，部分内容"得自作者探访或转托友人代访，部分内容得自分寄《征求表》给所欲征求对象的回复"，亦有直接就是传主自述者，俱称第一手资料。还有一些传记资料，充分利用和参考了外国情报机构或新闻单位调查所得资讯，较有代表性者如樊荫南编纂、上海良友图书公司出版、"辑录4 000余位当时中国军、政、学、商各界名人小传"的《当代中国名人录》；直接由英商每日译报社编发的《华北官僚群像》；贾逸君编、北平文化学社出版的《中华民国名人传》。《中华民国名人传》收录的190余人的人物传记；有的资料则参考了上海密勒氏评论报社英文版"Who's who in China"（《中国名人录》）刊载的中国名人传记资料。这些来自外国人眼中的中国人物传记资料无疑具有很高的学术价值和史料价值。

其三，内容丰富充实。收录本专辑的传记资料一般都以叙述事实、提供资讯、不涉褒贬、不掉虚辞为行文准则，相当一部分图书如《共和人物》《民国名人图鉴》《海上名人传》《中国名人年鉴：上海之部》《中国当代名人传》

139

《电台明星集》《上海时人志》等还附有现在已十分难得的传主照片。同时也有若干以汇辑轶闻为特色传记资料入选,如国民书局编辑印行的《中国近世名人小史》,取材广博,凡在世者经历述至当下,间有舆评,保留了大量传闻资料。类似的传记资料还有蒋叔良编著、上海玫瑰书店出版的《党国伟人轶事》,以笔记体例汇辑冯玉祥、阎锡山、谭延闿、胡汉民、吴稚晖、蔡元培、杨树庄、李烈钧、薛笃弼、于右任、王正廷、孙科、孔祥熙等 40 多位国民党军政、外交、文化人物的轶事传闻,亦有一定的可读性及参考价值。

其四,收录本专辑的传记资料所附载信息亦多弥足珍贵。如《革命党小传》的编辑出版时间紧随从武昌首义到民国告成的历史进程,因而及时保存了众多在历次反清起义、刺杀行动以及辛亥革命中献身或成名的人物资料和相关文献。又如俞汝茂编、上海书画保存会征集发行的《中国现代金石书画家小传》(第 1 集),除了附有上海书画保存会简章、征求金石书画启事、举行书画展览会通告等有关该团体的历史文献外,还完整著录了金梁等 83 位上海金石书画名家的润例、画例共 93 篇。因为是原书影印,许多具有历史信息发掘价值的图书附载广告亦得一并保留,例如陈文杰编、战时读物编译社 1938 年 1 月初版的《抗敌将领印象记》一书,书后所刊书目广告多为《毛泽东抗战言论集》《二万五千里长征》和《中国的新西北》等,又如乘风编辑、自强出版社 1938 年 3 月刊行的《空中英雄》,书后所刊书目广告多为《毛泽东论统一战线与抗战前途》《活跃的新西北》《第八路军将领印象记》和《第八路军抗战将领经验谈》等,所有这些俱为民国出版史研究特别是出版机构史研究的珍贵参考资料。

所收录的民国传记资料因是民国时期出版的图书,又涉及许多军政人物,所以不免或多或少地带有时代印记,但以姜义华教授为首席的项目工作组,以及本专辑编委会特别注意到,多数选目在介绍国民党军政人物履历时,都刻意回避十年内战。较典型者如张国平编著、新中国出版社出版的《中央虎将列传》。该书为蒋介石、冯玉祥、阎锡山、何应钦、程潜、唐生智、贺耀祖、陈诚、张治中、蒋鼎文、卫立煌、胡宗南、傅作义、商震共 14 位国民党高级将领撰写的传略,除一般履历外,军事活动详于反清讨袁、护国护法、东征北伐,回避"剿共"史实,若不得不涉及则明确指出"蒋氏生平唯一错误,厥为其不顾一切,厉行剿共政策,动员百万大军,以与共产党及红军作战。但蒋氏亦颇从善如流,当'西安事变'发生后,被扣留期内,与共党要人周恩来晤面，得悉共党'联合抗日'，出于真诚，乃自动停止剿共，且将红军改编为第八路军，置于抗日前线。今日红军之能活跃于西战场上，使日军疲于奔命，未始非蒋氏之明断有以致之也"。同时对红军之英勇顽强抗击日寇给以赞颂。尽管由于作者对此情况失考，但此书在一定程度上反映了对共产党既往历史的认识是很明显的，故此书仍被列入本次选目之中。

其五，编纂的"人名索引"与综合类的人物传记同时出版，是本专辑的又一大亮点。以往编辑与出版的《民国丛书》，包括本丛书的"续编"，很少与此同时跟进与配套出版相关的索引。此次在出版民国人物资料专辑综合类的同时，编纂出版了民国人物传资料专辑一（综合类）（以下简称"专辑一"）《人名索引》[①]，书前列有本"专辑一"60种图书（合为30册）总目，所收人物以原书繁体字姓氏笔画为序，并将原始码与流水码对应排列，旨在方便读者的查阅。该《索引》共收录28 000余条，涉及1911年至1949年于民国时期有过传记的各类人物近23 000人。其中不少人物是以往出版的《辞海》《民国人物大辞典》《民国人物传》《20世纪中国人物传记资料索引》等都不曾收录的，包括学术界从未涉及的历史人物，如水枡、水梓、水尧臣、水钧韶，又如牛棠、牛鸿、牛正亭、牛占诚、牛永福、牛幼丞、牛呈煦、牛希文、牛条裕、牛展元、牛敏飞、牛进禄、牛葆忱，再如钮因梁、钮植滋等。[②]仅以水、牛、钮三个姓氏，对照所承担的国家社科基金重大项目"20世纪中国人物传资源整理与数据库建设研究"，其检索结果，半数以上的人物都未有记载，因此这部《人名索引》填补了学术界研究20世纪中国人物传的空白，同时是一部具有实用价值的好书。

本《索引》出版后，得到了国家图书馆出版社殷梦霞总编辑的赞赏，她在给我的微信中这样写道："傅老师好！惠赐大作收到了，谢谢您。书编得很好，非常有用，已推荐给我社编辑学习。"本人回复说："过奖了。推荐给贵社编辑学习不敢当。"据悉60种30册《续编》只影印200套，但《人名索引》的印数却为500册，现已基本售完。这说明它是一本很受学术界青睐的索引工具书。

总体上讲，囿于历史和认识上的局限，个别选目中对有些人物的措词或观

---

① 本《人名索引》由笔者主编，于2018年上海书店出版社出版。
② 详见《人名索引》，第53—54页、第406页。

点并不适当,甚至是错误的,但基本上没有正面反共的内容,更无对我党我军领导作恶意诬陷、人身攻击的内容,鉴于政治上无大碍,也一并收录其中,供学术界专家学者研究时参考。

《民国丛书续编》第二编民国人物资料专辑总册数为100册,除现已影印出版的前1至30册综合类民国人物资料外,还将陆续推出个人传记(含自传、评传和全传)、回忆录、日记、年谱、纪念文集(含荣哀录)等,共70册。

在本编民国人物传记资料影印出版之际,我们要对复旦大学姜义华教授为首席的国家社科基金重大项目组的全体工作人员,还有与本项目合作单位的上海图书馆近代文献部、上海社会科学院图书馆、复旦大学图书馆,包括给予本丛书关心与支持的全国各大图书馆的同仁,以及本丛书的编委及编辑小组成员,表示诚挚的感谢。

傅德华 复旦大学历史系教授,中国索引学会理事。

The Documentary Value and the Compilation of its Name Index of the Second Part of *The Sequel to the Republic of China Series*

Fu Dehua

Abstract: "The Character Data Album of the Republic of China", as the second part of "The Sequel to the Republic of China Series", is a collection of documents that is informative, academic, practical and readable. According to the plan, 309 of the most representative materials of the Republic of China published at different times, including 60 comprehensive categories, 184 biographies (autobiographies), 15 diaries, 29 chronicles, and more than 50 commemorative collections, will be selected and compiled into "The Character Data Album of the Republic of China", a total of 100 volumes. Considering their value as historical documents, the materials generally have the following characteristics: Firstly, the number of characters included and the variety of biographical materials collected are large; secondly, the range of sources is wide; thirdly, the materials are rich and substantial; fourthly, the attached information of the biographical materials is precious; and finally, the "Name Index" will be compiled specifically for searching. This data album is of high value of historical documents, and would be an important reference for experts and scholars to study the characters of the Republic of China.

Keywords: *The Sequel to the Republic of China Series*; The Character Data Album; Value of Historical Documents; Name Index

《地方志人物传记资料丛刊·华东卷下编》人名索引排序研究

朱玉强[1]　吴继伟[1]　范翠丽[2]　何　珂[1]　李精一[3]

（1　山东师范大学图书馆　济南　250014）

（2　山东科学技术出版社　济南　250001）

（3　国家图书馆出版社　北京　100034）

摘　要　文章针对《地方志人物传记资料丛刊·华东卷下编》人名索引，探讨了辞条排序规则。项目工作组开发的程序可以近乎全自动格式化单一辞条、自动排序多行辞条，取得很好的效果，算法具扩展性和推广性。

关键词　地方志人物传记　人名索引　自动排序

一、引　言

《地方志人物传记资料丛刊·华东卷下编》人名索引是山东师范大学图书馆承担的国家图书馆出版社建设项目，款目计12余万条。山东师范大学图书馆组织本馆20余位馆员分担此编制任务，款目质量难免参差不齐且有重复。以不同馆员提交的款目"秦九榮　122.589""秦九榮　120·236"为例，按照项目建设规范，首先同一人应合并为1条记录，人名在前，多个卷页信息在后，不同卷号又以小卷号在前；其次，卷页间隔符应统一为"·"；人名与卷页间隔符应统一为1个全角空格，即"秦九榮　120·236；122·589"。此类工作在微软Word或Excel中操作很繁琐，或需编制宏代码，或需分步多次完成，容易出错。多款目间排序工作量巨大，加之人名繁体字、异体字占比高，即便使用Word、Excel等办公软件，或InDesign、方正飞腾等专业排版软件，亦需人工大力辅助，效果欠佳。

为此，本项目工作组开发了一个程序，可以近乎全自动格式化单一款目、排序多行款目，数据质量统一，程序架构鲁棒性强，有很好的扩展性，适用于不同原则排序实践，具推广性。

二、确立排序原则及算法

工作组由编纂负责人、任务分担者和出版社责任编辑组成。工作组经协商，确定采用"笔画笔形法"对款目进行排序，该方法为工具书辞条常用排检方法中"形序法"下属"笔画法"的一种。①

（一）确立排序原则

1. 根据字头划分笔画组。按款目首字笔画数不同划分字头笔画组，简称"大组"。如"项"字12笔、"蘸"字19笔，则两字分属第12笔画组和第19笔画组。

2. 根据字头笔顺划分笔顺组。将款目首字起笔笔顺按"横竖撇点捺"排序，简称"小组"。如"無""項"同属第12笔画组，辞条"項××"属"横"起笔顺组排在前，"無××"属"撇"起笔顺组列于后。

3. 小组内排序。多字款目排序相对复杂，为尽量减少工作量，最初对多字款目排序设立规则如下：首字笔画数、起笔笔顺相同时，比较第2字笔画数、起笔笔顺；如仍不能确定顺序，再比第3字；以此类推。实践中发现此种做法不妥，以排序"朱晉修125.703""朱振纪131.788""任振祖141.75"为例，过滤卷页信息后将各字列于表1。

表1　多字辞条排序规则示例（一）

字	笔划数	首笔	字	笔划数	首笔	字	笔划数	首笔	排序结果
朱	6	撇	晉	10	横	修	9	撇	1
任	6	撇	振	10	横	祖	9	点	2
朱	6	撇	振	10	横	纪	9	折	3

表1结果中"朱"姓辞条间插入"任"姓，非理想结果。修正规则，将笔顺扩展至整字，即：首字笔画数、所有笔顺相同时，比较第2字笔画数、所有笔顺；如仍不能确定顺序，再比第3字；以此类推。仍以上述3

---

① 参见中国编辑学会，全国出版专业职业资格考试办公室. 出版专业实务 初级 2007 年版 [M]. 上海：上海辞书出版社.

条款目为例,并将"横竖撇点折"数字化——对应于"12345",排序规则示例如表2。

表2 多字辞条排序规则示例(二)

字	笔划数	笔顺	字	笔划数	笔顺	字	笔划数	笔顺	排序结果
朱	6	311234	晋	10	1545412511	修	9	322354333	2
任	6	323121	振	10	1211311534	祖	9	452425111	3
朱	6	311234	振	10	1211311534	纪	9	554444515	1

如表2,"朱""任"同为6笔,但"任"字第2笔为"2","朱"字第2笔为"1",则"任××"应排在"朱××"后;"朱晋""朱振"排序时其实是考察数字型文本串"61545412511""61211311534"大小,比较到第3位时易知后者小于前者,则"朱振×"排在"朱晋×"前,达到理想效果。但该规则尚不能解决类似"士土工"等笔画数、整字笔顺仍完全相同字的排序问题。

(二)构造排序算法

算法首先要解决"士土工"现象。最初设想遇到"士土工"问题,人工辅助排序,但实践发现此类现象很多,且辞条出现率高,如"八人人""兀九""达令""干于""井亓开"等,手工排序工作量巨大,且偏离使用程序自动化操作的初衷。尝试附加单字拼音以作区分,实践发现有些需要保留不同版本的异体字笔画数、整字笔顺、拼音又完全相同,仍无法区分。经工作组商议决定,采用为此类单字附加数码的方法,如"士土工",参考《通用规范汉字表》[①] 顺序分别标记其笔顺码为"121001""121002""121003"。"0"不属于"横竖撇点折"映射的"12345"中的任何一位,故不会被程序误判为笔顺码,可根据实际情况补足3位如"001"或2位如"03",但需保证"0"在特征码最左。折笔为相同笔顺时,按《GB13000.1字符集汉字折笔规范》[②] 顺序设置特征码序号,如竖横先于竖提。对于无法依现有规范排定顺序的单字可随机分配特征码,或集体表决确定。

[①] 参见教育部国家语言文字工作委员会.通用规范汉字表[M].北京:语文出版社,2013.
[②] 参见国家语言文字工作委员会.字符集汉字折笔规范:GB 13000.1[S].北京:中国标准出版社,2006.

加入特征码后，为保证单字仅与单字（有或无特征码）对比排序、特征码仅与特征码对比排序，为单字笔画数、笔顺码统一补齐为相同宽度，可按实际情况补齐为 10 位或 20 位，本程序实践中因款目量巨大补齐为 50 位。如"士"字，笔画数为 3，左边加"0"补齐 2 位，为"03"；笔顺码为"121"，特征码为"001"，各数字型文本相加取和，并在右边加"0"补齐 15 位，最终"士"字数码为"031210010000000"。

在上述框架下，最终排序算法示例如表 3 所示，以补齐单字码长 15 位为例，达到理想效果。

表 3　多字辞条排序算法

辞条	排序实际比对字符串	排序结果
朱士官	063112340000000031210010000000084452515100000	2
朱工人	063112340000000031210030000000023400100000000	3
朱士兵	063112340000000031210010000000073212134000000	1

三、主要方法阐释

（一）建立字库

程序提取待排序款目中汉字，将每个汉字"笔画数""笔顺""特征码""拼音""四角号码"等写入数据库，供后续读取。实践中使用网络爬虫技术抓取字典类网站单字"笔画数""笔顺"等元数据，常规方法不赘述算法。

以从混合文本串抽提 GBK/3 扩充汉字为例，算法描述如下：
代码 = 到字节集（待处理字符）
如果真（取字节集长度 [代码] = 2）

　如果真（代码 [1] ≥ 129 且 代码 [2] ≥ 64 且 代码 [1] ≤ 160 且 代码 [2] ≤ 254）

　　　返回（真）

（二）文本排序

排序时，首先将各款目数码化，通过比对数码确定人名先后顺序，再将人名与其后卷页一一对应。数码化通过读取字库，按表 3 所述方法对文本串加和而得。

本文采用"希尔法"排序文本串,算法描述如下:

```
void shell (int *R, int ns, int *d, int s) {
  int i, j, k, m, n, p = 0;
  while (n < s) {
    //遍历增量
    k = d [n++];    //排序增量子数组
    for (i = 0; i < k; i++) {
      for (j = i + k; j < ns; j = j + k) {
        if (R [j] < R [j-k]) {
          p = R [j];
          m = j - k;
          while (m >= 0 && R [m] > R [j]) {
            R [m + k] = R [m];
            m -= k;
          }
          R [m + k] = p;
        }
      }
    }
  }
}
```

四、应用效果评估

该程序可稳定运行于 32 位和 64 位 Windows7 和 Windows10 操作系统,在英特尔奔腾处理器 2.90GHz、内存 4.00GB 电脑环境及所需字库建立完毕前提下,处理《地方志人物传记资料丛刊·华东卷下编》人名索引粗糙文本 127935 行,排序(包括分大小组及小组内排序)平均耗时 42 分。人工抽检、复核,成功率 95%,失败发生在原始辞条编制质量偏离标准过大、编制者电脑字库不足需造字等。图 1 展示程序自动写出的第 17 大组、字头"横"笔小组部分排序结果。

```
17 畫
【橫】
璨 13·643
璨大師 130·489
璨大師本淨禪師 130·118
璩一桂 106·269
璩之璞 1·462；74·517
璩之璧 105·524
璩可道 106·306
璩有光 105·543
璩廷祐 68·16
璩伯崑 123·694；125·730
璩伯綵 62·586；106·267
璩恩綬 105·399
璩凌雲 124·308
璩紹杰 124·308
璩維慰 106·279
璩德明 105·538
璩憲章 126·471
璩鑑 106·268
環玉都 53·478
環淵 29·431
環齊 29·432
趨一歸 136·334
戴 31·68；51·504；52·117；52·161；61·576；62·713；152·361
戴一松 53·559；142·65
戴一經 104·535
```

图1 部分排序结果

五、结 语

上述程序，架构具扩展性，如需按"音序法—汉语拼音字母法"排序，只需从字库中抽提相应汉字拼音，组合比对用文本串执行希尔排序即可。实践表明程序排序结果质量统一，可减少人力投入。但程序排序时间长、工作效率低，有待进一步研究完善。

朱玉强　山东师范大学图书馆研究馆员，硕士研究生导师，中国索引学会会员。

吴继伟　山东师范大学图书馆副研究馆员，副馆长，中国索引学会理事。
范翠丽　山东科学技术出版社编辑。
何　珂　山东师范大学2019级图书情报专业硕士研究生。
李精一　国家图书馆出版社编辑。

Study on Sorting of the Name Index of *The Biographical Data Series of Local Chronicles* (*East China Volume II*)

Zhu Yuqiang　Wu Jiwei　Fan Cuili　He Ke　Li Jingyi

Abstract: This article discusses the ordering rules of entries for the Name Index of *the Biographical Data Series of Local Chronicles(East China Volume II)*. The program developed by the project working group can format a single entry almost automatically, and automatically sort multiple entries with good results, which shows that the algorithm is scalable and popular.

Keywords: The Biographical Data of Local Chronicles; Name Index; Automatic Sort

《上海抗战论著目录》编纂札记

韩洪泉

（国防大学政治学院　上海　201602）

摘　要　上海抗战是中国人民抗日战争的重要组成部分，也为世界反法西斯战争的胜利作出了特殊贡献。上海抗战研究是抗日战争史研究中的重点之一。80多年来，上海抗战研究呈现出显著的阶段性特征，积累了十分丰富的学术成果。这些成果既反映了不同时期研究的重点、热点和广度、深度，也为今后的研究提供了前提与基础。笔者编纂的《上海抗战论著目录》一书，是第一部关于上海抗战的论著索引，旨在对上海抗战的既有研究成果进行全面系统梳理，为推进本课题研究提供有益的参考借鉴。限于作者水平，本书尚存在诸多缺憾，这些不足也是今后需要继续努力的方向。

关键词　中国人民抗日战争　上海抗战　淞沪会战　《上海抗战论著目录》

上海抗战是中国人民抗日战争的重要组成部分，在世界反法西斯战争中也具有重要历史地位。几十年来，关于上海抗战的研究积累了丰硕繁富的成果。笔者通过几年的努力，编纂了《上海抗战论著目录》一书（上海人民出版社2020年10月出版）。本书旨在系统梳理相关研究成果，为推动本课题的深入发展提供有益参考和借鉴。下面结合《上海抗战论著目录》编纂的背景和过程，谈一谈编纂工作中的一些粗浅体会和初步思考。

一、上海抗战研究的背景及概况

近年来，关于中国人民抗日战争的研究日益成为中国历史研究的显学，其关注度和影响力是其他领域的史学研究所不能相比的。究其原因，主要是历时

---

* 本文系上海市哲学社会科学规划委托课题"上海抗日战争史第三编"（2019WZX003）的阶段性成果。

14年之久的抗日战争（1931—1945），对中国社会历史发展的走向产生了极为深远的影响。学术界普遍认为，抗日战争是中华民族从衰败走向复兴的一大转折，为中华民族的重新崛起开辟了光明前景。进入21世纪以来，抗日战争研究在诸多领域都取得了许多新进展，呈现出良好的发展势头。在史料整理方面，中国社会科学院近代史研究所和中国人民抗日战争史学会选编的"抗日战争史料丛编"目前已出版第1—4辑，共250册（第1辑100册于2014年出版，第2辑50册于2015年出版，第3辑50册于2016年出版，第4辑50册于2018年出版，均由国家图书馆出版社出版），具有很高的史料价值；"抗日战争时期中国人口伤亡和财产损失调研丛书"（中共党史出版社2014年起陆续出版）、"日本侵华决策史料丛编"（46册，社会科学文献出版社2018年出版）、"南京大屠杀史料集"（72册，江苏人民出版社2005年至2014年陆续出版）、"中华民族抗日战争军事史料集"（100册，社会科学文献出版社2020年出版）等的编纂出版，也为抗战史研究提供了基础性史料；《蒋介石日记》等史料的公开和出版，很快引起学术界的高度关注和广泛使用。"抗日战争与近代中日关系文献数据平台"（2018年9月2日上线）、"东京审判文献资源数据库"（2016年1月6日首发）等数据库的发布，促进了学术研究的便捷化。中国国家社科基金设置了"抗日战争研究专项工程"，加大了对抗日战争研究的投入。大批通史类和专题性著作的出版，许多新的研究领域的开辟，跨国合作项目的推进，都标志着抗日战争研究进入了一个总体繁荣、大有可为的时期。哈佛大学傅高义教授联合日本的山田辰雄教授、中国的杨天石教授共同发起的"中日战争国际共同研究项目"（A Joint Study of the Sino-Japanese War, 1931 - 1945）（2000年发起），美国斯坦福大学胡佛研究所牵头组织的"重写抗战史，1931—1945"联合研究项目（Revisiting The Second Sino-Japanese War, 1931 - 1945）（2012年启动），以及牛津大学的"中国抗日战争研究项目"（China's War with Japan）（2007年设立）等，已经相继推出了一大批有影响力的研究成果，促进了中国抗日战争史研究的国际交流。

上海在近代中国历史上的特殊地位和作用，决定了其在中国人民抗日战争史上的特殊地位和作用。波澜壮阔的上海抗战，既与14年中国抗战史相始终，又与世界反法西斯斗争相关联，为中国人民抗日战争和世界反法西斯战争的胜利作出了重大贡献。关于上海抗日斗争的研究和宣传，在"九·一八"事变后即已开始，并且在1932年"一·二八"事变和1937年"八·一三"事变前后出现了两个高峰期。20世纪后半期，中国大陆和台湾地区关于上海抗战的研究先后掀起热潮，其代表性成果有台湾地区出版的《抗日战史——淞沪会战》("国防部"史政编译局1962年编印)、《抗日战史——"一·二八"淞沪作战》("国防部"史政编译局1968年编印)等，大陆出版的《"九·一八"——"一·二八"上海军民抗日运动史料》(上海社会科学院出版社1986年版)《"八·一三"抗战史料选编》(上海人民出版社1986年版)、《"八·一三"淞沪抗战：原国民党将领抗日战争亲历记》(中国文史出版社1987年版)、《上海抗日救亡史》(上海社会科学院出版社1995年版)、《日本帝国主义侵略上海罪行史料汇编》(上海人民出版社1997年版)等。进入21世纪以来，上海抗战研究日益受到重视。近20年间仅公开出版的著作就有400余种，并召开了多次重要研讨会，呈现两岸及国际合作趋势，在国内外产生较大反响。在2005年和2015年纪念抗战胜利60周年、70周年之际，研究成果尤为集中和深入。2014年，上海市哲学社会科学重大委托课题"上海抗战与世界反法西斯战争研究"立项并启动研究(项目负责人为余子道、张云)。2017年，上海抗战与世界反法西斯战争研究会(简称上海抗战研究会)成立。课题组陆续组织出版了"上海抗战与世界反法西斯战争研究"系列丛书，包括基本史料、系列专著、工具书等。史料整理方面，最有影响的当数"淞沪抗战史料丛书"，这也是迄今收录最全的一种上海抗战史料丛书，陆续出版了初编、续编Ⅰ、续编Ⅱ、续编Ⅲ、续编Ⅳ(上海科学技术文献出版社2015、2017、2018、2019年版)。学术专著中，最有影响的是唐培吉、朱敏彦主编的"上海抗日战争史丛书"(上海人民出版社2000年第一版，2015年修订再版)，该丛书共有10种，包括：唐培吉著《上海抗日战争史通论》，余子道著《"一·二八"淞沪抗战》，余子道、张云著《"八·一三"淞沪抗战》，吴景平等著《抗战时期的上海经济》，陈丽凤等著《上海抗日救亡运动》，张铨等著《日军在上海的罪行与统治》，齐卫平、朱敏彦等著《抗战时期的上海文化》，徐剑雄、杨元华等著《上海抗战与国际援助》，薛振东等著《上海郊县抗日武装斗争》，邬正洪等著《上海人民支援新四军和华中抗日根据地》等。海外对上海抗战的研究也涌现出一批较有影响的新成果，许多已经被翻译成中文出版，如[美]魏斐德著《上海歹土：战时恐怖活动与城市犯罪 1937—1941》(芮传明译，人民出版社2011年版)、[丹麦]何铭生著《上海1937：法新社记者眼中的淞沪会战》(田颖慧、冯向晖译，西苑出版社2015年版)、[加]卜正民著《秩序的沦陷：抗战初期的江南五城》（潘敏译，商务印书馆2015年版）、［美］华百纳著《上海秘密战：第二次世界大战期间的谍战、阴谋与背叛》（周书垚、周育民译，上海社会科学院出版社2015年版）、［日］高纲博文主编《战时上海（1937—1945）》（陈祖恩等译，上海远东出版社2016年版）等。2019年，学术辑刊《上海抗战研究》创刊，国家社科基金专项工程"上海抗日战争志"项目启动，预示着上海抗战研究迎来了新的发展契机。

二、《上海抗战论著目录》编纂的基本情况

80多年来，上海抗战研究成果丰硕，数量多，涵盖面广。这些成果既反映了不同时期研究的重点、热点和广度、深度，也为今后的研究提供了前提和基础。根深方可蒂固，继往始能开来。对上海抗战的既有研究成果进行全面系统梳理，其学术意义和价值是不言而喻的。正是基于这样的考虑，笔者自2016年开始就有志于编纂一部《上海抗战论著目录》，这一想法在当时立刻得到了复旦大学余子道教授、国防大学政治学院张云教授的大力支持。在两位老师的鼓励下，笔者用一年多的时间爬梳剔抉，完成了目录初稿。此后又几经补充、调整和修改，至2019年才最终定稿。在编纂过程中，同济大学唐培吉教授、上海师范大学苏智良教授、上海社会科学院马军研究员、中共上海市委党史研究室吴海勇处长、上海师范大学洪小夏教授、中国政法大学监狱史学研究中心徐家俊研究员、淞沪抗战纪念馆邓一帆副研究员等学界前辈和专家学者，在学术上给予了具体的鼓励、指导和帮助。2020年10月，《上海抗战论著目录》由上海人民出版社出版，并得到了上海文化发展基金会图书出版专项基金的资助。全书约40万字，分为"论文卷"和"著作卷"两部分。

"论文卷"收录了1949—2018年间在国内出版的学术期刊、重要报纸等刊物上发表的有关上海抗战的论文、资料、报道等共计6 884篇（包括台湾地区253篇，香港地区35篇，澳门地区21篇），其中含博士学位论文11篇（台湾地区2篇）、硕士学位论文125篇（台湾地区6篇）。引用刊物以有正式刊号的出版物为主，同时析出收录了大部分论文集及有学术价值的内部资料（连续出版物）上刊发的论文和资料。省部级以下报纸、文摘类刊物的文章和新闻性报道以及重复发表的通俗类文章，一般不收录，个别有重要价值和重大关联的除外。外文论文资料暂未收录，但收录了外国作者撰写的中文作品（含译

作）49篇，作者分别来自美国、日本、韩国、英国、法国、德国、澳大利亚等国家。本卷主要依据上海抗战历史过程和研究体系设置类目。全卷按主题分为"总论""淞沪抗战""抗日救亡运动""上海抗战与世界反法西斯战争""日伪统治与暴行""抗战胜利与善后""相关人物""相关问题"8大类；每一大类下设置概论（综论）、二级主题、相关问题、书评、资料、纪念活动等，二级主题下设置概述、三级主题、其他问题、书评、资料、纪念活动等，三级主题下根据情况设置四、五、六级主题；"相关人物"类下设置"群体""多人""个人"3个二级主题及相应三级主题，其下按人名归类。关于著录原则，主要有以下几点：（1）依照论文资料发表时的信息予以著录，刊物名称有变更的以原始数据为准，发表时信息为繁体中文的相应转换为简体中文；（2）每一篇论文资料作为一个条目，重复发表和多期连载的，亦分别作为独立条目收录；（3）篇名中"（ ）"内的文字为原刊注释，编辑注释用"〔 〕"做必要的补充说明（如部分在篇名中反映不出的人物、作品名称等）；（4）作者信息，一般按原刊信息著录，一些特殊情况，则按照先署名单位后个人（执笔人）、先原作者后编译者的顺序著录；国外作者姓名前用"〔 〕"注明国别；部分作者姓氏中的异体字（如"萧"与"肖"、"傅"与"付"、"阎"与"闫"等），依据原刊照录。关于排序方法，主要有以下几点：（1）先按各级主题分类排序，同一子类之下主要按实际发表时间排序，发表时间相同的按篇名汉语拼音排序；（2）在同一刊物上连载的论文资料，如在同一子类目之下，则以首篇实际发表时间排序，以下各篇系于其后；如各篇分属不同主题，则归入相应子类目下分别排序；（3）人物部分，同一子类目之下再按照传主姓名汉语拼音排序；多人合传按排名在前者姓名汉语拼音排序；外国人置于中国人之后，按通用规范的汉译名汉语拼音排序；同一人名下按实际发表时间排序。

论文卷著录格式如下：

  篇名/责任者//刊物名［研究生学位授予单位］．－出版年，（期）［月．日］［（博士/硕士学位论文）］

例1：

  抗日战争与上海/唐培吉//同济大学学报（人文·社会科学版）．－

1995,（2）

例2：

上海：全国抗战文化的策源地和发祥地／"上海抗战与世界反法西斯战争"重大课题专家组，执笔人：余子道、张云／／解放日报．－2015，5.9

例3：

"统制"与"合作"：中日战争时期的上海商人（1937—1945）／王春英／／复旦大学．－2009，（博士学位论文）

"著作卷"收录了1931—2018年间有关上海抗战的出版物1 180种（包括台湾地区36种，香港地区3种），以公开发行的正式出版物为主，同时收录部分有学术价值的内部资料和未刊文献。外文著作暂未收录，但收录已有中文译本的著作27种，作者分别来自美国、日本、俄罗斯（苏联）、法国、德国、加拿大、丹麦等国家。本卷主要依据主题和体裁设置类目。全卷同样按主题分为8大类，其下视情况设置第二至六级主题（但三级主题及以下一般只作分类编辑排序用，在本卷的目录中一般不再标识）；"相关人物"类下设"群体""多人""个人"3个二级主题及相应三级主题，其下按人名归类；外国人置于中国人之后。关于著录原则，与"论文卷"大致相同而略有出入，主要有以下几点：（1）依照原书版权信息予以著录，出版社名称有变更的以原书为准；（2）每一种书作为一个条目，修订再版者作为独立条目收录；（3）编者加的补充文字在"[ ]"内表示，用以进行必要的注释说明（如部分在书名中反映不出的人物、作品名称等），国（境）外作者及出版社前用"〔 〕"注明国别（地区）；（4）内容跨度大的多卷本，原则上只收相关分卷；（5）有分卷书名的多卷本，以总书名标目集中编排，下面分别列出各分卷书名及相关信息。关于排序方法，与"论文卷"相似，兼用主题排序法和人物排序法，所不同者，同一主题之下，大致按研究类、文集类、史料类、纪实类、文艺类、工具书、纪念类顺序先后排列，其下按出版年先后排序；出版时间在1949年以前的，一般列入史料类。

单卷本著作著录格式如下：

书名/作者． – 出版社，出版年． – 页数

例：

新四军与上海/张云主编． – 上海人民出版社，2013．– 487

多卷书与丛书采用集中方式著录，格式如下：

丛书名［多卷书名］/丛书［多卷书］作者． – 出版社，出版年．

　分册［分卷］名/作者． – 出版社，出版年． – 页数

例：

上海抗战与世界反法西斯战争系列丛书·上海抗日战争史丛书/朱敏彦、唐培吉主编． – 上海人民出版社

　上海抗日战争史通论/唐培吉著．2015．– 298

　一·二八淞沪抗战/余子道著．2016．– 281

　八一三淞沪抗战/余子道、张云著．2016．– 350

　抗战时期的上海经济/吴景平等著．2015．– 366

　上海抗日救亡运动/陈丽凤、王瑶、周耀虹等著．2015．– 460

　日军在上海的罪行与统治/张铨、庄志龄、陈正卿著．2015．– 415

　抗战时期的上海文化/齐卫平、朱敏彦、何继良著．2015．– 310

　上海抗战与国际援助/徐剑雄、杨元华等著．2015．– 275

　上海郊县抗日武装斗争/薛振东、柴志光编著．2015．– 224

　上海人民支援新四军和华中抗日根据地/邬正洪、张文清、傅绍昌、吴海勇编著．2015．– 202

三、《上海抗战论著目录》编纂的几点思考

《上海抗战论著目录》作为第一部关于上海抗战的论著索引，旨在对上海抗战的既有研究成果进行全面梳理，为推进本课题研究提供有益的参考借鉴。本书通过对上海抗战研究成果的广泛搜集和系统整理，以期为上海抗战研究者

提供一部实用的学术工具书。广大历史爱好者也可尝鼎一脔、窥豹一斑，从中扪摸感知中国人民抗日战争波澜壮阔的历史脉络，激荡汇聚为实现中华民族伟大复兴而奋斗的精神力量。

本书的编纂是一次大胆的尝试，相信会对推进上海抗战研究有所裨益。但由于个人水平所限，尚存在许多不足和缺憾，这也是下一步应该继续努力的方向。其一，在收录资料的全面性方面，目前主要收录在国内出版和发表的著作和论文，外文资料没有收录；论文卷主要收录1949年以来的文献，对1949年以前发表在各类报刊上的历史文献未能收录；省部级以下报纸、文摘类刊物的文章和新闻性报道以及重复发表的通俗类文章，一般未予收录，等等。其二，本书按照上海抗战的历史过程和研究体系设置多级类目，力求全面准确反映研究成果的总貌及其分布，但由于许多文献在内容上都有交叉，分门别类虽求细致，不准确在所难免。其三，目录的编纂还只是一项初步工作，如何进一步收集历史资料、更新前沿信息，以求其"全"；如何进一步加强量化分析、总结研究规律，以求其"效"；如何进一步搭设信息平台、建立长效机制，以求其"用"，这些都是应继续下功夫解决的问题。

学问自有趣，功夫正无穷。《上海抗战论著目录》的编纂，只是为推进上海抗战研究开了一个头，抛了一块砖。先例既开，来日方长。抛砖引玉，尤当期待。关于中国人民抗日战争的研究已经成为国际学术界的一个热点，鉴于上海抗战的特殊地位和贡献，其在深化抗战史研究中也具有特殊的意义和价值。笔者认为，今后加强上海抗战史的研究，一方面要在"上海抗日战争全史"和"上海抗战与世界反法西斯战争"的大框架和大视野下，更全面地搜集史料，更系统地展开研究，集中力量编纂出一系列通史类著作和工具书，进一步奠立上海抗战研究的学术根基；另一方面要站在世界反法西斯战争全局的高度，在整体史观指导下，在军事、政治、经济、社会、思想文化、国际关系等各个领域拓展研究视角和研究方法，对世界背景下的上海抗战和抗战时期的上海社会，进行全方位、多层次、跨学科的深度审视和专业研究，进一步提升上海抗战研究的深度和水平。上海抗战研究是一个大有可为的领域，应该也一定能够取得更多更有价值的学术成果。

韩洪泉 1981年12月生，山东沾化人。国防大学政治学院副教授。复旦大学博士。国防大学首届青年英才。主要研究方向为中共党史、中国人民解放军史、马克思主义中国化等。在《党的文献》《中国军事科学》《中国社会科学报》等刊物发表论文150余篇,多篇被《新华文摘》等转载。

Complication Notes on *The Bibliography and Index of the War of Resistance against Japanese Aggression in Shanghai*

Han Hongquan

Abstract: The War of Resistance against Japanese Aggression in Shanghai is an important part of the Chinese People's War of Resistance Against Japanese Aggression, also made a special contribution to the victory of the World Anti-Fascist War. The study of the War of Resistance against Japanese Aggression in Shanghai is one of the key points in the study of the Chinese People's War of Resistance Against Japanese Aggression. Over the past 80 years, the research on the War of Resistance against Japanese Aggression in Shanghai has shown remarkable phase characteristics and accumulated rich academic achievements. These research results not only reflect the focus, breadth and depth of research in different periods, but also provide the premise and basis for future research. *The Bibliography and Index of the War of Resistance against Japanese Aggression in Shanghai* compiled by the author is the first book index on this subject. It aims to sort out the existing research results of the War of Resistance against Japanese Aggression in Shanghai comprehensively and systematically, and provide beneficial reference for promoting the research of this topic. Due to the limitation of the author's level, there are still many defects in this book, which are also the direction of future efforts.

Keywords: The War of Resistance against Japanese Aggression in Shanghai; The Chinese People's War of Resistance Against Japanese Aggression; The Songhu Battle; *The Bibliography and Index of the War of Resistance against Japanese Aggression in Shanghai*

纳博科夫与索引
——兼谈汉译文学作品书后索引编制方法

鲍国海

（上海大学图书馆　200444）

摘　要　介绍作家纳博科夫所著的《说吧，记忆》《尼古拉·果戈里》《微暗的火》和《叶甫盖尼·奥涅金》的书后索引编制概况，重点评价《说吧，记忆》和《尼古拉·果戈里》书后索引，进而探索汉译文学作品书后索引的编制方法。

关键词　纳博科夫　书后索引　评价　编制方法　《说吧，记忆》　《尼古拉·果戈里》

一、纳博科夫其人

弗拉基米尔·纳博科夫（Vladimir Nabokov）（1899—1977，以下简称"纳氏"）是20世纪公认的著名俄裔美籍小说家和文体家。纳氏1899年出生于俄罗斯圣彼得堡一个贵族家庭，布尔什维克革命期间，纳博科夫1919年随全家流亡德国。在英国剑桥三一学院攻读法国和俄罗斯文学后，在柏林和巴黎以笔名西林（Sirin）开始了18年的文学生涯。1940年，他移居美国，先后在威尔斯理、斯坦福、康奈尔和哈佛等校执教，以小说家、诗人、批评家和翻译家身份享誉文坛，一生总共创作了十余部长篇小说，还有剧作、诗歌和作品评论等，其中，花费15年精心构思创作的《洛丽塔》（*Lolita*, 1955）出版后，在西方文坛引起了巨大的争议，被好莱坞改编为同名电影上映，使他名利双收，成为美国《时代周刊》的封面人物，实现了财务自由。1961年，他辞去康奈尔大学教职重返欧洲，在瑞士蒙特勒专事著译，1977年在洛桑病逝。

纳氏家境优渥，父母从小就为他和弟弟从国外请来多位家庭教师，很早就掌握了英、法等语言，家里丰富的藏书让他如鱼得水。他告诉记者："在我十四五岁的时候,我就已经读完或者重读了俄语版的托尔斯泰全集,英文版的莎士比亚全集和法语版的福楼拜全集……以及其他上百部书。"① 这些名家作品的耳闻目染,为他今后步入文学之路奠定了基础。

目前,全世界有关纳氏的回忆录和研究论文汗牛充栋,还有专门的纳氏研究期刊和网站。在纳氏回忆录方面,首推新西兰奥克兰大学英文系教授布莱恩·博伊德(Brian Boyd)所写的《纳博科夫传:俄罗斯时期》② 和《纳博科夫传:美国时期》③ 两书。通过阅读纳氏回忆录和作品,可较为完整地了解传主的生平、作品和思想。笔者在阅读时发现,传主在文学创作过程中,已经养成了编制索引的习惯。在汉译《尼古拉·果戈理》④ 和《说吧,记忆》等书中都可见他编写的书后索引。本文将从纳氏的索引实践与索引评价两方面展开论述,以求正于各位同行。

二、纳博科夫的索引实践

由于从小受到西方文献的影响,纳氏在其创作的部分作品中附有索引,列举如下:

(一)《说吧,记忆》(修订版)(*Speak, Memory*:*An Autobiography Revisited*, 1947)索引

这是纳氏的个人回忆录,原名为《最后的证据》,时间跨度 37 年(从 1903 年 8 月到 1940 年 5 月),从圣彼得堡到圣纳泽尔(法国海滨城市)。书中的一些篇章先后在 1948—1951 年以连载形式发表于美国的《纽约客》(*New Yorker*)和《党人评论》(也称《党派评论》,*Partisan Review*)等刊物上。

本书是研究纳氏人生轨迹的重要文献之一,不仅为深入解读他写的《洛丽塔》《微暗的火》《防守》和《玛丽》等重要小说提供了第一手资料,还常

---

① [美]罗伯特·罗珀著;赵君译. 纳博科夫在美国:通往《洛丽塔》之路 [M]. 广州:花城出版社,2018:269.
② 参见 [新西兰]布赖恩·博伊德著;刘佳林译. 纳博科夫传:俄罗斯时期 [M]. 桂林:广西师范大学出版社,2019.
③ 参见 [新西兰]布赖恩博·伊德著;刘佳林译. 纳博科夫传:美国时期 [M]. 桂林:广西师范大学出版社,2011.
④ 参见 [美]弗拉基米尔·纳博科夫著;王家湘译. 尼古拉·果戈理 [M]. 桂林:广西师范大学出版社,2010.

被文选家视为优秀英文散文的范例。该书起始句的几个单词，他至少推敲了五遍："摇篮在深渊上晃动。常识告诉我们，我们的存在不过是两个永恒黑暗之间的一次短暂闪光。"①"1966年1月初，完成《说吧，记忆》正文的修订后，纳博科夫编写了索引——像《微暗的火》一样，是完全纳博科夫式的索引，不过这次却为揭开全书主题提供了重要的锁钥。"②

在本书修订本前言的最后，纳氏写道："索引主要目的是为了我自己方便，把一些和我过去的年代有关联的人和主题开列出来。书后的索引会使庸人不快，但是会让有能力的人感到高兴。"③

（二）《叶甫盖尼·奥涅金》（*Eugene Onegin*：*A Novel in Verse*，1957）索引

本书出版于1957年，共1 895页，是纳氏所写的不朽之作。他1966年预言道："我将因为《洛丽塔》和我在《叶甫盖尼·奥涅金》方面的工作而被人铭记。"④译注《叶甫盖尼·奥涅金》的写作始于1948年，当年他在康奈尔大学为学生开设俄罗斯文学课程时，发现图书馆里竟找不到令人满意的《叶甫盖尼·奥涅金》英译本，几乎每一行都要修改，他为此牢骚满腹。他的妻子薇拉（Nabokov Vera Evseevna，1902 – 1991）随口说了一句："为什么不自己翻译呢？"于是，他开始翻译评注这本在他九岁时就已读过的普希金巨著。没想到这项工程竟然化费了他七年的时间和精力。在授课之余，纳氏把自己泡在康奈尔和哈佛大学的威德纳图书馆和休顿图书馆，开展评注方面的工作。一直到1963年1月，才完成最后一刻的、更严格的修订。

"那个秋天（1962年），……手头有了时间，他便着手为《叶甫盖尼·奥涅金》编写索引。"⑤"这样一部作品的索引，应该反映其优点和缺点，色调与

---

① ［美］罗伯特·罗珀著；赵君译. 纳博科夫在美国：通往《洛丽塔》之路［M］. 广州：花城出版社，2018：328.

② ［新西兰］布赖恩·博伊德著；刘佳林译. 纳博科夫传：美国时期［M］. 桂林：广西师范大学出版社，2011：557.

③ ［美］弗拉基米尔·纳博科夫著；王家湘译. 说吧，记忆［M］. 上海：上海译文出版社，2013：VIII.

④ ［新西兰］布赖恩·博伊德著；刘佳林译. 博纳科夫传：美国时期［M］. 桂林：广西师范大学出版社，2011：353.

⑤ ［新西兰］布赖恩·博伊德著；刘佳林译. 纳博科夫传：美国时期［M］. 桂林：广西师范大学出版社，2011：517.

个性,就像我在《微暗的火》中索引证明的那样。"他写给一位编辑的信中如是说。① 他想在索引中提供所有提及的俄国人名及父名,虽然在正文中他更喜欢省略父名,以免干扰英语读者,他想对一部俄国作品的每个作品的每个标题首行提上三次,一次用俄语,一次用英语,一次再用俄语,列在作者名下。② 但这部作品汉译版还未问世。

(三)《尼古拉·果戈里》(Nikolai Gogol,1961)索引

《尼古拉·果戈里》③ 是纳氏抵达美国后所写的第一本书。陀思妥耶夫斯基说过:"现代俄罗斯文学来自果戈理的《外套》(Overcoat)。"④ 纳氏向世人讲述了一个异样新奇的果戈理,颠覆了以往人物传纪的传统写法。他从果戈理的死亡开始,直到他的出生结束。纳氏重点分析了果戈理的重要作品和特色,如《钦差大臣》《外套》等。为了便于读者理解本书,他专门编写了果戈理年表和书后索引。⑤

(四)《微暗的火》(Pale Fire,1962)索引

这是纳氏在1962年发表的英文小说,展现了他对于咬文嚼字以及细节描写的钟爱。

该书的"主体是999行诗,作者是虚构的诗人约翰·谢德。此外,还有前言、评注和索引……"⑥,"博纳科夫心目中是将谢德视为前言、诗歌、评注与索引的作者的"⑦。

综上所述,纳氏是一个注重索引的作家,他已经将索引作为读者理解他作品不可或缺的一个组成部分。

---

① [新西兰]布赖恩·博伊德著;刘佳林译. 纳博科夫传:美国时期 [M]. 桂林:广西师范大学出版社,2011:517.
② [新西兰]布赖恩·博伊德著;刘佳林译. 纳博科夫传:美国时期 [M]. 桂林:广西师范大学出版社,2011:518.
③ 参见 [美]弗拉基米尔·纳博科夫著;刘佳林译. 尼古拉·果戈理 [M]. 桂林:广西师范大学出版社,2010.
④ [美]罗伯特·罗珀著;赵君译. 纳博科夫在美国:通往《洛丽塔》之路 [M]. 广州:花城出版社,2018:259.
⑤ [美]弗拉基米尔·纳博科夫著;刘佳林译. 尼古拉·果戈理 [M]. 桂林:广西师范大学出版社,2010:181-203.
⑥ [英]芭芭拉·威利著;李小均译. 纳博科夫评传 [M]. 桂林:漓江出版社.2010:146.
⑦ [新西兰]布赖恩·博伊德著;刘佳林译. 纳博科夫传:美国时期 [M]. 桂林:广西师范大学出版社,2011:391.

二、《说吧,记忆》《尼古拉·果戈里》索引评价

(一) 索引概述

《尼古拉·果戈里》和《说吧,记忆》两书索引款目类型和数量见表1。

表1 《尼古拉·果戈里》《说吧,记忆》索引款目类型统计表

款目类型	《尼古拉·果戈里》		《说吧,记忆》	
	举例	数量	举例	数量
人名	Adelheida 阿苔尔吉伊达,84	134	Aldanov 阿尔达诺夫 342	155
地名	American States, the 美国州,25	85	Abbazia 阿巴集亚10, 72, 88,……	32
机构名	All Souls College 万灵学院,39	13	Tenishev School 特尼谢夫学校	1
书刊名	*Arabesques*《彼得堡故事》, 31, 158 *Moscow Telegraph*《莫斯科电报》, 159	58	*Conclusive Evidence*《确证》III *Defense, The*（*Zashchita Luzhina*）《防守》VII	9
名词	Assyrians 亚述人,45	43	Chess（象）棋 VII, VIII, 239,……	19
其他	The Appearance of the Messiah to the People,《基督显圣》,123	1		
见	Akaky Akakyvich 见 Bashmachkin	5		
参见	《与友人书简选》,124 参见标题	3	Colored hearing 有色听觉 22, 23（又见 Stained glass）	6
二级款目	出生, 150, 156	43		

(二) 索引评价

1.《尼古拉·果戈理》索引评价

通过《尼古拉·果戈理》索引核对,发现在371个一级款目中,出现差错29个,差错率为7.8%。主要涉及出处和款目错误等方面,限于篇幅,不再赘述。

笔者对本书索引的更正见表2。将原索引中分散的作家和作品款目,用"见"将两者连接为一体,便于读者纲举目张地检索使用。将作品作为果戈理的二级类目加以揭示,并将原索引出处的书边码改为中译本页码。

纳氏对于"庸俗,除了索引中所列的""poshlost"之外,本书60页还出现了另外两个同义词:"vulgarity"和"vulgar",原索引没有反映,现增加出处。

更正前后的本书索引举例见表2。

表2 《尼古拉·果戈理》书后索引更正举例

原索引	更正后索引
Arabesques《彼得堡故事》，31，158	《鲍里斯·戈东诺夫》见 普希金
Avare，L'《悭吝人》，91	《彼得堡》见 别雷
Bely，Andrey 别雷，安德烈，11，76，91	《彼得堡故事》见 果戈理
birth，Gogol's 果戈理的出生，150，156	《鼻子》见 果戈理
Boris Godunov《鲍里斯·戈东诺夫》，36	别雷，安德烈，14，82，96
Bronze Horseman，The《青铜骑士》，11	《彼得堡》，14
Capital《资本论》，40	福楼拜，73，75，103
Chekov 契科夫，70，140，144	《现成观念百科全书》，73
Cid，Le《熙德》，157	《哈姆莱特》见 莎士比亚
Corneille 高乃依，158	《李尔王》见 莎士比亚
Cyreno de Bergerac《西哈诺·德·贝热拉克》（《大鼻子情圣》），4	高乃依，172
Duel，The《决斗》，70	《熙德》，172
Dead Souls《死魂灵》，3，10，30，……	歌德，70
Eugene Onegin《叶甫盖尼·奥涅金》，28，56	《浮士德》，70
Encyclopedie des Idees Recues《现成观念百科全书》，67	果戈理，尼古拉
Faust《浮士德》，64	出生，169
Flaubert 福楼拜，67，70，98	作品
Government Inspector，The《钦差大臣》，3，35-39，70，……	《彼得堡故事》，33，172
Getting Married《结婚》，158	《鼻子》，6，7，172
Goethe 歌德，64	《结婚》，172
Gogol，Nikolai 果戈理，尼古拉	《钦差大臣》，5，39-43，76，……
出生，150，156	《死魂灵》，6，13，32，……
Hamlet 哈姆莱特，38，54，70	《塔拉斯·布尔巴》，33，172
Lear《李尔王》，54	《外套》，12，32，35
Joyce，James 乔伊斯·詹姆斯，70，84	《肖像》33，172
Marx，Karl 马克思，卡尔，40	《浮士德》见 歌德
Moliere 莫里哀，2，30，55，……	罗斯丹，6
Nose，The《鼻子》，4，5，158	《西哈诺·德·贝热拉克》（《大鼻子情圣》），6
Overcoat，The《外套》，10，30，34	《结婚》见 果戈理
Petersburg《彼得堡》，11	《决斗》见 契科夫
Pallas 帕拉斯，137	契科夫，75，150，154
Portrait，The，Gogol 果戈理的《肖像》31，158	《决斗》，75
Portrait，The，H.G.Wells 威尔斯的《肖像》，82	乔伊斯·詹姆斯，75，89
poshlost 庸俗 63-74	《尤利西斯》，89
Pushkin 普希金，2，6，8，……	《钦差大臣》见 果戈理
Rostand 罗斯丹，4	马克思，卡尔，44
Shakespeare 莎士比亚，29，54，55 见 Lear，Hamlet	《资本论》，44
Siberian Flora《西伯利亚的植物》，137	莫里哀，4，31，59，……
Taras Bulba《塔拉斯·布尔巴》，31，157	《悭吝人》，97
Tolstoy 托尔斯泰，40，43，86……	帕拉斯，146
Ulysses《尤利西斯》，84	《西伯利亚的植物》，146
War and Peace《战争与和平》，70	普希金，3，9，10，……
Wells，H.G 威尔斯，H.G.82	《鲍里斯·戈东诺夫》，40
	《青铜骑士》，13
	《叶甫盖尼·奥涅金》，29，60

续表

原索引	更正后索引
	《悭吝人》见 莫里哀
	《青铜骑士》见 普希金
	莎士比亚，31，58
	《哈姆莱特》，42，58，75
	《李尔王》，58
	《死魂灵》见 果戈理
	《塔拉斯·布尔巴》见 果戈理
	托尔斯泰，44，46，92……
	《战争与和平》，75
	《外套》见 果戈理
	威尔斯，H. G. 87
	《肖像》，87
	庸俗 60，69－80
	《尤利西斯》见 乔伊斯
	《熙德》见 高乃依
	《西伯利亚的植物》见 帕拉斯
	《西哈诺·德·贝热拉克》（《大鼻子情圣》）见 罗斯丹
	《肖像》见 果戈理
	《肖像》见 威尔斯
	《现成观念百科全书》见 福楼拜
	《叶甫盖尼·奥涅金》见 普希金
	《战争与和平》见 托尔斯泰
	《资本论》见 马克思

2.《说吧，记忆》索引评价

通过《说吧，记忆》索引核对，发现在 155 个一级款目中，出现差错 27 个，差错率为 17.4%。主要涉及出处和款目错误等方面，限于篇幅，不再赘述。

与《尼古拉·果戈理》索引相比，本书的索引款目较少，不便于读者检索本书正文内容。下面，笔者根据本书内容，编制部分索引，详见表 3。

表3 《说吧，记忆》索引更正举例

原索引	新增款目	更正后索引
Conclusive Evidence《确证》III	美国自然历史博物馆 139	比较动物学博物馆 139
Defense, The（*Zashchita Luzhina*）《防守》VII	比较动物学博物馆 139	《不列颠群岛的蝴蝶》135
Despair《绝望》VII	康奈尔大学昆虫博物馆 139	达尔文 137
Gift, The《天赋》IV, VII, 25, 335	达尔文 137	俄国皇家医学院 60
Invitation to a Beheading《斩首之邀》VII	科罗拉多 139	《防守》见 西林
Lolita《洛丽塔》IV, 60	卢梭 141	《浮士德》（歌德）90
Punin《普宁》IV	《浮士德》90	《绝望》见 西林
Sirin 西林 342, 343	《心理》60	《洛丽塔》见 纳博科夫
	《昆虫学家》60	康奈尔大学昆虫博物馆 139
	俄国皇家医学院 60	克里米亚 145
	《比较动物学博物馆学报》60	科罗拉多 139
	《新热带雀跃笔记》60	《昆虫学家》60
	亚述人 71	卢梭 141
	《不列颠群岛的蝴蝶》135	《确证》见 西林
	《世界鳞翅目大全》136	美国自然历史博物馆 139
	克里米亚 145	纳博科夫 参见 西林
	纳博科夫	《洛丽塔》（1955）IV, 60
	《说吧，记忆》III	《普宁》（1957）IV
		《确证》（1951）III
		《说吧，记忆》（1951）III
		《天赋》（1952）IV, VII, 25, 335
		《确证》见 纳博科夫
		《世界鳞翅目大全》136
		《说吧，记忆》见 纳博科夫
		《天赋》见 纳博科夫
		西林 342, 343 参见 纳博科夫
		《防守》（1930）VII
		《绝望》（1936）VII
		《斩首之邀》（1938）VII
		《新热带雀跃笔记》（1948）60
		《心理》60
		《斩首之邀》见 西林

三、汉译文学作品书后索引编制方法

通过对纳氏上述两部作品索引的评价，可以为汉译文学作品的索引编制工作提供参考。索引的作用在于帮助读者理解作品的内容，为打开作品的迷宫提供信息导航。文学作品索引编制虽然有其特殊性，但也必须满足如下要求：

（1）精心选择款目词；

（2）建立款目词的连接关系（参照系统）；

（3）加强校对工作，防止遗漏有用的款目和出现文字差错；

（4）汉译作品应对原书索引进行汉化处理。

比如应将原书页码（书边码）改为译著页码，按照汉语拼音音序排列索引款目，以便于读者使用。在中文款目后保留原著外文款目与否，不必一刀切。在笔者正在进行中的汉译著作调查中发现，目前，大多数汉译作索引为 WHC＊，应从原书索引 WC 改变为 HC 或者 HWC 为妥。①

鲍国海　男，1957年生，上海大学图书馆副研究馆员。研究方向：中国科技期刊文献计量研究，信息检索，索引编制评介。

Nabokov and Indexes
— Also on the Indexing Method of Chinese Translated Literary Works

Bao Guohai

Abstract: To introduce the book index of *Speak, Memory*, *Nikolai Gogol*, *Pale Fire* and *Eugene Onegin* by the author Nabokov, Focus in evaluating the book index of *Speak, Memory* and *Nikolai Gogol*, and then explore the compilation method of the book index of Chinese translation works.

Keywords: Nabokov; Book Index; Evaluation; Compilation Method; *Speak; Memory; Nikolai Gogol*

---

① W 为外文款目词，H 为中文款目词，C 为款目出处，C＊为汉译页边码，即外文原书页码。

索引学视野下的虞洽卿传记资料整理与研究

杨硕培

（复旦大学历史学系　上海　200433）

摘　要　本文以全国报刊索引、大成老旧刊全文数据库、爱如生数据库、中国知网、超星图书馆等数据库为基础，对虞洽卿的传记资料和相关研究进行了梳理分析。虞洽卿作为近代著名的商人，先行研究大致可分为"商界闻人""爱国人物"、"买办""买办资产阶级"、"超级大亨""赤脚财神"、"企业家""政商人物"四个阶段，且偏重于政治、经济领域，社会、文化领域的研究比较薄弱。由于相关资料保存分散，搜集整理虞洽卿一生的史料和相关企业档案也尤为重要。

关键词　虞洽卿　传记资料　年谱长编　索引

虞洽卿（1867—1945），名和德，字洽卿，浙江镇海龙山人，近代著名商人、社团领袖。他于1881年到沪，1940年赴渝，在沪约60年，是晚清至20世纪40年代中期诸多重要历史事件的亲历者、见证者，与近代中国的变化紧密相连。

虞洽卿在20世纪初便投身于中国近代工商业。他涉足的范围很广，既有轮船航运业、银行业，也有进出口贸易、房地产业、证券经营业及公用事业等。特别是经营轮船航运业声势独威，其所经营的航运集团成为旧中国三大航运集团之一，对我国航运业的发展起到积极的作用。而上海证券物品交易所是上海第一个由华资创办的交易所，虞洽卿在其筹设、创办、经营过程中发挥了举足轻重的作用。他曾支持辛亥革命、南北战争，为孙中山筹集革命经费；也曾支持过国民革命军北伐。当蒋介石发动"四·一二"政变时，他又支持其反共清党。南京国民政府时期，他在经济部门中担任要职。当日本发动侵华战争时，他不出任伪职，拒做汉奸，转移到大后方。作为中国近代最著名的商人之一、近代上海最著名的社团领袖之一，他对于任何公私职务，素以负责为前提，不论寒暑，每日必至办公处，公私函电，无不亲自过目。在进行企业经营活动的同时，虞洽卿还非常注重资助教育事业以及进行慈善事业。他先后创办龙山学校、惠乡诊所、疏浚风浦湖、修路建桥等，其中，有重大影响的是龙山开埠，兴建甬观、镇骆、镇大公路，设立电话局、电报房，兴办火力发电厂等，造福桑梓。在抗战爆发后，他还组织救助受难同胞，得到时人称赞。

虞洽卿一生经历了清政府、北洋政府、国民政府时期，期间，中国先后发生了维新变法、庚子事变、清末新政、辛亥革命、南北战争、五四运动、五卅运动、江浙战争、国民革命、十年内战和八年抗战等重大事件。此前学术界凡是讨论到上海史、商会史、工人运动史、"宁波帮"等话题，涉及北洋政府与南京国民政府的货币改革、金融改造、财政整理等问题，以及阐述二次革命、五四运动、五卅运动等史事时，都不能回避这个人物。围绕虞洽卿的研究，大致分为四个阶段。

一、"商界闻人""爱国人物"

作为民国时期著名的商人，早在民国时期，关于虞洽卿的介绍屡见不鲜。① 1931年，为纪念虞洽卿旅沪五十周年，上海市商会曾编有特刊一册，作者为汪北平。文章将虞氏一生主要事业均列出，包括四明公所、周生有案、大闹公堂、创办万国商团中华队、创办四明银行及宁绍公司、办南洋劝业会、辛亥革命、龙山开埠、三北公司、劝业银行、五卅惨案、加入华董、国民革命。② 该文于开篇指出虞氏所办事业秉持"尽力国家社会事业"与"扶助主义"两大宗旨。更有报刊称其"在上海享名最久者，五十年来，仅虞先生一人而已"，它指出虞氏最大的特质为"无论何界，皆有甚深之感情，而能长守其本色，不折不挠。民国二十年来，政治已发生无数次之变动，而虞先生应付裕如，初未因之而失其常态"。③ 这些事迹后来不断被提及，构成其个人历史叙述的主要内容。

恽逸群的《虞洽卿论》一文对虞洽卿之生平记载相当详细，成为后来许多研究者均会引用的重要材料。文章开篇就指出"近百年来是中国历史上变

---

① 至早在1909年，《华商联合报》就对虞洽卿进行了简短的介绍。
② 参见虞洽卿先生纪念专刊：五十年事业述略 [N]. 新闻报, 1931-07-11.
③ 参见微言. 关于虞洽卿 [N]. 晶报, 1931-07-12.

动最大的时代",面对变局,保守守旧者有之,崇洋乐当买办者有之,想"急起直追地做,以挽回主权"的民族企业家也有之,但更多的人是同时具有几种性质,身份含混不清。这篇文章带有鲜明的贬抑色彩,恽逸群指出虞洽卿是"浙江财阀"与"英美帝国主义"的双重代表,于1926年冬到南昌去和蒋介石谈判,"据传,浙江财阀(其后台为英美帝国主义)所提供的保证是借款六千万元"①,这种指责是导致后来虞洽卿被贴上反动"买办资本家"代表人物标签的重要原因。

1945年7月虞洽卿逝世,国民政府府令称:"(虞洽卿)早岁旅居沪滨,创兴实业,开发交通。辛亥淞沪光复,劳军筹饷,弗避艰危。抗战军兴,间关西来,耆期爱国,曾不后人"。1946年虞洽卿的灵柩运到上海之后,上海各界举行了隆重的追悼仪式。应斐章的《追悼虞洽卿先生》一文,认为虞洽卿事业成功的因素在于"富有正义感""富有政治识力""富有创造性"。②汪北平、郑大慈合著的《虞洽卿先生》③一书对虞氏一生的经历进行了完整记述,但也存在溢美之词过多的问题。④

表1　第一阶段虞洽卿研究资料一览表(1)

题名	作者	出版者
海内外图画影片:发起中国商团有功中国之虞洽卿观察		《华商联合报》1909年第5期
拈花微笑录	钝根	《礼拜六》1921年第124期
名人录:虞和德	佚名	《国闻周报》1925年第2卷第4期
赤脚财神虞洽卿先生 大事业从困难中奋斗出来		《新闻报》1931年1月31日
虞洽卿先生纪念专刊:五十年事业述略		《新闻报》1931年7月11日
虞洽卿先生旅沪五十年纪念特刊	上海总商会编	中国现代书局,1931年7月

---

① 方腾.海上画虎录之二:虞洽卿论[J].杂志,1944,12(4):63.(参见江苏省社会科学院《恽逸群文集》编选组.恽逸群文集[M].南京:江苏人民出版社,1986.)
② 参见应斐章.追悼虞洽卿先生[J].宁波旅沪同乡会会刊,1946(8).
③ 参见汪北平,郑大慈.虞洽卿先生[M].上海:宁波文物社,1946.
④ 白吉尔.中国资产阶级的黄金时代 1927—1937[M].上海:上海人民出版社,1994:202.

续表

题名	作者	出版者
关于虞洽卿	微言	《晶报》1931年7月12日
现代实业家	商报社编	商报社,1935年
虞洽卿(人物与事业)	张若谷	《人言周刊》1935年第2卷第16期
上海虞洽卿路命名典礼纪念刊	上海虞洽卿路命名典礼筹备委员会	
特载：虞洽卿先生之略历及旅沪五十五年大事记		《宁波旅沪同乡会月刊》1936年第156期
虞洽卿先生七秩大庆暨旅沪五五年纪念专刊		《戏世界》1936年7月5日
虞洽卿自述旅沪五十五年经过 宁波同乡会昨有纪念仪式晚上有盛大堂会		《立报》1936年7月6日
虞洽卿自述旅沪五十五年经过 到上海时虹口尚无房子 沿浦地价每亩仅五千元		《时报》1936年7月6日
本市商界国代候选人：虞洽卿等略历		《新闻报》1936年9月10日
航业家虞洽卿先生传略	刘涛天	《教育与职业》1937年第183期
上海实业界领袖虞洽卿先生	叶心安	《职业与修养》1940年第3卷第9期
人物描素：赤脚财神：阿德哥"虞洽卿"	阿拉	《大观园》1940年第2卷第2期
洋泾浜人物志(十一)：赤脚财神虞洽卿	玖君	《奋报》1940年
名人轶事：虞洽卿		《上海小报(1940—1941)》1940年11月20日
孤岛正气之一记虞洽卿先生	陈效坎	《前线日报(1938.10—1945.9)》,1940年11月8日

续表

题名	作者	出版者
世界实业家	叶心安	中国图书杂志公司,1941年
虞洽卿的三个时代		《力报(1938—1945)》1941年3月26日
虞洽卿论	方腾	《杂志》总第12卷第3期
中国实业代表团的赴日外交	顾莹惠	《民国春秋》1944年第3期
我所知之虞洽卿	孙筹成	《大众》1945年第31期(6月号)
虞洽卿传	汪北平	《东方日报》1945年4月30日—7月23日
虞和德在沪六十年事略	曼舵	《宁波人周刊》1946年第2期
虞洽卿先生轶事	圣清	《人生月志》1946年第1卷第2期
虞洽卿先生对于中国航业之贡献	王洸	《航业通讯》1946年第3期
洽老一生		《申报》1946年11月22日
虞洽卿先生	汪北平、郑大慈	上海宁波文物社,1946年
追悼虞洽卿先生	应斐章	《宁波旅沪同乡会会刊》,复刊第八期,1946年11月

作为沟通华洋的重要人物,外国人关注更多的是虞洽卿在商业领域的巨大成绩,与外资机构长久的生意往来以及与上海公共租界发展的历史渊源。因此,在外媒的报道中,他常被称为"chairman of the Chinese General Chamber of Commerce"[1],"leading Chinese business man of this city"[2],"prominent local merchant"[3]。

---

[1] C The East Window[N]. *The China Press*, 1925-03-15(18).
[2] C Notes on the day[N]. *The Shanghai Times*, 1929-07-11(18).
[3] C BREVITIES: local and general, YU YA-CHING RESIGNS[N]. *The China Press*, 1929-08-10(17).

表2 第一阶段虞洽卿研究资料一览表（2）

题名	作者	出版者
BREVITIES: local and general, YU YA-CHING RESIGNS		The China Press, 1929年8月10日
YU YA-CHING ROAD		The North-China Daily News (1864–1951), 1936年10月2日
NAMING OF YU YA-CHING ROAD		The North-China Daily News (1864–1951), 1936年10月2日
虞洽卿	《密勒氏评论报》编辑	《中国名人录》, 第284—285页

二、"买办""买办资产阶级"

新中国成立后，许念晖的《虞洽卿的一生》根据上海工商联史料科所收集的资料写成，还访问了王晓籁、方椒伯、严谔声诸先生。该文认为：虞洽卿从学徒爬到买办，善于玩弄两面手法：一面忠心耿耿地为帝国主义服务，五卅运动时期进一步成为帝国主义的代理人，一面"为中国人民撑腰""替地方上办事"，借以欺骗上海市民。因而将虞洽卿定义为"买办""买办资产阶级分子"。1962年，赵晋卿发表《对〈虞洽卿的一生〉的补正》（《文史资料选辑》第31辑），作出"买办"的定性。类似的评价，亦见1960年上海社会科学院历史研究所编《五四运动在上海史料选辑》，收录上海"买办资产阶级分子"虞洽卿勾结帝国主义破坏"三罢斗争"的阴谋活动、上海商界同人反对"买办"虞洽卿的斗争。"买办资产阶级"的定性，便在世人脑海中根深蒂固。

表3 第二阶段虞洽卿研究资料一览表

题名	作者	出版者
虞洽卿的一生	许念晖	《文史资料选辑》第15辑，中华书局，1961年11月
对《虞洽卿的一生》的补正	赵晋卿	《文史资料选辑》第31辑，中华书局1962年10月
《虞洽卿小传》		上海工商联档案室史料293卷

三、"超级大亨""赤脚财神"

改革开放后,关于虞洽卿的掌故野史、闻人大传之类的著作屡见不鲜。如陈清宇、陈晓红《上海超级大亨——虞洽卿传》(河北人民出版社1995年版),南伯庸著《上海大亨虞洽卿》(海南出版社1996年版),王志刚著《赤脚财神——民国第一大亨虞洽卿传奇》(外文出版社2010年版),刘夏编著《超级大亨虞洽卿》(中国城市出版社2011年版),汪仁泽、姚伟琴著《海派实业第一人:虞洽卿商旅传奇》(团结出版社2011年版),写作主旨在于描述虞洽卿如何从一个乡间的穷孩子变为上海滩豪富的传奇经历,名为传记,缺乏可靠的史实依据,并非严格意义上的学术著作。

表4 第三阶段虞洽卿研究资料一览表

题名	作者	出版者
商界大亨虞洽卿	侯 中	(台)《宁波同乡》总第102期,1977年
一品百姓虞洽卿	水一亨	(台)《艺文志》总第136期,1977年
虞洽卿(1867—1945)	关志昌	(台)《传记文学》第43卷第2期,1983年
虞洽卿简介	陆志濂	《浙江工商》1985年第10期
虞洽卿及其民营轮船公司	傅时强	《航海》1985年12月27日
虞洽卿事略	孙筹成 黄振世	《浙江文史资料选辑》第32辑,浙江人民出版社,1986年
虞洽卿其人其事	周采泉 施权范	同上
阿德哥贩洋米	傅永棠	同上
虞氏兄弟	徐铸成	《上海滩》1987年第8期
上海商界闻人虞洽卿	狄介先	(美)《世界日报》1987年9月24日
商界领袖虞洽卿	徐飘萍	载《上海风云人物》,上海人民出版社,1989年
虞洽卿	郭太风 徐有威	载《海上十闻人》,上海人民出版社,1990年
虞洽卿发迹传奇	驰 原	《采风》1991年第10期

续表

题名	作者	出版者
上海滩大亨 虞洽卿野史	汪卫兴编著	春风文艺出版社,1991年
虞洽卿退出宁绍公司	杭宝欣	载《上海交通古今》,上海科技文献出版社,1993年
海上闻人虞洽卿	龚济民	《上海滩》1993年第5期
虞洽卿出人意料当选上海总商会会长	朱同友	《民国春秋》1994年第5期
虞洽卿	陈清宇	载《中国大资本家传》第6卷,时代文艺出版社,1994年
轮船航运大王虞洽卿	史言	(美)《世界日报》1995年1月25日
上海超级大亨 虞洽卿传	陈清宇 陈晓红	河北人民出版社,1995年
上海大亨虞洽卿	南伯庸	海南出版社,1996年
和虞洽卿对簿公堂	陈企荫 陈承融	《检察风云》1999年第9期
虞洽卿三助蒋介石	梁玉国	《民国春秋》2000年第5期
乱世奸商虞洽卿	孔凡铜	《文史精华》2000年第2期
对《乱世奸商虞洽卿》一文的意见	朱世铮	《文史精华》2000年第9期
国内轮运巨擘虞洽卿（1867—1945）	方舟	《上海商业》2002年第10期
近代宁波帮闻人虞洽卿	孙善根	《宁波通讯》2002年第9期
虞洽卿的发迹史	徐道亨 朱华	《中国高新区》2005年第6期
草根文丛 虞洽卿传	戴尧宏	大众文艺出版社,2005年
上海大亨——虞洽卿	高校出版组	生活·读书·新知三联书店,2006年
阿德哥——虞洽卿	赵云来	《贵阳文史》2007年第1期
上海滩的"赤脚财神"虞洽卿	邵红	《文史博览》2008年第2期
三北虞洽卿	华长慧主编	中国文史出版社,2008年
用大历史观看虞洽卿	冯仑 丁伟	《中国企业家》2009年第18期

续表

题名	作者	出版者
掘金战争 虞洽卿上海滩创富传奇	白 希	花山文艺出版社，2009 年
虞洽卿的社会政治活动特质简析	陈万怀	《宁波经济（三江论坛）》2010 年第 4 期
赤脚财神 民国第一大亨虞洽卿传奇	王志刚	外文出版社，2010 年
超级大亨虞洽卿	刘夏编著	中国城市出版社，2011 年
海派实业第一人 虞洽卿商旅传奇	汪仁泽 姚伟琴	团结出版社，2011 年
工商实业家虞洽卿的经营之道	徐继华	《宏观经济管理》2012 年第 2 期
我国近代民营航运巨擘的博弈及思考	王凤山 冀春贤	《浙江万里学院学报》2012 年第 2 期
"赤脚财神"虞洽卿	杨轶清	《浙江经济》2013 年第 16 期
影响慈溪的两大商业巨子——吴锦堂与虞洽卿	高燕洪 林盈波	《中国市场》2014 年第 17 期
一个虞洽卿，半部民国史	童志强	《同舟共进》2017 年第 3 期
海上闻人虞洽卿的传奇人生	潘 真	《检察风云》2017 年第 7 期
"乱世奸商"虞洽卿的善心	余世存	《廉政瞭望（上半月）》2017 年第 11 期
蒋介石政府与江浙财阀关系浅析	吴 悠	《中国高新区》2018 年第 7 期

四、"企业家精神""政商人物"

严谨的学术研究以 1981 年 6 月丁日初、杜恂诚的《虞洽卿简论》一文为嚆矢，它是新中国成立以来关于虞洽卿研究的第一篇高水平的学术论文。作者引用了上海工商联所藏的回忆资料与商会记录，同时参考部分民国报刊资料。作者认为，"虞洽卿是一个民族资本家阶级的上层人物，他对中国的民族资本主义的发展起过一定的积极作用，在政治上他早期赞助辛亥革命，参加反帝斗争，后来渐趋反共，但也经历了一个变化过程"。这是第一篇一反过去认为虞洽卿是反动买办阶级的典型代表的论点的文章。①

1996年5月,中国经济史研究会、浙江历史学会等单位在浙江慈溪举行虞洽卿研究学术讨论会,丁日初、姜铎、陈绛、金普森等学者提交了20多篇的论文,次年结集出版《虞洽卿研究》一书。该书讨论了虞洽卿与宁波旅沪同乡会、四明公所事件、上海证券物品交易所、五卅运动、中国近代轮运业、四明银行以及企业家精神与经营谋略等问题,代表了当时学术界对虞洽卿的大致认识。② 由于虞洽卿的活动范围及其个人影响,学者在讨论近代中国商人或商业团体、国民党时代的政商关系、民族主义运动、近代上海社会经济变迁等方面的问题时,都会讨论到他在其中所发挥的作用、产生的影响。③

《民国时期宁波慈善事业研究（1912—1936）》对民国初期宁波地区的慈善团体、慈善活动进行了梳理,其中涉及虞洽卿作为慈善家所从事的慈善事业。④《三北虞洽卿》一书收录了陶水木、雷会锋合写的《虞洽卿与慈善事业》一文,是最早一篇专门论述虞洽卿慈善事业的文章,文中叙述了虞洽卿在上海、宁波等地的慈善活动,但缺少严谨、缜密的分析,为进一步研究留下空间。⑤《纪实虞洽卿》一书记载了与虞洽卿相关的重要人物及主要历史事件,从中可看出他爱乡爱国、奉献社会的一面。⑥ 它们都强调了虞洽卿的慈善事迹与动机,但缺乏系统的研究。

2013年,冯筱才著《政商中国：虞洽卿与他的时代》一书,以虞洽卿为例描写了近代中国"政商"的形成以及政商结构的演变,着重强调了虞洽卿争回公所塚地、创立中华商团、筹设四明银行、发起劝业会、选为租界华董,是利用官员关系、公共政治、党派政治、民族主义等"政治"资源来获得政

---

① 丁日初,杜恂诚.虞洽卿简论[J].历史研究.1981（3）：145-166.
② 参见金普森.虞洽卿研究[M].宁波：宁波出版社,1997.
③ 其他相关研究如茅蔚然：《中国近代经济史上的名人工商实业家虞洽卿》,《杭州师范大学学报》1996年第1期；汪仁泽：《抗战初期虞洽卿上海籴米记》,《档案与史学》2000年第5期；黎霞：《在沪宁波金融业的典型——四明银行》,《档案与史学》2002年第6期；陶士和：《试析虞洽卿的经营理念与经营谋略》,《杭州师范学院学报》2004年6月25日。相关的书籍有,宁波市政协文史委、政协慈溪市委员会主编：《三北虞洽卿》,北京文史出版社,2008年；朱英主编：《近代中国商会、行会及商团新论》,中国人民大学出版社,2008年；鲍永安主编：《南洋劝业会文汇》,上海交通大学出版社,2010年。
④ 参见孙善根.民国时期宁波慈善事业研究（1912—1936）[M].北京：人民出版社,2007.
⑤ 参见宁波政协文史委,政协慈溪市委员会.三北虞洽卿[M].北京：中国文史出版社,2008.
⑥ 参见慈溪市政协教文卫体和文史资料委员会.纪实虞洽卿[M].宁波：宁波出版社,2014.

治地位和商业利益。① 需要指出的是，该书作为专题型的研究著作，由于篇幅及主题所限，与"政商"主题无关的诸多史实都并未体现。

表5 第四阶段虞洽卿研究资料一览表

题名	作者	出版者
虞洽卿简论	丁日初 杜恂诚	《历史研究》1981年第3期
"海上闻人"虞洽卿评价	王泰栋	《宁波师院学报（社会科学版）》1991年第1期
虞洽卿研究	金普森主编	宁波出版社，1997年
抗战初期虞洽卿上海粜米记	汪仁泽	《档案与史学》2000年第5期
《虞洽卿简论》的简论	王清毅	《宁波大学学报（人文科学版）》2002年第1期
虞洽卿的企业家精神	肖阿伍	《档案与史学》2003年第6期
上海总商会结束之际的虞洽卿	郭太风	《世纪》2004年第3期
"左""右"之间：北伐前后虞洽卿与中共的合作与分裂	冯筱才	《近代史研究》2010年第5期
政商中国：虞洽卿与他的时代	冯筱才	社会科学文献出版社，2013年
虞洽卿率团赴日争主权	吕木林	《炎黄春秋》2016年第9期
近代上海万国商团之华员群体	徐涛	《史学月刊》2017年第10期
孤岛时期虞洽卿调节民食述论	陶水木	《宁波大学学报（人文科学版）》2019年第4期

海外关于虞洽卿的研究多与"资产阶级的形成及表现""资产阶级与政治的关系""资本家在经济或政治方面的贡献"等议题相伴随行。尤其在官商关系、政商关系、政企关系等方面，先行研究为我们提供了很多富有启发性的观点。

小科布尔（Parks Coble, Jr.）认为，南京国民政府与上海资产阶级的关系并非如中国学界所认为的那样密切，它非但没有代表资产阶级的利益，反而竭力从政治、经济层面压榨上海城市资产阶级。② 具体来看，他认为，"白银

---

① 参见冯筱才. 政商中国：虞洽卿与他的时代[M]. 北京：社会科学文献出版社，2013.
② [美] 小科布尔（Parks Coble, Jr.）著；杨希孟译. 上海资本家与国民政府1927—1937[M]. 北京：中国社会科学出版社，1988：3.

风潮"所引发的经济危机是南京国民政府与资产阶级关系的转折点。在此之前,宋子文与上海资产阶级是合作关系;此后,孔祥熙利用资产阶级对国民政府的投资依赖,对资本家进行盘剥。① 在他看来,国民党的政权特色及其对资本家的苛求造成了政府与资产阶级之间的紧张关系。②

白吉尔(Marie-Claire Bergère)也否认依据政治态度将资产阶级划分买办资产阶级或民族资产阶级,而是强调考察"资产阶级"这一整体在1912—1937年的经济活动与政治作为。③ 她认为1911年至1927年是中国"资产阶级"发展的黄金阶段,中国的"资产阶级"在第一次世界大战期间趁势崛起,取得了一系列的"经济奇迹",政治上也日渐觉醒,甚至还试图建立一个自己的政府。然而1927年后,随着官僚体制的卷土重来,"资产阶级"走上了依附国民党的衰退道路。④

1983年,陈来幸著《虞洽卿について》一书,收在京都大学人文科学研究所关于五四运动的共同研究报告之中,此书引用资料也多半来源于公开报刊。陈来幸提出"强烈的同乡意识"是虞洽卿"民族意识的原型"。⑤

值得注意的是,这一时期围绕虞洽卿研究的学位论文达10篇。其中,硕士学位论文7篇,博士论文3篇,对虞洽卿在经济、政治、慈善方面的行为都有所涉及。

表6 关于虞洽卿研究的学位论文一览表

题名	作者	出版年
虞洽卿与中国近代轮运业	冯筱才	杭州大学硕士论文,1996年
上海商业联合会研究	王永进	上海师范大学硕士论文,2003年
虞洽卿经济活动研究	肖阿伍	上海师范大学硕士论文,2005年

---

① [美]小科布尔(Parks Coble, Jr.)著;杨希孟译. 上海资本家与国民政府1927—1937 [M]. 北京:中国社会科学出版社,1988:190.

② [美]小科布尔(Parks Coble, Jr.)著;杨希孟译. 上海资本家与国民政府1927—1937 [M]. 北京:中国社会科学出版社,1988:3.

③ [法]白吉尔著;张富强,许世芬译. 中国资产阶级的黄金时代1927—1937 [M]. 上海:上海人民出版社,1994:60.

④ [法]白吉尔著;张富强,许世芬译. 中国资产阶级的黄金时代1927—1937 [M]. 上海:上海人民出版社,1994:228-247.

⑤ 参见[日]陈来幸. 虞洽卿について [M]. 京都:株式会社同朋会,1983.

续表

题名	作者	出版年
变局中的商人抉择	王永进	复旦大学博士论文，2007年
报刊、商界与政府：1929年新闻报股权事件	詹佳茹	复旦大学硕士论文，2010年
试析虞洽卿的投资与经营活动：以金融业和航运业为例	张远伟	郑州大学硕士论文，2011年
王道与霸道：涩泽荣一对华态度与交往研究	金东	华中师范大学博士论文，2011年
民国时期旅游与旅游业研究——以二三十年代为中心	覃婷婷	中国人民大学博士论文，2013年
虞洽卿慈善公益活动研究	刘彬彬	湖南师范大学硕士论文，2016年
上海抗日救国会研究	曹恋恋	东华大学硕士论文，2017年

五、问题与展望

自上世纪80年代以来，关于虞洽卿的先行研究多属于政治史、经济史的范畴，在论到"资产阶级""商会史"等课题时多有涉及。无论是买办、绅商、官商还是政商，都无法掩盖虞洽卿商人的特质，无法抹杀他在航运业、银行业、证券业所起到的开拓、整合作用。这既与个人的奋斗密切相关，更不离开时代发展带来的机遇。在取得巨大商业成功的同时，虞洽卿在地方建设、教育、报纸、慈善、卫生、赈灾等公共领域的付出与贡献不容忽视。

在先行研究的基础上，仍可在以下三个方面有所推进：

第一，由于相关的资料保存分散，如个人档案、企业档案、函札、密电、日记等，或未保存在公藏机构，或开放时期不长，利用多有不便，因此，搜集整理虞洽卿一生的史料，编纂翔实的资料长编，将其一生重要的事迹呈现出来，可以丰富研究者对近代中国历史和中国社会的认识，透视丰富的历史现场。

第二，过往的研究侧重于旅沪宁波、绍兴、湖州等商帮利用血缘、业缘、地缘关系来影响上海总商会、钱业公会、银行公会等行业公会，从而形塑上海的商业形态，忽略了社会变化对于商业经营的时代影响，需要从不同行业、不同时段、不同区域、不同层级进行考察,分析虞洽卿的商业帝国是如何在中外、官商竞争中建立的,以此来理解近代中国的商业发展和商业文明。

第三,近代中国内忧外患,时局动荡,在既无社会保障体系,又没有政权保护的情况下,虞洽卿等一批商人在赈济、救灾、教育、医疗和帮助家乡建设等公共事业方面的活动,无疑在某种程度上弥补了近代中国政府在社会保障体系中的缺失。近代商人对慈善、教育、医疗、媒体、公共卫生等领域的资助与参与,既有近代中国国家与社会的互动、商人参与地方治理的特征,又体现了民国时期中国早期社会企业的模式。

杨硕培　男,1992年出生。复旦大学历史学系博士研究生。

The Collation and Research of Yu Ya-ching's Biographical Materials from the Perspective of Indexology

Yang Shuopei

Abstract: Based on the National Newspaper Index, Dacheng Old Journal Full-text Database, Airusheng Database, China Knowledge Network, Chaoxing Library and other databases, this article combs and analyzes Yu Ya-ching's biographical data and related research. As a well-known modern businessman, Yu Ya-ching's advanced research can be roughly divided into four categories including businessman and patriotic figure, comrador and comrador bourgeoisie, super tycoon and barefoot god of wealth, entrepreneur and political merchant. The researches focus on the political and economic fields, while the research in the social and cultural fields is relatively weak. Due to the scattered storage of relevant data, it is also particularly important to collect and sort out the historical data of Yu Qiaqing's life and related enterprise files.

Keywords: Yu Ya-ching; Biographical materials; Chronicles; Index

全民阅读视角下索引学建设与发展问题探讨

吴凤鸣

(《新阅读》杂志社 北京 100073)

摘 要 读什么？怎么读？是全民阅读面对的最普遍问题，现象上是读者选择困难、执行不力，本质上需要一套筛选和评价的科学模型，而这恰是索引的功能所在。索引学在国民阅读中最大的问题是隐而不彰、视而不见。本文通过学科建设和应用推广两个方面，阐述在全民阅读中普及应用索引学知识和索引学理论与技术的前景。

关键词 索引 索引学 全民阅读 知识服务

一、索引学的本体认识

读什么？怎么读？是全民阅读面对的最普遍问题，现象上是读者选择困难、执行不力，本质上需要一套筛选和评价的科学模型，而这恰是索引的功能所在。索引学是研究索引的一门学问，与逻辑学、数学、统计学、信息理论、计算机科学等并列为形式科学的分支。索引学是在不确定的文献或事物中建造有序的世界。

索引学家张琪玉在《知识诚可贵 索引价亦高——简论索引的作用》中指出："由于当今科学技术高速发展，文献数量浩如烟海，而且纷繁无序，要'全、准、快、便、省'地找到所需文献，却是一个难题。基于索引原理的各种检索工具和检索系统，正是为解决这一难题、为充分开发、利用知识财富而创造的唯一有效的工具。"[1]

索引学是为全民阅读提供支撑依据和服务体系的本体。本体是共享概念模型的、明确的形式化规范说明。[2] 本体展现了人类的认知框架，能将各类数据

---

[1] 张琪玉. 知识诚可贵 索引价亦高——简论索引的功用[J]. 中国索引, 2003 (3): 3-4.

[2] C Studer R, Benjamins V R, Fensel D. Knowledge Engineering: Principles and Methods[J]. *Data and Knowledge Engineering*, 1998.

转化为人类所理解的知识。本体分为静态本体和动态本体，动态本体以自动构建为主，节约时间成本，允许对任何不再使用的对象、属性和关系进行移除，并且可以根据需求添加新的对象、属性和关系。①

动态本体是索引学在未来发展中必须要解决的课题，因为传统的本体构建建立在手工或半自动化的基础上，引入人工智能、大数据、云计算等技术能逐步提升自动化水平。尤其是面对"全民"这样一个大数据，动态地对本体进行运行维护管理才具有现实意义，如修改、添加、删除所阅读文献的概念、关系、属性等，使之转化为读者所理解的知识。索引学动态本体的研究应用水平，直接影响到全民阅读的服务效能和知识创新。

二、索引学与全民阅读的结合

（一）专业性学科建设推动索引学的持续发展

社会对索引学的专业性认知缺失，导致索引学在国民阅读中最大的问题是隐而不彰、视而不见。

索引应用广泛，以文献索引为例，《科学引文索引》（SCI）、《工程索引》（EI）、《科技会议录索引》（ISTP）是世界著名的三大科技文献检索系统，是国际公认的进行科学统计与科学评价的主要检索工具。《中国科学引文索引》（CSCI）、《中文社会科学引文索引》（CSSCI）在20世纪90年代相继诞生，填补了中文检索工具在引文索引方面的空白。2017年12月，《中文学术图书引文索引》（CBKCI）数据库正式发布，填补了国内学术图书引文索引的空白，提升了中国人文社科综合评价体系的国际影响力。2020年4月，《中文学术集刊索引数据库》也正式上线。由此，具有中国特色的公益性、开放型科学索引服务平台日趋成熟，也体现了在全民阅读中坚持政府主导的基本原则。

索引学是如何为全民阅读提供支撑依据的呢？国民获取文献的便捷性显著提升，检索下载、网上购书、在线听书、知识服务等提供了形式、内容丰富的选择。同时，互联网发展的负面影响产生了新的危机，搜索引擎侵蚀了国民记忆力，社交网络提取了国民注意力，电子商务考验了国民判断力，在线教育打

---

① 高桓，漆桂林. 动态本体（Dynamic Ontology）[EB/OL]. https://zhuanlan.zhihu.com/p/30799669，2019-05-03.

乱了国民学习力。在信噪比复杂的世界，自然需要一套过滤、筛选、简化的评价系统，帮助国民找到有用的、可靠的文献。

目前，国民的读书状况不容乐观，"不好读书""什么是好书""如何擅长读书"的问题突出。以"好书"的标准为例，广大读者更多依靠"获奖状况""平台打分""畅销书排行"这些经验主义做法，分别构成了专业评委、大众读者、市场检验三个维度的闭环。那么，利用索引学可以实现数据爬取，打通闭环的同时增加评价机制，满足"全民"大数据的多样性、多元化需求。索引学在客观上要求人们遵守学术规范，涵养学术精神，对于图书出版环节有重大的指导意义，有助于提升出版物的质量。当然，中国索引学也有很多空白，索引学需要加入全民阅读发展的快车道，通过具体的项目实践和项目研究推动索引学专业建设、索引思维、索引标准等方面的全面发展。

（二）实用性学科建设夯实索引学的知识服务

盲目追求经济效益导致知识服务污名化。在知识的自由市场里，3分钟看一本书，读PPT博览群书，零基础财务自由，十节课听懂古典音乐，养生保健不求人，"像爱因斯坦一样思考""帮你和全球精英大脑同步""像时代领航者一样思考"等反智主义已经在中国社会流行。

目前状况下，在轻视乃至嘲弄知识理性的现象面前，应该大力提倡索引学的"真"知识服务。1998年中国启动CNKI工程，经过多年努力，已建成世界上全文信息量规模最大的"CNKI数字图书馆"，内容覆盖自然科学、工程技术、哲学、人文社会科学等各个领域，通过产业化运作，为全社会知识资源

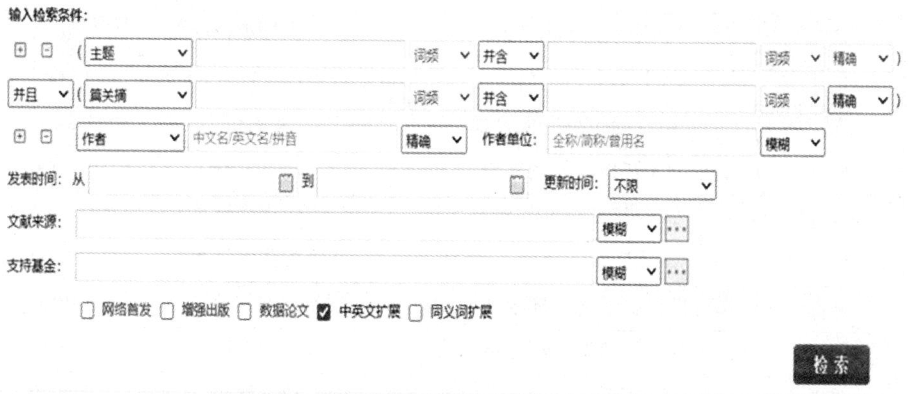

图1　CNKI高级检索界面

高效共享提供了最丰富的知识信息资源和最有效的知识传播与数字化学习平台。每个数据库都提供初级检索、高级检索和专业检索三种检索功能，随着信息著录和标引技术的逐步升级，高级检索功能越来越完善，使用者也越来越多。

索引学如何为全民阅读提供服务体系呢？以个体有限的认知能力去理解庞大复杂的世界是根本不可能的事情，而索引学是知识理性的捷径。试举一例，在中国知网（CNKI）高级检索中的"来源类别"选择中文社会科学引文索引（CSSCI），以"作者＝莫言"为条件，不限定时间进行精确检索，共返回47条检索结果，检索日期为2020年7月30日。

经过数据清洗，除去访谈、演讲、发言、书评、序跋、重名作者等，最终得到21条检索结果。根据数据项会发现如下特征，以1999年为发表时间为起点，莫言平均每年发表近1篇学术文章，其中8篇发表在《当代作家评论》。据莫言本人介绍，他状态好的时候一天手写1.5万字，但莫言的学术论文相比其小说可谓惜字如金。

表1　莫言学术论文检索结果列表（1999—2020年）

作者	题名	刊名或书名	发表年份
莫言	独特的腔调	读书	1999
莫言、王尧	从《红高粱》到《檀香刑》	当代作家评论	2002
莫言	翻译家功德无量	当代作家评论	2002
莫言	国外演讲与名牌内裤	文学自由谈	2003
莫言	诉说就是一切	当代作家评论	2003
莫言	作家和他的文学创作	文史哲	2003
莫言	当历史扑面而来	当代作家评论	2004
莫言	文学个性化刍议	当代作家评论	2004
莫言	小说创作与影视表现	文史哲	2004
莫言	关于《红高粱》的写作情况	南方文坛	2006
莫言	捍卫长篇小说的尊严	当代作家评论	2006
莫言	影响的焦虑	当代作家评论	2009
莫言	作为世界文学之一环的亚洲文学	艺术评论	2010
莫言	饥饿与孤独是我创作的源泉	创作与评论	2012
莫言	人有雅趣 可为挚友	艺术评论	2012

续表

作者	题名	刊名或书名	发表年份
莫言	他是楚人	创作与评论	2013
莫言	怎样塑造中国梦？	艺术评论	2014
莫言	打人者说	艺术工作	2017
莫言	抖搂家底的麦家	读书	2019
莫言	关于新作几句不得不说的话	当代作家评论	2019
莫言	我眼中的毕飞宇	小说评论	2020

同理，在高级检索中以"第一作者＝屠呦呦"为条件，共返回 22 条检索结果，其中 1 篇文章为中英文两版，2 篇演讲稿。以 1962 年为发表时间起点，截止 2016 年，屠呦呦平均每年发表近 0.4 篇论文，关键词"青蒿"出现在多数论文的标题中。

表 2　屠呦呦论文检索结果列表（1962—2020 年）

作者	题名	刊名或书名	发表年份
屠呦呦	中药鉴别经验的学习心得	中医杂志	1962
屠呦呦、倪慕云、钟裕容、李兰娜、崔淑莲、张慕群、王秀珍、梁晓天	中药青蒿化学成分的研究 I	药学学报	1981
屠呦呦、倪慕云、钟裕蓉、李兰娜	中药青蒿的化学成分和青蒿素衍生物的研究（简报）	中药通报	1981
Tu You-you、Ni Mu-yun、Zhong Yu-rong、Li Lan-na、Cui Shu-lian、Zhang Mu-qun、Wang Xiu-zhen、Ji Zheng、Liang Xiao-tian	Studies on the Constituents of Artemisiaannua Part II *	Planta Med	1982
屠呦呦、朱启聪、沈星	中药青蒿幼株的化学成分研究	中药通报	1985
屠呦呦、尹建平、吉力、黄珉珉、梁晓天	中药青蒿化学成分的研究（Ⅲ）	中草药	1985
屠呦呦、陈妙华	苦杏仁的炮制研究	中药通报	1987
屠呦呦	中药青蒿的正品研究	中药通报	1987

续表

作者	题名	刊名或书名	发表年份
屠呦呦	抗疟新药——青蒿素和双氢青蒿素	《世界中西医结合大会论文摘要集》	1997
You-you Tu	New antimalarial drug—Qinghaosu and Dihydro-Qinghaosu	Chinese Association of Traditional and Western Medicine, China Academy of Chinese Medical Sciences	1997
屠呦呦	New Antimalarial Drug-Qinghaosu and Dihydro-Qinghaosu	Chinese Journal of Integrated Traditional and Western Medicine	1997
屠呦呦	The development of newantimalarial drugs: Qinghaosu and dihydro qinghaosu	Chinese Medical Journal	1999
屠呦呦	坚持对青蒿素的深入研究开发 为人类保健事业作更大的贡献	《第三届国际传统医药大会文集》	2004
屠呦呦	Contribute to Human Health with Further Researches and Development of Qinghaosu	《第三届国际传统医药大会文集》	2004
Tu You-you	[TU You-you won Lasker Debakey clinical medical research award—for her outstanding achievements in studies on artemisinin].	Zhongguo Zhongxiyi Jiehe Zazhi = Chinese Journal of Integrated Traditional and Western Medicine	2011
屠呦呦	青蒿及青蒿素类药物前言	《中国中医科学院首席研究员学术论文集萃》	2012
屠呦呦	希望中医药更好地护佑人类健康	《新湘评论》	2015

续表

作者	题 名	刊名或书名	发表年份
屠呦呦、倪慕云、钟裕容、李兰娜、崔淑莲、张慕群、王秀珍、梁晓天	中药青蒿化学成分的研究Ⅰ	《科技导报》	2015
屠呦呦	我有一个希望	《中国科技奖励》	2015
屠呦呦、倪慕云、钟裕容、李兰娜、崔淑莲、张慕群、王秀珍、梁晓天	中药膏蒿化学成分的研究Ⅰ	《药学学报》	2015
屠呦呦	抗击疟疾：葛洪的启发，青蒿素的发现与应用	前进论坛	2016
屠呦呦	获诺贝尔奖感言	《小学教学研究》	2016

运用索引工具，可以全面认识两位诺贝尔奖获得者的其人其文。除了阅读莫言的 10 余部长篇小说、屠呦呦的传记文学外，还有更轻便的阅读方式，也提醒国民不要重"书"轻"刊"，阅读的文献类型可以丰富多彩。

（三）重大文化工程可实现索引学的社会效益

社会效益是社会主义精神产品的最高准则，是衡量出版工作及其成果的首要标志。

《全国报刊索引》创刊于 1955 年，是国内最早的中文报刊文献索引检索工具。《全国报刊索引》编辑部已拥有全文数据库、索引数据库、专题数据库和特色资源数据库 4 种类型数据库。2009 年还推出了《晚清期刊全文数据库（1833—1911）》；2010 年《民国时期期刊全文数据库（1911—1949）》开始陆续推出。该库收录各类报刊近万种，几乎囊括了国内（包括港台地区）所有的中文报刊资源，年更新量高达 400 余万条。该库自推出以来，以其收录学科齐全、种类繁多、信息海量、检索快捷、界面友好等特点，受到国内外读者的欢迎，获得了普遍赞誉。

为了保护并继承中华民族文化遗产，国家要求对现存中华古籍作系统整理与研究，首先这就需要对中华古籍文献资源作全面调查与清理。"中华古籍书目数据库"将自古至今已整理的各类古籍书目资源进行数字碎片化处理，在确保数据来源准确、权威的前提下，统一呈现，成为一站式检索的平台。该数据库收录包含《中国古籍总目》《中国古籍善本书目》《中华书局百年总书目》在内的多部大型权威古籍书目。虽然订误、指瑕、订补、献疑等屡有所闻，但瑕不掩瑜，这一世纪工程也引发了全国各地古籍整理的新热潮。

三、索引学在全民阅读领域的推广应用

因此说，索引所具备的质量精良、语义丰富、结构友好、节省时间等特征，令索引学在全民阅读中的应用推广前景广阔。

(一) 力"行"重"知"

索引应用广泛，不局限于文献索引，还有事物索引。但是国民对索引学知识的认知度很低，甚至完全没有听说和使用过。为扭转这一局面，笔者认为索引学教育应从基础教育抓起。现在各类文献的使用都离不开索引，因此应该在基础教育阶段设置索引学习和练习科目，如学校教如何使用《新华字典》时，可以同步教一些索引基础知识。

在高等教育阶段，索引学知识通常作为"文献检索与利用"课程的一个章节来教授，如果课程流于形式，任课教师不重视索引，学生对索引缺乏足够认识，学习效果也就可想而知了。因此，"文献检索与利用"课程中索引学知识的分量亟待加重。

一些高等教育的教材编有索引，但比例仍然偏低，学生也因其为辅文，利用率也不高。曹树金曾对中山大学图书馆入藏的国内外教材进行过调查，国内766种教材中，编有索引的教材占到总数的6.66%。[①] 虽然调查对象只是中山大学，但对于我国高等教育教材索引编纂现状仍可见一斑。因此应该加强索引知识的专业培训，让学生清晰准确地意识到，索引是学术科研工作的必由之路。

在全民阅读中普及应用索引学知识，反过来也可以促进应用索引学到理论索引学的发展质变。我们应该以索引的常见应用为抓手，结合经典著作索引的学习借鉴，引导人们了解和善用各类代表性的索引文献。如《中国大百科全

---

① 参见：曹树金. 国内外高校教材书后索引浅析 [C] //. 2009年中国索引学会年会暨学术研讨会论文集. 兰州：中国索引学会，2009.

书总索引》《论语索引》《经典释文索引》《列宁全集索引》《中医经典索引》，以及众多的地方志索引、年鉴索引、学术著作书后索引等。读者只有通过应用索引学知识获得裨益，才容易重视索引学知识，在潜移默化中实现知行合一，才可实现索引学由隐性学科变成显性学科。

（二）索"引"精"文"

全民阅读已经进入读写时代，致使"吾生也有涯，而知也无涯"。客观上每个人的阅读量是有限的，假如每人一天阅读一本图书，有限的生命里能阅读的图书数量是可计算的。在浩如烟海的文献中，要围绕完善知识结构、增强工作能力、提升精神境界等来选择文献，争取在有限的时间内获取最佳的学习和阅读效果。很多人在寻找所需文献的过程中花费了大量的时间，尽管前人总结了很多阅读方法，如研读经典名著、查阅府县旧志、诵读传统文化等，但通过索引精准定位文献，节省宝贵时间，才是正确途径。

我们应该在全民阅读中普及索引学知识，实现"知其然，知其所以然"。譬如，引文索引揭示文献之间的引证关系，引文索引既用于多种类型检索，也通过引文分析评价核心期刊、核心出版社、科学团体乃至国家的科研能力与水平。引文索引只是索引应用的一个方面，随着技术不断成熟，内容索引、全文索引进化的交叉论证，将在评价文献的科学性和学术价值上实现突破，如数据引用是否符合客观规律或历史史实，图表内容智能比对是否重复或相似，通过模拟运算验证算法逻辑是否成立，文献中索引词表的创新术语、热度术语和常用术语的比例关系是否合适等。因此说，索引创新可能会深度指导学术规范、科研工作、新闻出版、知识服务，对之必须加以重视，并进行索引知识普及。

（三）安"索"乐"众"

全民阅读以满足人民群众精神文化需求为出发点和落脚点，但要掌握"真"知识，需要沉浸式地系统学习索引知识。索引学宜采用分类、分级、分地、分校、分众、分时的应用模式予以推广，可采取公益性讲座和知识付费相结合的形式。

2020年6月23日至25日，中国索引学会上海工作站和上海图书馆学会通过"知网在线教学"组织了"图书馆索引编撰公益云讲座活动"。讲座采取理论与实践相结合、培训与交流相结合的方式，通过线上培训模式，普及索引学理论知识，探索索引运用场景，提升索引工作相关技能。上千人同时在线学习，其后的浏览人数是学习人数的四五倍。这从一个侧面反映出，人们对于索引知识的学习热情很高，对于索引培训课程的需求量也较大，相关机构可以继续开展索引讲座，传播更多的索引学知识。

索引学专业人才应该具有大的责任担当，与众多图书出版机构、数字阅读平台、读书会组织、听书平台、在线课程、新闻聚合平台等展开合作，有效推广普及索引知识。这就如同测量 A 点到 B 点的距离，在不同的应用场景会使用不同的工具，如果测量 A4 纸上 A 点到 B 点的距离，用直尺即可；如果测量桥梁跨度，用测距仪；如果测量北京到巴黎的距离，就需使用遥感测距。索引在汉语中引申解释为用绳索牵引，所以说，用索引去牵引 A 点到 B 点，不仅有成熟的经验可以借鉴，也应该有探索求知，还有存疑争论，更需要在全民阅读中发挥更大的作用。

四、结　语

1991 年，中国索引学会成立。为适应新时代发展需要，学会积极推动大数据和传统文献检索相融合，实现索引信息网络化、智能化、泛在化、大众化。中国索引学会坚持开放合作，务实开展了国际合作与交流，衔接融通国际标准，努力促进索引学发展。我们希望，中国索引学会能在全民阅读中展现应有的风采、发挥应有的作用，使索引深入人心，为提升国民的索引思维和索引意识做出贡献。

索引学在国民阅读中最大的问题是隐而不彰、视而不见。因此，在全民阅读中普及应用索引知识，让人们不仅知晓索引，更要使用索引，这是包括中国索引学会、学会会员、全民阅读机构一起努力的大方向。

吴凤鸣　中国新闻出版研究院《新阅读》杂志社编辑，中国索引学会会员。

The Construction and Development of Index Study from the Perspective of Nationwide Reading

Wu Fengming

Abstract: What to read? How to read? Both are the most common problems faced by nationwide reading. From the phenomenon of speaking, readers are difficult to choose and perform poorly. Essentially, it requires a set of scientific models of selection and evaluation to solve the problem, and this is precisely the function of the index. The biggest problem of indexing in nationwide reading is that it hides but not show and turns a blind eye. This paper expounds on the broad prospects of popularizing applied indexing knowledge and theoretical indexing knowledge in nationwide reading through two aspects: discipline construction and application promotion.

Keywords: Index; Index Subject; Nationwide Reading; Knowledge Service

清华大学近十年在 *Nature* 和 *Science* 上发表论文的统计与分析

赵呈刚　管翠中　任奕

（清华大学图书馆，北京　100084）

摘　要　借助 WOS 大数据平台，采集清华大学近十年来在 *Nature* 和 *Science* 杂志上发表论文，从贡献度、合作度、研究热点等维度进行统计与分析，为大学的高质量、可持续发展提供情报参考。

关键词　清华大学　NATURE　SCIENCE　文献计量　研究热点　统计与分析

一、前　言

Nature、*Science* 杂志是国际公认的高水平原创科研成果展示和交流的重要平台。定期跟踪、统计和分析学术机构在这两个期刊平台上发布的学术成果，对了解、把握学术机构的代表作产出和高水平科研状况，推动学术机构的健康、持续、高质量发展，具有重要意义。在清华大学迎来 110 周年之际，本文拟对学校近十年来在 *Nature* 和 *Sciece* 杂志上发表论文，从学者贡献度、院系贡献度、机构合作、研究热点等方面进行梳理、统计与分析，以期对学校在学科布局、人才培养、科学研究、国际交流与合作等方面的工作提供重要参考。

二、整体发文情况统计与分析

自 2011 年至 2020 年 9 月 11 日，清华大学学者在 *Nature* 和 *Science* 杂志上共计发表论文（仅统计文献类型为 ARTICLE OR REVIEW 的论文，以下表述均遵循这一规则）249 篇，至少占全球的 1.5%（自 2011 年至 2020 年 9 月 22 日，全球学者在 *Nature* 和 *Science* 杂志上共计发表论文 16 498 篇）。249 篇论文中，清华大学为第一完成单位的论文为 111 篇，占比 44.6%，占全球的 0.7%。

从论文数年代分布来看，2011 年为 8 篇；2019 年为 52 篇，是 2011 年建校 100 周年时的 6 倍多，详细情况见图 1。

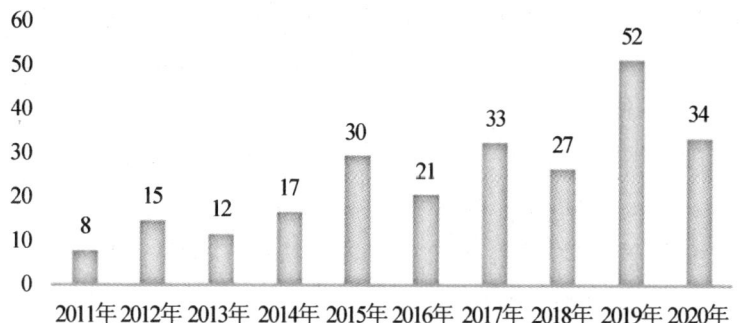

图 1　清华大学近十年在 *Nature* 和 *Science* 杂志上发表的论文数年代分布

从第一完成单位论文数年代分布来看，2011 年为 4 篇；2019 年为 24 篇，是 2011 年建校 100 周年时的 6 倍，详细情况见图 2。

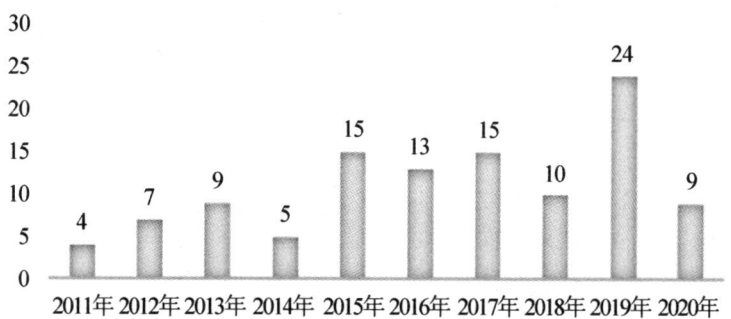

图 2　以第一完成单位在 *Nature* 和 *Science* 杂志上发表的论文数年代分布

三、作者贡献度统计与分析

从清华大学近 10 年在 *Nature* 和 *Science* 杂志上发表的论文学者合作网络图（图 3）可以看到，贡献比较大的团队包括：

1）生命医学药学学科：Yan, Chuangye、Shi, Yigong、Yan, Nieng、Lei, Jianlin、Wu, Jianping、Pan, Xiaojing、Wan, Ruixue、Bai, Rui 团队

2）生命医学药学学科：Wang, Jiawei、Zhou, Qiang、Chai, Jijie、Deng, Haiteng、Yang, Maojun、Wang, Hong-wei、Gao, Ning、Han, Zhifu 团队

3）生命医学药学学科：Fan, Shilong; Zhang, Qi; Liu, Lei; Wang, Xinquan; Ge, Jiwa; Zhang, Linqi; Shan, Sisi; Shi, Xuanling 团队

4）生命医学药学学科：Rao, Zihe; Li, Jun; Lou, Zhiyong; Wang, Xiangxi; Guddat, Luke w. 团队

5）生命医学药学学科：Xie, Wei; Li, Yuanyuan; Huang, Bo; Ma, Jing; Na, Jie; Li, Haitao; Allis, c. David; Li, Wei 团队

6）生命医学药学学科：Sui, Senfang; Han, Guanye; Pi, Xiong; Kuang, Tingyun; Xu, Caizhe; Liu, Desheng 团队

7）地球系统学科：Zhang, Qiang; Davis, Steven j. Zhang, Jun 团队

8）物理学科：Xue, Qi-kun; Chen, Xi; Liu, Haiwen; Wang, Jian; Duan, Wenhui; He, Ke; Ma, Xucun 团队

9）材料学科：Nan, Cewen; Zhang, Qinghua; Wang, Meng; Gu, Lin; Chen, Long-Qing; Yu, Pu 团队

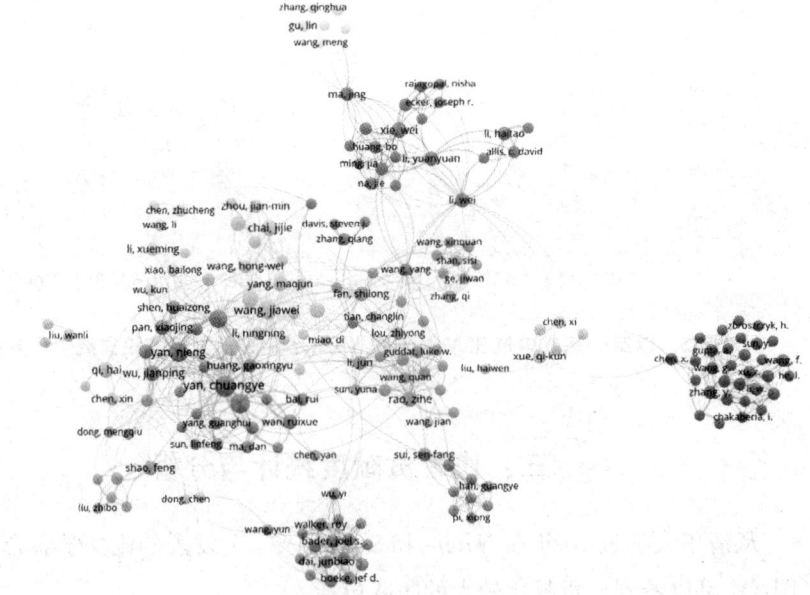

图3　学者合作网络

贡献较大的作者见表1：

表1 发表论文数量较多的作者、数量及占比

作者名称	论文数（篇）	占比（%）
Yan，Chuangye	26	10.4
Shi，Yigong	22	8.8
Yan，Nieng	20	8.0
Wang，Jawei	18	7.2
Lei，Jianlin	17	6.8
Zhou，Qiang	12	4.8
Chai，Jije	10	4.0
Rao，Zihe	10	4.0

四、院系贡献度统计与分析

249篇论文，由21个院系贡献。

其中，生命科学学院贡献147篇，占59.0%。

生命科学、医学、药学及相关机构（包括：生命科学学院、医学院、药学院、生物医学交叉研究院、北京生物结构前沿研究中心和万科公共卫生与健康学院等共计6个院系及相关机构）发表175篇，占70.3%。

非生命科学、医学、药学及相关机构发表81篇，占32.5%。

两大机构群合作发表7篇。

各院系级相关机构发表论文清单见表2：

表2 院系贡献度统计

系名（中文）	论文数（篇）	系名（中文）	论文数（篇）
生命科学学院	147	机械工程系	3
医学院	75	深圳研究生院	3
物理系	19	微电子与纳电子学系	3
材料学院	13	化学工程系	2
地球系统科学系	9	环境学院	2
航天航空学院	8	清华-伯克利深圳学院	2

续表

系名（中文）	论文数（篇）	系名（中文）	论文数（篇）
清华大学	7	自动化系	2
药学院	7	核能与新能源技术研究院	1
高等研究院	6	计算机科学与技术系	1
化学系	5	精密仪器系	1
交叉信息研究院	5	清华海峡研究院	1
生物医学交叉研究院	5	深圳国际研究生院	1
天文系	4	万科公共卫生与健康学院	1
北京生物结构前沿研究中心	3	微电子学研究所	1
电子工程系	3	信息科学技术学院	1
工程物理系	3		

五、机构合作统计与分析

（一）国际合作

国际合作论文数为171篇；与美国合作的论文数为134篇；国内只与美国合作的论文数为55篇；清华大学只与美国合作的论文数为17篇。

机构合作最多的论文（论文识别号 WOS：000490988300055；*NATURE* 2019），"绘制2000年至2017年1.23亿新生儿、婴儿和儿童死亡情况图"（论文英文题目为：*Mapping 123 million neonatal, infant and child deaths between 2000 and 2017*），共有机构612个；第一完成单位是：*Univ Washington, Inst Hlth Metr & Evaluat, Seattle, WA USA*；清华大学有1个机构（医学院）参与，排在第592位：*Tsinghua Univ, Res Ctr Publ Hlth, Beijing, Peoples R China*；中国共计有18个机构参与，排在最前面的是 *Hong Kong Polytechn Univ, Dept Appl Social Sci, Hong Kong, Peoples R China*，排在第51位。

清华大学只与美国合作的机构中，合作密切的机构包括：Princeton Univ、Rockefeller Univ、Stanford Univ、Ludwig Inst Canc Res、Univ Texas Dallas、Univ Texas Houston、Univ Calif San Diego、Univ Texas MD Anderson Canc Ctr、Salk Inst Biol Studies、Baylor Coll Med、MIT 等。机构合作网络图，见图4。

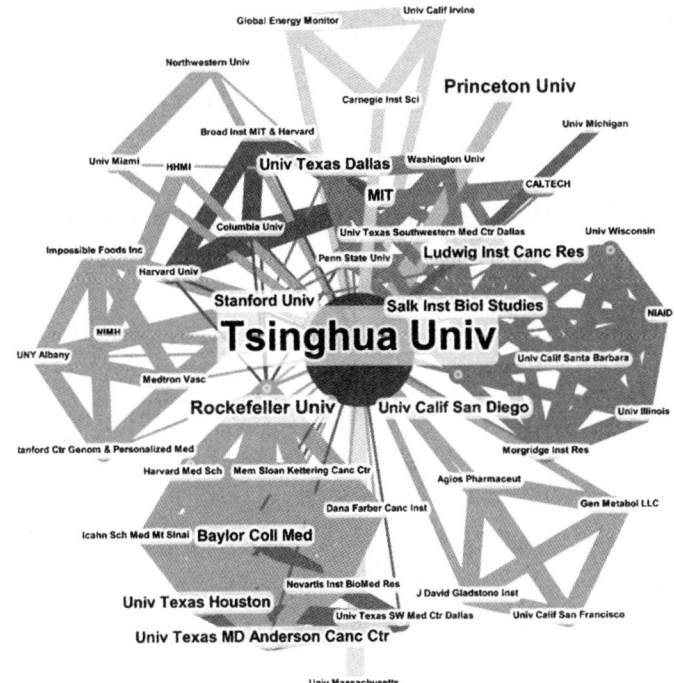

图 4 只与美国合作的论文机构网络图

(二) 国内合作

清华大学近十年在 *Nature* 和 *Sciece* 杂志上发表论文中只与国内机构合作论

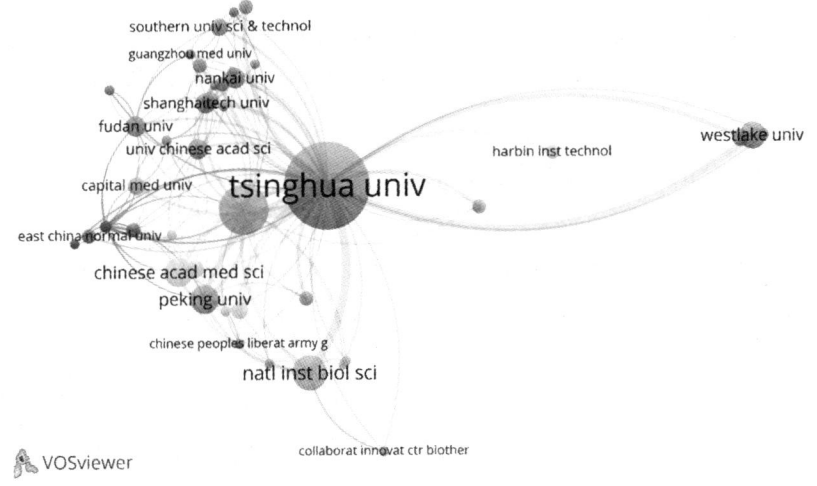

图 5 只与国内机构合作的论文的机构合作网络图

文数为 72 篇；与下列学术机构合作密切：Chinese Acad Sci、Natl Inst Biol Sci、Chinese Acad Med Sci、Peking Univ、Westlake Univ、Fudan Univ、Nankai Univ、Shanghaitech Univ、Univ Chinese Acad Sci。机构合作网络图，见图 5。

（三）校内合作

清华大学校内机构合作论文数为 110 篇，其中系内合作 32 篇；不同院系之间合作 78 篇，合作情况有 30 种，其中 1 种情况是 1 篇文章有校内 6 个不同的院系机构参与；只有校内机构合作（既不含国内其他机构又不含国外机构）的论文数为 18 篇；只有 1 个机构的论文为 6 篇。

只有 1 个机构的 6 篇论文，有 5 篇是由生命科学学院完成的：

Structural basis of pre-mRNA splicing/Hang, Jing; Wan, Ruixue; Yan, Chuangye; Shi, Yigong//SCIENCE. – 2015

Structure of a yeast catalytic step I spliceosome at 3.4 angstrom resolution/Wan, Ruixue; Yan, Chuangye; Bai, Rui; Huang, Gaoxingyu; Shi, Yigong //SCIENCE. – 2016

Structure of a yeast activated spliceosome at 3.5 angstrom resolution/Yan, Chuangye; Wan, Ruixue; Bai, Rui; Huang, Gaoxingyu; Shi, Yigong//SCIENCE. – 2016

The architecture of the mammalianrespirasome/Gu, Jinke; Wu, Meng; Guo, Runyu; Yan, Kaige; Lei, Jianlin; Gao, Ning; Yang, Maojun // NATURE. – 2016

Structure of a yeast step II catalytically activatedspliceosome/Yan, Chuangye; Wan, Ruixue; Bai, Rui; Huang, Gaoxingyu; Shi, Yigong //SCIENCE. – 2017

只有 1 个机构的 6 篇论文，有 1 篇是医学院完成的：

The bacteriophage phi 29 tail possesses a pore-forming loop for cell membrane penetration/Xu, Jingwei; Gui, Miao; Wang, Dianhong; Xiang, Ye // NATURE. – 2016

校内不同院系机构之间合作的 78 篇论文的机构合作网络图，如图 5 所示。

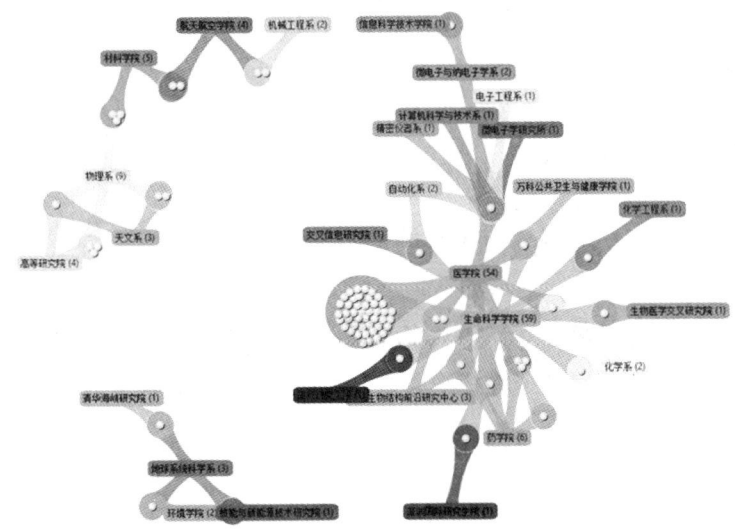

图5 校内不同院系机构之间合作的78篇论文的机构合作网络图

六、作者合作情况分析

(一) 参与作者最多的论文

作者最多的论文（论文识别号 WOS：000355543400030；NATURE 2015），"从 CMS 和 LHCb 数据的联合分析观察稀有 B－s(0)－>mu(＋)mu(－)的衰变"[论文英文题目为：Observation of the rare B－s(0)－>mu(＋)mu(－) decay from the combined analysis of CMS and LHCb data]，共有作者2 828个，共有机构359个。清华大学参与完成的作者和机构情况如下：

排在第264个完成机构的是清华大学高能物理研究中心：An, L.；Gao, Y.；Jing, F.；Li, Y.；Yang, Z.；Yuan, X.；Zhang, Y.；Zhong, L.

排在第325个完成机构的是清华大学高能物理研究中心：Xie, Y

(二) 参与作者最少的论文

作者最少的论文是两个作者，有两篇：

第一篇：清华大学电子工程系博士生导师鲍捷以第一作者身份，于2015年发表在 Nature 上的论文 A colloidal quantum dot spectrometer（翻译成中文大概是"胶体量子点光谱仪"）。第二作者是美国 MIT 化学系的 Bawendi, Moungi G.。

第二篇：清华大学生命科学学院程凌鹏副研究员以第二作者身份，于 2015 年在 *Science* 上发表的论文 Cryo-EM shows the polymerase structures and a non-spooled genome within a dsRNA virus（"冷冻电镜显示了 dsRNA 病毒的聚合酶结构和非融合基因组"）。第一作者是湖南师范大学物理与电子科学学院的刘红荣教授。

七、研究热点统计与分析

（一）以第一完成单位发表的生物医学药学领域的论文研究热点分析

清华大学近十年以第一完成单位在 *Nature* 和 *Science* 杂志上发表的生物医学药学领域的论文共计 96 篇，研究热点主要包括：

2020 年的研究热点：b-cell migration；coronavirus；lymphoid organs

2019 年的研究热点：a/c-binding protein；chaetoceros-gracilis；complexes；energy-transfer pathways；excitation-energy；extrinsic proteins；fucoxanthin-chlorophyll proteins；functional-heterogeneity；marine centric diatom

2011 年的研究热点：substrate recognition

研究热点词汇共现图如图 6、图 7、图 8 所示：

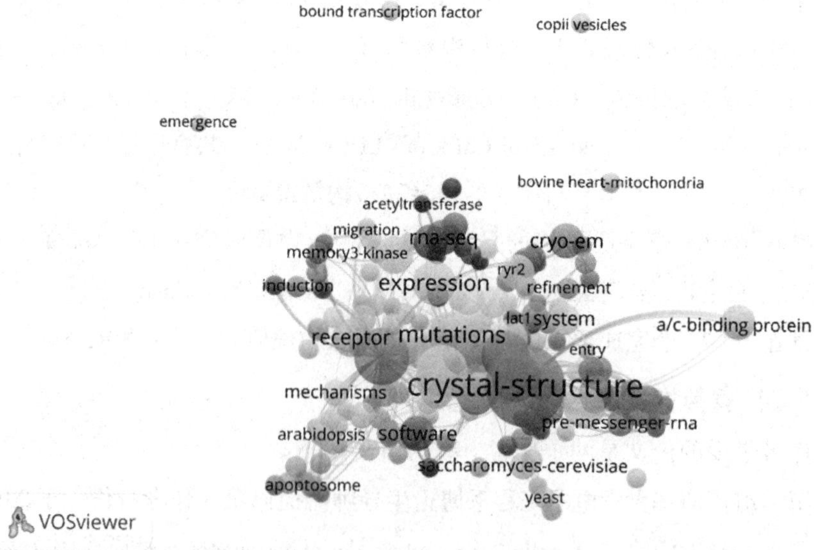

图 6　以第一完成单位发表的生物医学药学领域的论文共词网络图

清华大学近十年在 Nature 和 Science 上发表论文的统计与分析

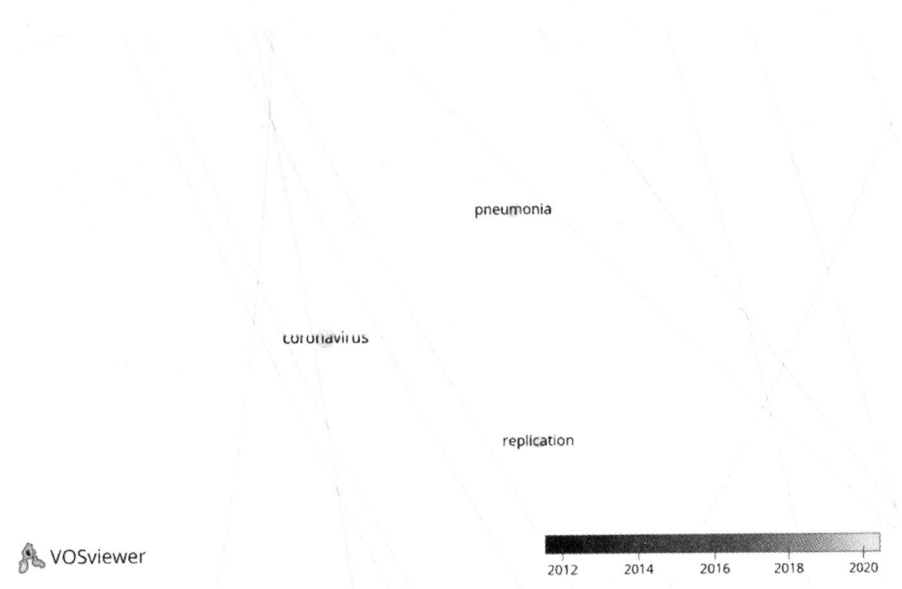

图7　以第一完成单位发表的生物医学药学领域的论文共词网络图局部：coronavirus_1

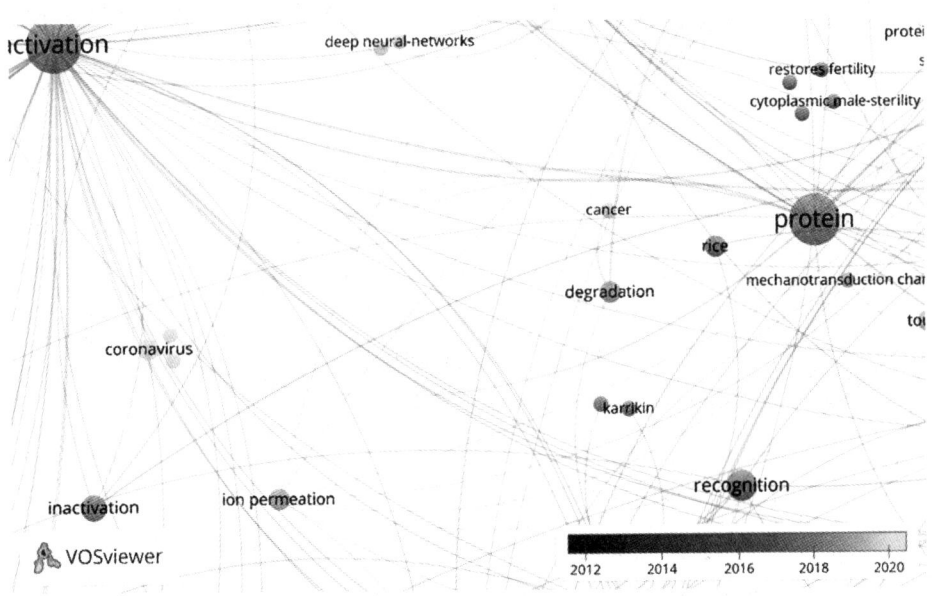

图8　以第一完成单位发表的生物医学药学领域的论文共词网络图局部：coronavirus_2

关键词中出现 coronavirus 一词的，清华大学均为第一、第二完成单位的论文有两篇：

Structure of the SARS-CoV–2 spike receptor-binding domain bound to the ACE2 receptor/ Nature 2020（与 ACE2 受体结合的 SARS-CoV–2 棘突受体结合域的结构）

主要作者：

[1] Lan, Jun; Ge, Jiwan; Yu, Jinfang; Fan, Shilong; **Wang, Xinquan**/
[2] Shan, Sisi; Zhang, Qi; Shi, Xuanling; **Zhang, Linqi**

Structure of the RNA-dependent RNA polymerase from COVID–19 virus/Science 2020（COVID–19 病毒 RNA 依赖性 RNA 聚合酶的结构研究）

主要作者：

[1] Gao, Yan; Yan, Liming; Huang, Yucen; Wang, Tao; Zhang, Lianqi; Ge, Ji; Zheng, Litao; Zhang, Ying; **Lou, Zhiyong**; **Rao, Zihe**

（二）以第一完成单位发表的非生物医学药学领域的论文研究热点分析

清华大学近十年以第一完成单位在 Nature 和 Science 杂志上发表的非生物医学药学领域的论文共计 19 篇，研究热点主要包括：

2020 年的研究热点：memory
2019 年的研究热点：breakdown strength; capacitors; ceramics; efficiency; electromechanical response; origin; piezoelectricity; polymer; thin-films
2011 年的研究热点：giant magnetoresistance; hall-coefficient; inhomogeneities; metals; nanostructures; semiconductors

研究热点词汇共现图如图 9 所示。

整体来看，研究热点聚类不如生物医学药学领域密切，每个领域尤其单独的热点网络，如图 10、图 11、图 12、图 13、图 14 所示。

清华大学近十年在 Nature 和 Science 上发表论文的统计与分析

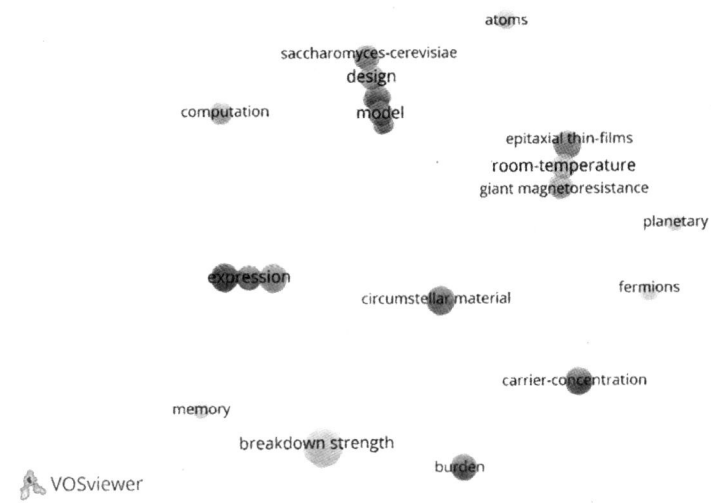

图 9　以第一完成单位发表的非生物医学药学领域的论文共词网络图

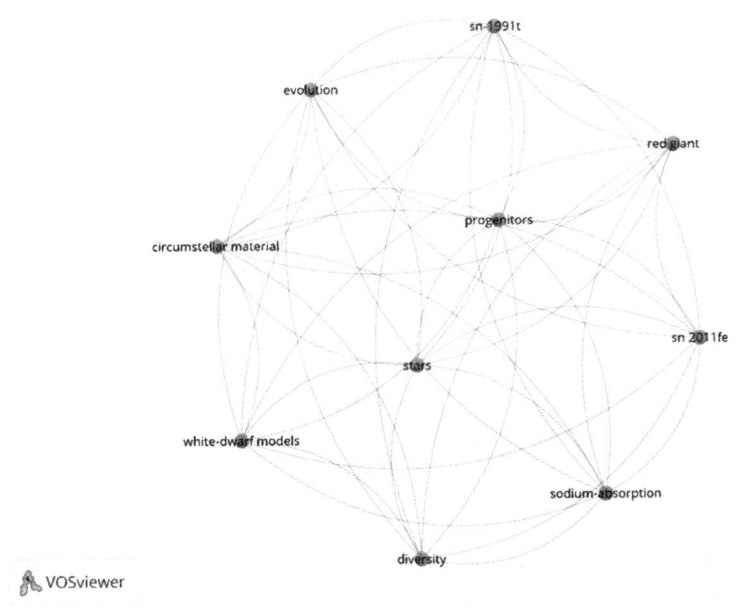

图 10　以第一完成单位发表的非生物医学药学领域的论文共词网络图局部
　　　　天体物理科学热点：circumstellar material（星周物质）

205

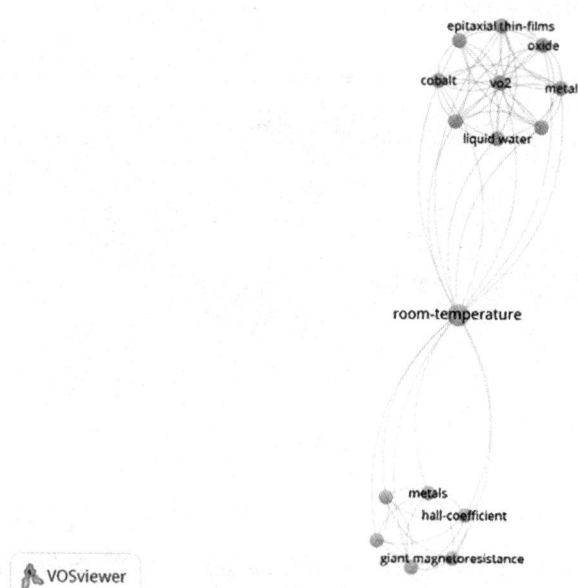

图11 以第一完成单位发表的非生物医学药学领域的论文共词网络图局部
材料科学热点：epitaxial thin-films（外延薄膜）

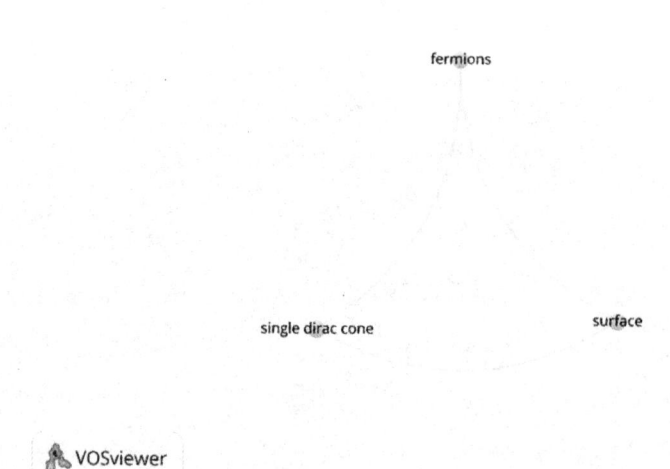

图12 以第一完成单位发表的非生物医学药学领域的论文共词网络图局部
量子科学热点：fermions（费米子）

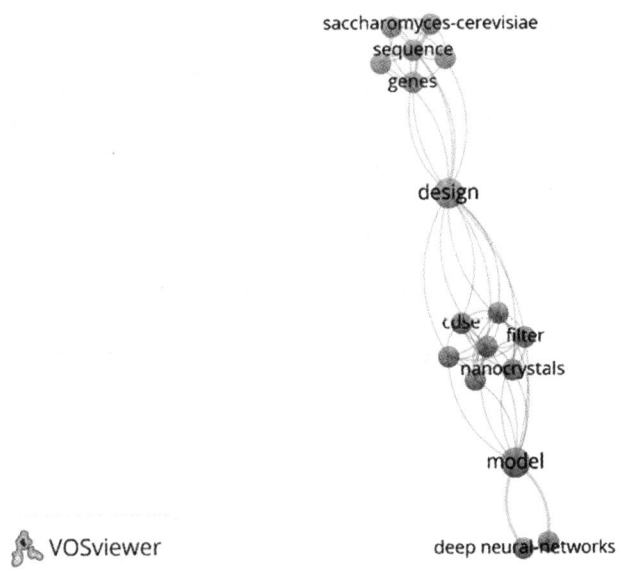

图 13 以第一完成单位发表的非生物医学药学领域的论文共词网络图局部
人工智能领域热点：**deep neural-networks**（深度神经网络）

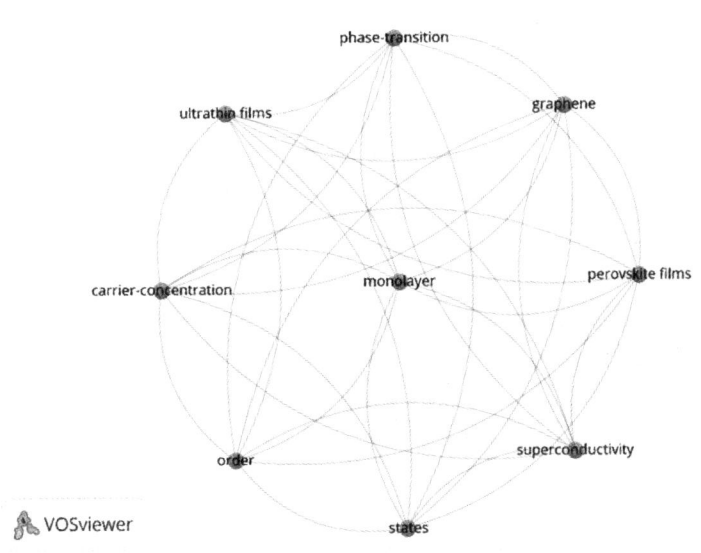

图 14 以第一完成单位发表的非生物医学药学领域的论文共词网络图局部
量子科学热点：**carrier-concentration**（流子浓度）

赵呈刚 男，管理学硕士，清华大学图书馆副研究馆员。
管翠中 女，物理化学博士，清华大学图书馆馆员。
任 奕 女，生物化学与分子生物学博士，清华大学图书馆馆员。

Statistics and Analysis of the Academic Articles Published in Statistics and Analysis of the Academic Articles Published in *Nature* or *Science* by Tsinghua University in Nearly 10 Years

Zhao Chenggang Guan Cuizhong Ren Yi

Abstract: Using WOS big data platform, collecting articles and reviews published in *Nature* and *Science* by Tsinghua University in nearly 10 years, making statistics and analysis from the dimensions of contribution degree, cooperation degree and research fronts, supplying information reference to the academic organizations' high-quality and sustainable development.

Keywords: Tsinghua University; *Nature*; *Scinece*; Bbliometrics; Research Fonts; Satistics and Analysis

索引编纂丛谈

索引编纂：索引理论发展和技术创新的源泉
——关于开设"索引编纂谈丛"专栏的对话

王彦祥

(北京印刷学院索引编纂研究所　102600)

温国强

(复旦大学图书馆　上海　200433)

摘　要　索引编纂是索引理论发展和技术创新的根本和源泉。本文以对话形式介绍"索引编纂谈丛"专栏的开设缘起、宗旨、目标和稿件要求。

关键词　索引编纂　谈丛　专栏

温国强（以下简称"温"）：数月前，在微信交流中您提出了新设"索引编纂漫谈"专栏的建议，引起了我极大的兴趣。经过数次往返讨论，这个栏目定名为"索引编纂谈丛"。之后您陆续将北京印刷学院索引编纂研究所同仁所拟的研究选题发给我，大概有百个之多。根据我大致的分类，涉及的主题主要有"标引""编纂""排序""机编索引""方志索引"等，均是研究解决索引编纂实际问题的好题目。"索引编纂"似乎是一件很寻常、很基础的工作，请问，您是如何想到设置这一新栏目的？您是如何理解"索引编纂"的？

王彦祥（以下简称"王"）：索引是"实学"，索引理论、索引技术、索引教育、索引应用等发展到21世纪，均来自于索引编纂的发展进步。但索引编纂确实太过稀松平常，平常得如人们的日常起居，因而目前国内较多的单位不把索引编纂算作科研成果，甚至索引员为新书编纂了书后索引连署个名都很困难，因此很多索引界人士认为还不如研究索引历史、索引理论、索引评价来得实惠。由此造成的恶果是，我国的书后索引编纂比率偏低，调查得来的最高比例为7%，远不如民国时期的23%~32%编纂率，更无法与西方发达国家90%

的学术著作书后索引编纂率相比。① 当然，我国书后索引编纂数量少，不能说都是出版界不重视索引造成的，有时候是找不到合适的编纂索引之人，致使索引编纂陷入恶性循环。没有索引编纂及其索引编纂成果，那么相关的索引研究活动就成了无源之水、无本之木，所以有必要从基础抓起，充分重视"索引编纂"问题的研究。可以说，索引编纂是索引理论发展和技术创新的源泉。

温：我完全赞同"索引编纂是索引理论发展和技术创新的源泉"这个观点。随着现代科技的不断发展和应用，现在的索引编纂已不能简单地看作一种手工的、简单的劳动，也不能将索引编纂研究视为索引编纂劳动的简单描述和总结。索引编纂研究明显具有科学性、系统性和应用性，是理论与实践相结合的一种典型性研究，其研究成果更可以指导索引编纂工作及索引理论创新。

王：关于"索引编纂是索引理论发展和技术创新的源泉"这一观点，我想可以举例来说明。譬如，开展索引编纂流程研究，就要深入调研不同类型索引的编纂步骤和方法，归纳出关键步骤并科学命名，只有这样才能得出令人信服的索引流程研究结果；再如，编纂技术研究中的索引软件开发，肯定要去探究和归纳索引编纂的程序、方法和具体要求，以及分析和显示被索引文献的属性、格式和提取方法，再用科学简便的程序语言，把编纂索引的各种功能展现出来，以利于索引员操作使用，快速编纂出各种索引，这一过程也是索引技术创新发展的真实体现。索引研究切不可信马由缰，也不能凭空想象，必须在索引编纂的沃土上脚踏实地、勤奋耕耘。搞索引研究偷工减料不行、闭门造车更不可取，唯有植根于索引编纂这片沃土，亲口去尝梨子的滋味，才能收获科学实用的研究果实，然后再反哺索引编纂工作，体现出索引编纂和研究的真正价值。

温：索引编纂的成果体现是篇幅大小不一、内容形形色色的索引，这在编辑出版领域与"目录"一样归属于"辅文"，那么编纂书后索引，自然也属于生产出版物过程中"编"的一种，也要遵从编辑科学的基本规律吧。只是目前我国编辑出版界懂得索引、能够编纂索引的编辑人员微乎其微，那么，我们

---

① 王彦祥. 新世纪中国索引编纂与研究述评（上）[M]//中国索引学会. 中国索引（第六辑）. 上海：复旦大学出版社，2018：37-60.

如何把索引编纂知识向广大的编辑们传播，使他们关注索引，学习索引，进而加入编纂索引的行列呢？

王：将索引编纂扩展到编辑出版界，索引编纂与研究的范畴自然就扩大了，那就不止于标引、抽词、排序等，还增加了索引的编辑、加工、校对、排版等。如果再加上索引附于出版物之中，服务于文献的检索和助读，再进行广泛的传播和应用，出版后的索引就具备了更多的功能，诸如基本（辅文、体例）功能、整序功能、检索功能、指误功能、文化功能。① 索引编纂再加上索引成果源源不断地被编辑出版，会使索引的应用性进一步扩展，也可推进索引的持续编纂，促进索引数量增多，形成我国索引编纂良性循环的局面。随着索引编纂环境逐渐变好，更多的编辑就会关注索引，学习索引，借助索引编纂的优势，让所编图书得到更好的传播和利用。

温：《中国索引》编辑部曾在世纪之初发表过《索引：面向21世纪》《索引服务是中国索引学会走向社会的主要道路》《推广实用性较大的文献索引与数据库》等论文，鼓励中国索引学会会员多多编制索引，满足社会需求，并带动索引编纂和研究工作。如今，"万事万物皆可索引"的中国索引学思想深入人心，索引向社会生活各个领域快速拓展也是不争的事实，这些形形色色的生活索引编纂大多数还属于处女地，我们应该如何挖掘和编纂各类索引呢？

王：信息检索和编辑出版需要大量的索引进行编纂和研究，再加上引文索引备受重视，生活索引进入人们视野，这样的大环境令我们鼓舞并须付诸行动。只有积极投身于索引实际编纂，才能发现编纂的各种问题，进而展开研究和交流，也才能就索引编纂的共性话题展开讨论。可谓"真理越辩越明"。大家把索引编纂问题提出来共同研究，把索引编纂过程中取得的经验或教训摆出来"共享"，自然会形成研究合力，客观上推动索引编纂整体水平的不断进步。希望广泛而活跃的索引编纂局面尽早形成，索引编纂及其相关研究成为索引界的核心话题，并持久地延续下去。编纂索引，可使索引成果得到传播和应用；研究索引，能够促进索引编纂科学、高效地延展，也可吸引更多的人关心索引、热爱索引，壮大中国索引事业，我们何乐而不为？

---

① 王彦祥. 论志书索引对方志信息的有效揭示［M］//中国索引学会编. 中国索引（第八辑）. 上海：复旦大学出版社，2020：15-24.

温：2020年是我国著名索引学家、情报语言学家张琪玉先生诞辰90周年，我们前期微信讨论中多次提到张琪玉先生在《中国索引》上发表的"索引与数据库漫笔"系列短文。作为编辑，我曾经有幸参与了张琪玉先生"索引与数据库漫笔"系列短文的编辑工作，张琪玉先生这些论文虽短，但却十分深刻而具体，给我留下了很深的印象。今天，我特地为"索引编纂谈丛"第一篇选中《索引软件的功能完善方向——接续张琪玉先生的思考》一文，我的初衷，不仅是借此向张琪玉先生等前辈致敬，更想借这一新栏目，呼吁索引界重视索引编纂问题，交流索引编纂中出现的新理论、新方法、新技术、新成果，探索中国索引编纂的新方向。

王：长期以来，虽然我国索引编纂没有引起索引界的足够重视，然而仍然有许许多多坚持不懈开展索引编纂和研究的学人，典型代表就是著名的索引学家、情报语言学家张琪玉先生。张先生毕其一生研究索引，涉及领域广泛，但撰写最多的是索引编纂方面的论文。据我统计，张先生有关索引编纂的论文超过其论文总数的三分之一，占到35.4%。张先生认为索引编纂是最为核心的索引研究选题，可构成索引编纂理论、方法、技术和应用效果等系列化研究成果。我和北京印刷学院索引编纂研究所同仁愿意追随张琪玉先生的研究足迹，继续去研究亟待解决的索引编纂实际问题，将我们探索出的索引编纂新方法、新技术、新认识、新成果，通过"索引编纂谈丛"新栏目分享出来呈现出来，也期待该倡议能得到索引界同仁的热烈响应。

温：作为编辑，我也期望本专栏能容纳百家之言，让更多的索引编纂者发表索引编纂和研究成果。欢迎短小精干之稿件，谢绝长篇大论之空谈，字数以4000字以内为佳，摘要和关键词尽量精炼，但仍须符合学术论文之规范。期待更多的同仁积极参与并不吝赐稿，希望更多的研究精品佳作能刊发于此。让我们从这一辑开始，拿起笔共同努力！

王：我们的愿景是，将"索引编纂谈丛"专栏打造为讨论索引编纂专题的新传播平台，展现索引编纂之风采，集结编纂研究之成绩，提供索引编纂之精品，创造百家争鸣之氛围。但求撰稿者标新立异、言之有物，将索引编纂的所思、所为、所得、所感写出来，以供索引界同仁一起交流，一起分享，一起推动中国索引之编纂事业。

王彦祥 北京印刷学院教授,传播学、新闻学和出版专业硕士研究生导师,索引编纂研究所所长;中国索引学会副理事长,中国地方志学会编辑出版研究会副会长。

温国强 复旦大学图书馆研究馆员,复旦大学文献信息中心硕士研究生导师,中国索引学会常务副秘书长。

Index Compilation: The Source of Theoretical Development and Technological Innovation
— Dialogue on the Opening of the Column of *Discussion on Index Compilation*

Wang Yanxiang　Wen Guoqiang

Abstract: Index compilation is the fundamental and source of indexing theory development and technological innovation. This paper introduces the origin, purpose, goals, and manuscript requirements of opening the column of *Discussion on Index Compilation* in the form of dialogue.

Keywords: Index Compilation; Discussion Collection; Special Column

中国索引软件的功能完善方向
——接续张琪玉先生的思考

太行燕

(北京印刷学院索引编纂研究所 102600)

摘 要 首先回顾张琪玉先生对索引软件思考后得出的若干观点及指出的两大开发难题;然后剖析中国索引软件功能,特别是"索引之星"功能及实现途径;最后列出中国索引软件研发与完善的10个具体方向。

关键词 索引软件 软件功能 张琪玉

一、张琪玉先生对索引软件的思考

我国著名索引学家和情报语言学家张琪玉先生,曾在1997年撰文《用WPS文字处理软件编制简单电子索引的方法》,介绍了用文字处理软件编制索引的方式方法和具体步骤,指出在缺少文献索引专用软件或数据库软件的情况下,WPS是可以用于索引工作的。[1]

这在当时是属于很先进的思考和做法,因为那个年代"个人PC"概念刚刚兴起,能借助计算机编制索引可谓凤毛麟角,更别说索引软件了。可就是在这样的背景下,张琪玉先生勇立时代潮头,1999年世纪之交他在中国索引学会第四届年会暨学术讨论会作主题发言:《告别手工索引时代——一名中国索引学会会员的思考》,建议中国索引界走出手工索引时代所形成的那种思维定势,抛弃手工编制索引的模式,热情地去迎接索引工作全面计算机化的时代,把索引工作的重点转移到发展数据库上来……建议大家将一些有关机编索引和数据库的比较简单的应用程序全文发表……索引学会可以研制或征集若干索引和数据库的专用软件,作为举办培训班或供

---

① 张琪玉. 用WPS文字处理软件编制简单电子索引的方法 [J]. 图书馆杂志, 1997 (3): 7-8.

自学的基本材料。①

张琪玉先生从中文图书实际情况出发，系统阐释中国索引软件问题是2004年发表的《图书索引软件的功能要求与编制难题》一文。② 该文指出编制图书索引的专用软件需要具备12个功能，并详细列出了这份清单，即标引、编制出处项、索引款目排序、产生轮排款目、相同索引标目进行合并、建立参照系统及助检标志、建立后控词表或类似结构、按特定版面格式输出索引数据、一般检索、组配检索、反白（或变色）显示检索结果、文本任意字词匹配检索。

张琪玉先生进一步指出，这些功能都可以实现自动化，唯独"标引""编制出处项"功能要实现自动化有很大困难，这也可以看作中文索引软件开发的指导性意见和技术性要求。他认为，自动标引技术目前仍停留在自动抽取关键词的水平，对自动抽取主题还没有突破性进展，也还没有达到实用水平。

既然还不能准确地自动提取图书正文中的可索引内容，也就不可能自动给出被索引内容的确切出处（其所在的确切起止页码）……目前只达到"人工标引+计算机抽词处理"或"计算机抽词（依据抽词词典）+人工判别修正"的人—机结合水平。好在用这种办法编制的索引款目质量有保证，从满足实际索引与数据库编制的迫切需要看，目前也只能采取这种办法。

二、中国索引软件的功能剖析

张琪玉先生2004年发表的《图书索引软件的功能要求与编制难题》一文，其实是笔者2003年研发成功"索引之星1.0"软件，送给张先生使用和征求改进意见后，他有感而发撰写的此文。其后，笔者和软件共同开发者王广林吸收了张先生及其相关人员的反馈意见，继续完善软件功能，还专门成立"北京长城云天科技发展有限公司"，正式推出"索引之星2.0"软件。

"索引之星"的研发成功并推向市场，结束了我国一直没有专业索引软件的历史。本软件依循"人工标引索引词+计算机抽词处理+计算机排序整理"，以及"计算机抽词（依据主题词表或抽词词典）+自动添加地址出处

---

① 张琪玉. 告别手工索引时代——一名中国索引学会会员的思考[J]. 情报资料工作, 2000 (1): 13-14.

② 张琪玉. 图书索引软件的功能要求与编制难题[J]. 中国索引, 2004 (3): 41.

项+人工修正处理+计算机排序整理"这两种开发模式,直接打开各种排版文件,进行人机结合的索引词标引,然后自动添加页码出处,并对索引款目进行自动排序,成为全流程计算机操作的专业软件,由此很快得到索引界和出版界的认可和应用。①

至于"索引之星2.0"编制索引流程、功能及特点,笔者和王广林发表了《"索引之星"的研制和索引编制》一文②,论述了索引编制的八大步骤,包括创建索引项目、设置文件属性、索引词标引、编辑和处理索引词表(所有款目)、排序、导出、打印、编辑术语表。功能及特点方面,"索引之星2.0"支持当时所有排版软件生成的电子文件,可进行索引词抽取,也支持PDF、RTF、TXT等通用文档的直接标引;具有索引词任意标引和自动添加页码的功能;可对索引词进行汉语拼音音序、中文笔画、数字页码等类型的正确排序,并具备索引词和索引项目动态管理功能。可以说,编制书后索引时,除了人机结合实施抽词标引外,其他的索引自动编制功能"索引之星"软件都能基本实现。

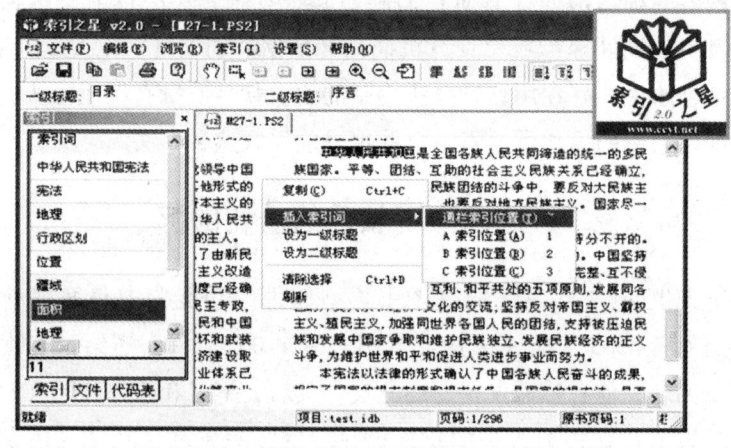

图1 索引之星2.0"软件主界面

"索引之星2.0"专门为编制书后索引而研发,重点应用于编辑出版领域。这与张琪玉先生站在图情专业、情报检索、数据库开发角度论及的索引软件,

---

① 王彦祥.中国索引软件的开发与应用[J].中国索引,2009(2):53-57.
② 王彦祥,王广林.《"索引之星"软件的研制和索引编制》[C]//中国辞书学会.辞书与数字化研究.上海:上海辞书出版社,2005:55-63.

在认知上有较大差别。时至今日，国内开发索引软件、索引编制小程序的人有，但推出正式软件进入市场的仍然未见。换句话说，目前除了"索引之星2.0"，其他的索引编制小程序还都不成熟。

2018年10月"第七次国际索引联盟峰会"召开之际，升级版本的"索引之星3.0"正式发布。新软件基于64位计算机操作系统进行开发设计，软件界面更加友好。新软件实现了多级标引后的索引词自动格式编排，在排序方面增加了中文繁体字正确排序功能，也实现了中文多音字排入正确位置、自动合并相同标目页码项等功能。新软件还嵌入了人工智能技术，实现索引词的标引学习功能，通过统计计算索引词标引结果，逐渐向自动标引方向发展，等等。①

究其实质，"索引之星"的升级不是对索引软件功能做简单的"加法"，而是根据实际发展需要做了"加减法"。如随着北大方正排版软件的日薄西山，"书版"软件已被淘汰，"飞腾"转为"飞翔"并被迫增加了PDF格式输出。为此，"索引之星3.0"删除了较多已淘汰的文件格式显示功能，重点是跟进已成为数字出版公版格式的PDF文件，并增加或强化了快速标引、跟随页码出处项、智能学习等功能。

三、中国索引软件未来研发与完善方向

再回顾张琪玉先生提出的12点"清单"，对比后可知，十几年后中国索引软件已经实现或基本实现了诸如款目排序、相同标目合并、建立参照系统及助检标志、高亮显示检索结果、文本任意字词匹配检索等功能。张先生当时认为的两大难题，"自动标引"正在不断攻克中，而"编制出处项"功能已经实现。

目前的索引软件如果应用到图情领域制作检索系统、编制题录式的篇目索引，建设全文数据库等是难于适应的，因为这类软件都是为了编制书后索引而研发，这一点中国和外国概莫能外。至于中国索引软件的研发与完善方向，笔者认为可双向并行地走两条路：一是继续走完善"索引之星"功能之路；二

---

① 参见：王彦祥，毋栋，邓晓磊．"索引之星3.0"软件的功能特点与应用技巧［C］//发展中的世界索引事业国际学术研讨会论文集．上海：中国索引学会，2018．

是另辟蹊径，开发无纸化操作、自主学习、智能标引等诸多功能的新软件之路。

经过近些年的摸索，尤其是利用索引软件进行无以计数的书后索引编纂后，具体而言，我国索引软件应按照新技术发展趋势，开发或完善如下功能：

（1）为适应计算机操作和出版领域新要求，软件应实现索引编制流程的"全部无纸化操作"，不再使用纸质书稿进行索引编纂操作。

（2）用于人工结合标引、辅助编制索引的软件，可在"索引之星"已实现的功能基础上，利用大数据、人工智能等新技术，努力开发索引词自动标引、软件自主学习功能。

（3）简化标引操作，实现索引词标引结果"批处理"，即索引款目集中导出功能。

（4）标引某一索引词后，软件应提供相同索引词的快速检索和标引提示功能。

（5）实现特殊索引词的自动识别、自动提取、集中导出功能。

（6）随着中文分级标引技术的成熟，软件可增加二级和三级索引词的自动编制功能。

（7）解决地址出处项的精确定位问题，因为一些文献需要地址出处的精准定位，以便于快速检索，如提供更小版面区域的地址定位功能。

（8）扩展中文正确排序功能，包括中文繁体字排序、四角号码排序、外文多语种排序等。

（9）完善复杂中文拼音排序之多音字、笔画排序之相同笔画字词、数字排序之大小顺序的正确排序问题。

（10）增加软件编辑排版功能，使索引款目在软件内即可实现基本的编辑和排版操作，直接提交索引正式文稿。

太行燕　北京印刷学院教授，索引编纂研究所研究人员。

The Direction of Indexing Software Function's Improvement
— Continuing the Thinking of Mr. Zhang Qiyu

Tai Hangyan

Abstract: This paper first reviews some viewpoints that Mr. Zhang Qiyu thinking about indexing software, as well as the two major development problems he pointed out. Secondly, the author analyzes the functions of Chinese indexing software, especially the functions and implementation methods of *IndexStar*. Finally, the author lists 10 specific directions for the development and improvement of Chinese indexing softwares.

Keywords: Indexing Software; Software Function; Zhang Qiyu

索引汉语拼音排序应注意的几个关键问题

毋 栋

(国家图书馆出版社 北京 100034)

摘 要 我国中文索引排序逐步向汉语拼音音序排序集中。本文阐述汉语拼音排序法应用于索引编纂的基本规则，索引采用汉语拼音排序的几种实用性技巧，以及排序后必需的文字说明。

关键词 索引排序 拼音排序 索引编纂

一、索引汉语拼音排序的适应性

在一个完整的索引编纂过程中，索引款目排序属于后期整理阶段的一个重要步骤，一定程度上也决定了索引的质量。随着时代的发展进步，我国中文索引排序逐步向汉语拼音音序排序集中，四角号码、韵部、注音排序法已淡出人们的视野。早在1958年1月10日，国家领导人就指出，《汉语拼音方案》可以用来编索引。

实践证明，用汉语拼音音序编排索引，确实有排列稳定、检索便捷等优点。著名语言学家王力曾说："序列索引的技术一向是中文图书编制索引中的一个薄弱环节，汉语拼音使这一技术得到了革新。"[1]

随着国内编纂索引已绝大多数采用汉语拼音音序法进行索引排序，相关的技术问题和解决方案也随之大量出现，为此，笔者将索引编纂实践中积累的相关排序经验，以及索引按照汉语拼音音序排序时应注意的一些问题进行归纳和阐释，以期相互交流，将中文索引越编越好。

---

[1] 葛永庆. 年鉴索引的编制 [M] // 《索引研究论丛》编辑部. 论索引和索引法. 上海：中国索引学会, 1994：44–49.

二、汉语拼音排序的基本规则

(一) 汉字字符的排序规则

在《GB 13418-92 文字条目通用排序规则》中明确指出，按汉语拼音排序时，首先比较汉字的音，即按汉语拼音字母表的顺序对汉字字符排列。

如果拼音相同，比较音调，按阴平、阳平、上声、去声、轻声的次序对汉字字符排列。如果音和音调相同，比较汉字的总笔画数，从少到多进行排序。如果笔画数相同，则比较汉字的起笔至末笔各笔笔形，依"横、竖、撇、点、折"的顺序排列。若起笔至末笔各笔笔形仍相同，则按汉字在国家标准汉字编码字符集中的编码值从小到大进行排列。

这一排序规则应用到索引排序时，应该不折不扣地予以执行。具体的索引排序工作中却存在执行不规范的现象。如将上列各种"相同"前提的顺序搞混，擅自按照汉字的地方发音或方言读音排序，把多音字排到错误位置等。这些问题都应该在索引汉语拼音排序时避免，否则会影响索引质量，不利于读者使用索引。

(二) 汉字字符与非汉字字符混合时的排序规则

依据 GB 2312 中字符排列顺序，《GB 13418-92 文字条目通用排序规则》确定了以下的先后次序：

空格—序号—阿拉伯数码—拉丁字母（大写、小写）—日文假名（平假名、片假名）—希腊字母—俄文字母—汉字。

这里需要提醒一点，一是索引中出现最多的汉字与英文混合排序时，英文款目应该排在阿拉伯数码之后，因为英文属于拉丁字母；二是遇到规则未列出的其他字符排序时，自然是排列于汉字之后，具体可根据其他字符的约定排列顺序处理。

(三) 标点符号的排序规则

一般情况下，标点符号属于非排序依据。在索引款目中有可能会出现括号、逗号、分号、书名号、引号之类的标点符号，这些标点符号使用通行的软件排序时，都会把这些标点符号当作排序依据，导致排入错误位置。

在读者检索和使用索引时，不会将这些标点符号考虑在排序因素里面，因此正确处理标点符号在汉字索引款目中的排序问题,是标点符号不作为排序依据。使用相关程序自动排序时,必须先将标点符号删除,或者先删除列于索引款目首位的标点符号,自动排序完成后再人工添加回去。

三、索引汉语拼音排序的若干技巧

(一)汉字与非汉字字符混合的索引款目排序

一般情况下,中文索引中同时包含阿拉伯数字、拉丁字母以及多语种文字的情况并不多见,但同时包含阿拉伯数字、拉丁字母和汉字字符的情况很多。

在现实索引编纂中有将阿拉伯数字和拉丁字母开头的索引款目,放在索引最前面位置的,也有放在最后面位置的,也有按照其读音将其放在相应汉语拼音的开头或结尾的。

那么学习阅读了《GB 13418-92 文字条目通用排序规则》后,我们才知道,排序是有规则可循的,即按照"阿拉伯数码—拉丁字母(大写、小写)—汉字字符"来排序。由此可知,目前较多的书后索引在款目排序方面都是想当然的随意而为,正确做法是应严格按照《GB 13418-92 文字条目通用排序规则》的相应规定,进行科学有序的索引排序。

(二)包含序数词的索引款目排序

当一二三……壹贰叁……这些汉字作为序数词使用时,应按照这些汉字本身所表示的数值,从小到大进行排序。例如以下索引标目:

　　第一届全国人民代表大会
　　第二届全国人民代表大会
　　第三届全国人民代表大会
　　第四届全国人民代表大会

上述条目若是只考虑汉语拼音音序,用 Word、Excel、WPS 等软件进行排序时,会得到如下结果:

　　第二届全国人民代表大会
　　第三届全国人民代表大会

第四届全国人民代表大会

第一届全国人民代表大会

这样的排序结果不能说不对，但是违反了人们的认知常识，看起来很不舒服。这时，正确做法是按照序数词的数值大小进行排序调整，而不是照搬 Word、Excel 软件的排序结果。

(三) 多音字的索引款目排序

汉字中有非常多的多音字，这些字在不同的词语中读音不同，表达的含义当然也不同。现有的 Word、Excel、WPS 等软件不是专门的排序软件，因此排序时会将一些多音字排在错误读音的位置。如重庆的"重"，正确读音是"Chong"，在以重庆开头的索引词按汉语拼音音序排序时，应排在"C"的位置，但常用软件将其排在"Z"的位置，因为"重"还有另外一个读音"Zhong"。类似的例子还有很多，最常见的如厦门的"厦"，会计的"会"，行业的"行"，弹性的"弹"等。

对于使用 Word、Excel、WPS 等进行汉语拼音排序后的索引款目，一定要对多音字词加以注意，遇到排序位置不对的时候要进行人工干预，调整到正确排序位置。有人说这么多的多音字怎么能记得住？解决办法就是多记录、多积累，必要时查找《新华字典》《汉语多音字词典》等工具书。

笔者的做法是，每做一个索引都会将其中的多音字词列成一个表，后续再做索引排序时，发现多音字就随手进行添加，慢慢地就形成一个"多音字词表"，且随着时间推移，多音字词会越来越多。以后编纂索引时，可以用这些现成的"多音字词表"展开搜索，每当遇到排序位置有误的索引款目，及时调整至正确位置。下面是笔者编制的"多音字词表"的一部分内容（多音字用**加粗显示**处理），有兴趣的读者可以继续自己添加：

表1　多音字词表

多音字词	正确拼音	多音字词	正确拼音
重庆	Chong	**重**要	Zhong
行业	Hang	**行**政区划	Xing
会计	Kuai	**会**议	Hui
朝阳	Chao	**朝**气	Zhao

续表

多音字词	正确拼音	多音字词	正确拼音
厦门	Xia	大厦	Sha
乐清市	Yue	乐亭县	Lao
查良镛	Zha	查找	Cha
导弹	Dan	弹簧	Tan
调整	Tiao	调查	Diao
地壳	Qiao	果壳	Ke
供给	Ji	支给	Gei
降落	Jiang	投降	Xiang
长江	Chang	长幼	Zhang
传达	Chuan	传记	Zhuan
西藏	Zang	贮藏	Cang
曾国藩	Zeng	曾经	Ceng
解放	Jie	解数	Xie
区大伦	Ou	区划	Qu
……	……	……	……

  多音字词虽多，但是不同文献类型中多音字词的出现也是有规律可循的。如有关经济、财务方面的文献，出现"会计"一词的概率极大。而像《中国年鉴》这类综合性年鉴出现"重庆""厦门"之类的词条概率很大。针对不同类型的文献，我们在索引排序整理阶段，可以有所侧重地去查找多音字词，检查相关的索引款目是否排入正确位置。

  对于多音字词的正确排序处理，只有靠索引员平时的积累和经验才能合情合理地处理好。笔者印象最深的一次经历是，在编纂《浙江省税务年鉴》卷后索引时，软件排序后进行款目整理时发现，"L"下面有个"乐清市"词条，当时第一反应是没问题，因自己平时看到这几个字就读"Leqingshi"。但转念一想，"乐"是多音字，除了读"Le"外，还有"Yue""Yao""Lao"的读音，翻翻字典看看在这个地名中是读"Le"吗？真是不查不知道，一查吓一跳，这个地名正确读音就是"Yueqingshi"。

  对于多音字词，许多人会说这是你知识不够，这的确是事实，但我们不能忽视的是索引员不可能知道所有多音字词的正确读音，尤其是对一些比较偏僻的、不常见的词语。如河北唐山下辖的"乐亭县",附近几个省区市的人可能还知道读音为"Laotingxian",除此之外估计很多人都会读成"Letingxian",如果只相信自动排序,不认真做校对核查就会导致排序错误。因此要想避免此类错误,索引员身边一定要配备一本多音字字典,或者是《现代汉语词典》《辞海》那样的规范化词典,遇到有疑问的字词一定要进行核查,千万不能想当然地认为如何如何,否则索引排序后就是错误百出。

(四) 特殊情况处理

以上所说的汉语拼音音序排序规则也是针对一般情况下的索引排序规则。但是现实中的索引编纂千差万别,有可能某卷索引只有一两条以阿拉伯数字和英文字母开头的索引款目,这时如果严格按照上面所说的汉字字符与非汉字字符混排排序规则进行处理,这仅有的一两条特殊索引款目置于整个索引最前面,给人的感觉总是怪怪的,且不利于排版和读者使用。

这时可以采用"特殊情况特殊处理"的灵活原则进行处理,也就是避免尴尬,将极少的几个数字款目和英文款目,排入汉语拼音排序对应的排序位置最前面。数字打头的款目,按照读音将其排在相应的拼音最开头;英文字母开头的款目,将其排在拼音排序标识符号(即助检符号)的字头下面即可。以此类推,当整个索引遇到一两个希腊字母、俄文、日文等打头的索引款目时,也参照上面的特殊方式进行处理。

四、索引汉语拼音排序的相关说明

一般应在索引的最前面向读者说明索引的排序规则及相关特殊情况。王彦祥教授在长期的索引编纂实践中,总结出一个典型的"索引使用说明",其中将索引的排序规则、标引范围等都交代得很清楚,读者看后一目了然。目前很多年鉴索引都是参考或是照搬王教授的这个索引使用说明。下面的示例是《中国年鉴2019》"索引使用说明"中有关索引排序和格式规范的两条说明,在此列出以供参考:

本索引基本上按汉语拼音音序排列。具体排列方法如下:以数字开头的,排在最前面;以英文字母打头的,列于其次;汉字标目则按首字的音序、音调依次排列,首字相同时,则以第二个字排序,并依此类推。

索引标目后的数字,表示检索内容所在的年鉴正文页码;数字后面的英文字母a、b,表示年鉴正文中的栏别,合在一起即指该页码及左、右两个版面区域。年鉴中用表格、图片形式反映的内容,则在索引标目后面用括号注明(表)(图)字,以区别于文字标目。

毋　栋　国家图书馆出版社副编审,储运部主任;中国索引学会理事。

Several Key Problems about Chinese Pinyin Sorting of Index

Wu Dong

Abstract: The Chinese index sorting gradually concentrates on the sorting of the Chinese Pinyin. This paper describes the basic rules of the Chinese Pinyin sorting method applied to index compilation, several practical skills of using the Chinese Pinyin sorting index, and the necessary of description after sorting.

Keywords: Index Order; Pinyin Sorting; Index Compilation

模拟标引:一种快速学习索引编制的有效方法

刘子涵

(北京印刷学院索引编纂研究所 102600)

摘 要 本文概述何为模拟标引及其前提条件和实际操作步骤,进而对五大模拟标引问题进行梳理分析,证明模拟标引是一种快速学习索引编制的科学有效方法。

关键词 模拟标引 索引编制 学习方法

一、何为模拟标引

(一)模拟标引是什么

当前我国索引事业快速发展,但索引编纂人才短缺。笔者在"中国知网"上使用关键词"索引教育"进行检索,发现论及索引教育的甚少。王彦祥教授在《论我国索引专业教育的创新发展》一文中,理论联系实际,论述了我国索引教育中索引编纂人才的培养模式,提出了"在做索引中学索引"的新思路,可具体应用到索引人才的教育与培养之中。①

"在做索引中学索引"的重要环节之一是"模拟标引",其主旨是从"实战"出发,通过"传帮带"的方式,由索引编纂专家做真正的书稿内容标引,索引学习者使用相同书稿同时进行一遍模拟标引,然后两相对照,比照出两份标引结果的区别,学习者在此基础上认真分析自身标引的问题,并找出出现问题的根源,然后进行相应的查漏补缺,以此快速学习和掌握索引编纂最核心的标引知识和操作技巧。

---

① 王彦祥. 论我国索引专业教育的创新发展 [M] //中国索引学会. 中国索引(第七辑). 上海:复旦大学出版社, 2020: 80-92.

(二) 模拟标引的前提条件

学生首先要仔细观察、跟学老师的索引编纂全过程，了解索引编纂流程，感悟索引编纂的氛围。然后根据老师的实际安排从一个具体索引的排序、合并整理环节上手，了解和学习索引款目结构、排序操作过程、合并整理技巧和要求等。有了这些索引编纂训练做基础，继而从实战出发，开始进行模拟标引训练。

索引款目编纂流程方面，学习者依据所学索引知识，以及跟随老师全流程做索引训练中，应熟悉索引编纂的流程，尤其是相对简单的书后索引编纂流程。通过学习要理解索引方案设计、内容标引、款目制作、校对和反查、款目排序、合并整理、定稿提交等七大环节的具体含义和操作要领。

索引款目理解方面，学习者通过学习要获知，索引款目是索引的基本单元，其基本结构由标目、注释、分级标目及页码出处项组成，部分索引款目还带有附加信息。要理解"模拟标引"的核心工作就是编纂索引款目，标引结果是形成索引款目的基本条件。

索引校对和反查方面，索引校对是索引款目制作的一个相对独立但又是保障索引质量的关键环节，包括根据标引符号进行索引词的二次加工，有疑惑的标引结果回到原文进行核实等。所以说，这一前提是学习者了解索引编制技巧、感悟内容标引各种情况、学习标引符号的良好机会，须按照索引校对规范先期学习和实习索引校对和反查，以加深对标引内容的理解，掌握标引符号的具体使用要求。

索引款目合并整理方面，经过自动排序后的索引款目集合，还需要进行至少两三遍的合并整理，学习者先期进行合并整理索引款目的学习和实践，可以了解标引环节哪些索引词被合并，哪些索引词需要做分级标引处理，哪些索引词还需要进行技术处理，如多音字调整到正确排序位置等。只有学习和感受到索引款目在合并整理环节的处理技巧，才能理解标引的复杂性和准确性，为"模拟标引"打下坚实的基础。

二、模拟标引的操作步骤

(一) 模拟标引的几个具体步骤

索引学习者拿到书稿，首先要仔细阅读、分析被索引书稿内容特征，有了大致了解后，再着手进行模拟标引。

模拟标引：一种快速学习索引编制的有效方法

标引时学习者要运用自己所学知识和索引编纂技巧，逐字逐句阅读书稿内容，进行思考、判断、选择，然后使用标引符号在书稿上标引出具有实质检索意义的索引词。

模拟标引完成后，标引结果要与索引专家的标引结果进行核对比照。若学习者拿到的是标引原稿文件，则二者直接对照即可；若拿到的是电子文件，这二者之间的对照需要在计算机屏幕上打开两个窗口进行。

学习者要依据标引对照结果，认真分析、汇总自身标引出现的各种问题，并找出问题的根源，然后进行相应的查漏补缺，快速纠正标引错误，以期快速成长。

（二）模拟标引方式与符号使用

传统的手工标引方式，首先要将书稿打印为纸质版，再用红笔勾画出所标引的索引词。近几年已可利用计算机进行书后索引编纂的全流程无纸化操作，这也使得模拟标引学习更加快捷方便。

进行无纸化标引操作，就是直接使用高亮显示方式做标引标记。一些需要在合并整理环节进行特殊操作的索引词，可以使用矩形框、连线、箭头标引符号进行标记。图 1 即为电子书稿无纸化标引示例。

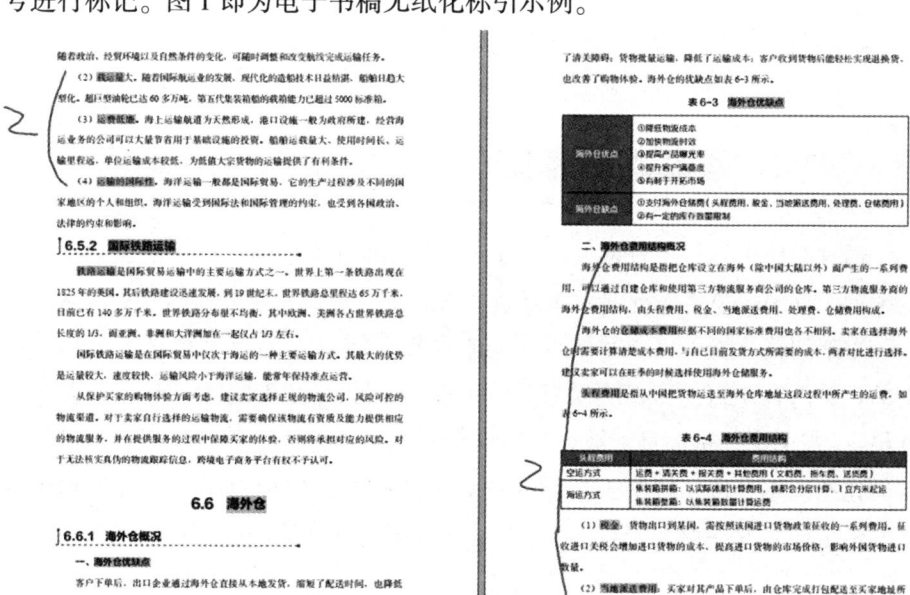

图 1　电子书稿无纸化标引示例

对于模拟标引过程中一些把握不准的索引词,可以使用问号等符号在书稿上作标记,或通过画圈、加注释的方式把标引问题列出来,目的是在后面的核对比照时能快速返回、定位查找。

三、模拟标引后的问题梳理及学习提高

下面以笔者学习索引知识,进行"模拟标引"的实际操作,再通过与索引专家的标引结果核对比照,对模拟标引后出现的5大问题进行反思,进而开展梳理与分析,以真正提高索引标引能力。当然,一些较为容易的标引内容,比较后未出现大问题的不再赘述。

(一)索引词的选择问题

内容标引必须要有实际意义,即做到"有实质检索意义的标引"。以《上海府县旧志 松江县卷》人名索引中的人名"董其昌"为例。笔者使用黄色底纹标引,索引专家使用橙色底纹加方框同时进行标引。表1为两处人名标引对比示例。

表1 人名标引对比示例

标引示例	董其昌,字元宰,父漢儒,耿介力學。其昌初就塾,比夜,漢儒從枕上授經,悉能記誦。成萬曆十七年進士,選庶吉士。禮部侍郎田一儁以教習卒官,其昌請假,走數千里護其喪歸葬。還,授編修知起居注。光宗出閣,充日講官。因事啓沃,光宗每目屬之,主考江西。
未标引示例	陳繼儒,字仲醇,號眉公。慧鐙橋人。爲諸生,與同郡董其昌齊名。

通过对比可知,不只是人名"董其昌",还有很多笔者标引的人名,索引专家都未标引。笔者对此非常不理解,人名索引难道不是标引出所有人名吗?

重新阅读分析上下文才明白,原来在橙色底纹人名"董其昌"之后有人物的相关内容介绍,即有实质可阅读的内容。反观黄色底纹标引的人名"董其昌",在文中一带而过,缺乏实际检索意义,因此并不需要标引。通过标引实例比照,笔者这才理解王彦祥教授提出的从书稿中标引出"有实质检索意义的索引词"这一鲜明观点。[①] 举一反三,再梳理其他的模拟标引结果,笔者

---

① 王彦祥. 综合性主题分析年鉴索引的编制——从创编《中国法律年鉴》累积索引谈一种新索引模式的建立 [J]. 法律文献信息与研究, 1996 (2): 13-17.

体会到不管是人名、地名还是主题词，标引时都要认真细致，具体分析内容实质，才能把握好这一核心标引原则。

（二）索引词的字词调整问题

最初做模拟标引时，笔者并未在意索引词的结构顺序，直接使用标引符号把看中的索引词标记出来，认为这样就可以直接抽取出来，纳入索引正文就万事大吉了。对比实际标引结果后发现，笔者与索引专家标引的并不相同，主要是索引专家使用标引符号调整了部分索引词的字词顺序，如表2所示。

表2 字词调整顺序标引对比

模拟标引错误示例	索引专家正确标引示例
一、注册中国卖家账号 （一）设置登录名	一、注册中国卖家账号 （一）设置登录名

回想曾经的款目排序练习，再结合索引专家的标引结果，笔者才学习理解到上例中"注册"和"设置"等字词，不属于中心词，放置在首位将使索引词排序到不宜检索使用的排序位置。对于这样的标引问题，必须从全局考虑，调整具体的字词顺序，使之构成的"索引词"更加规范，易于检索。如上例标引的字词，正确的做法是经过调整，形成新的"中国卖家账号注册""登录名设置"索引词。究其实质，这正是标引技巧中的"中心词前置"，是为了索引词纳入索引后能够排到最为合适的排序位置。

（三）索引词的抽词处理问题

在模拟标引中，经常会遇到一些较长的文章标题，以为直接标引出来作为篇目性的标目就可以了。但在标引结果对照时，发现索引专家使用矩形框和高亮显示的重复标引标记，从长标目中抽取出新的索引词，如表3所示。

表3 词语轮排标引对比

模拟标引错误示例	标引专家正确标引示例
基于Python设计的索引智能标引与检索研究	基于Python设计的索引智能标引与检索研究

专家标引出三个索引词：

基于 Python 设计的索引智能标引与检索研究
Python 设计的索引智能标引与检索研究
索引智能标引与检索研究

通过回头看再学习，笔者得知此类标引处理实际上就是索引词的抽词处理，当这些索引词纳入索引后可以增加检索入口，提高查全率。从复合主题中拆分出新的索引词并列入索引当中，必须从标引环节做起，而不是到索引合并整理环节再去拆分，这样的标引处理，需要索引编制者具备前瞻性，要提前预知和规划好哪些词语需要作抽词处理。因此，抽词处理不是一两次模拟就可以掌握的，必须多多学习实践才能掌握。

（四）索引词的分级标引问题

在索引词的合并整理先期学习阶段，笔者曾遇到过二级和三级款目合并问题，但真正上手实施模拟标引时，却发现完全不明白如何进行分级的索引词标引，难道是凭感觉随意标引二级款目吗？标引后果然出现大量错误，典型的对比标引结果如表 4 所示。

表 4　二级标引示例对比

模拟标引错误示例	标引专家正确标引示例
Z实惠商品的分类有以下几种： （1）全新品。 此类商品标注为"全新品"，意味着商品的原始包装未开封，但商品可能有轻微的外包装磨损，该类商品一般是快临近保质期的商品。 （2）近似新品。 此类商品一般来源于拍照失真与实物有差异、客户误购退货，或在库房配送过程中造成外包装破损的商品，此类商品通常都未曾使用过，可能有个别已经打开原厂铅封，但其功能和外观成色与新品品质基本相同。	Z实惠商品的分类有以下几种： （1）全新品。 此类商品标注为"全新品"，意味着商品的原始包装未开封，但商品可能有轻微的外包装磨损，该类商品一般是快临近保质期的商品。 （2）近似新品。 此类商品一般来源于拍照失真与实物有差异、客户误购退货，或在库房配送过程中造成外包装破损的商品。此类商品通常都未曾使用过，可能有个别已经打开原厂铅封，但其功能和外观成色与新品品质基本相同。

分析此处的分级标引内容并进一步思考，笔者发现"全新品""近似新品"等词语的特点是无法"确指"，若没有上面的"Z实惠商品的分类"加以限制，则不具有专指性，纳入索引会造成索引词结构混乱，查准率自然降低，读者检索起来也会心存疑惑。

对于分级标引问题，笔者学习到必须要头脑清晰，在标引过程中理清索引词之间的逻辑关系，进而判断是否有必要做出分级标引。同时也须弄清楚，分级标引是更高层级的标引，要在不断学习实践中逐步掌握，分级标引会使索引编制过程更为复杂，格式也需要后期进行特别处理，因此分级标引并不是越多越好。

（五）抽词与赋词标引问题

模拟标引过程中，对于缺少表头或图注的表格、图片等，笔者认为缺少相关信息就不需要标引进行了，殊不知是犯了不懂“赋词标引”的错误，图2就是其中一个例子。学习对比后发现，缺少表头信息等情况，需要分析上下文，然后实施赋词，把基本信息补全，作为完整的索引词纳入索引之中。通过学习，图2这个缺少表头信息的表格，应该赋词标引为“《中国索引（第一辑）》专题词汇（表）”和“专题词汇（表）”。

基于 Python 设计的索引智能标引与检索研究

行处理，使用 python 语言作程序开发，经过整理获得了以下高频词汇，其中列出了前 13 个高频词及其出现的次数。该集刊词的高频词汇的图谱分析见图 1 所示。

1 索引 1 379	6 古籍 403	11 论文 234
2 中国 704	7 研究 379	12 目录 218
3 数据库 666	8 检索 326	13 期刊 216
4 图书馆 598	9 数据 280	
5 文献 491	10 出版 253	

图 2　缺少表头信息的表格示例

具体操作是，根据表格上方的叙述内容可知，此表是作者对《中国索引（第一辑）》进行高频词汇的图谱统计后所得，再向索引专家请教，笔者弄明白当表格、图形、照片缺少题名及文字说明时，要在图表前后的相关内容中寻找合适的词语进行概括，然后实施赋词标引。

必须承认，赋词标引是很难掌握的，没有扎实的基本功和索引编纂水平很难实施赋词标引。而抽词标引是绝对大量的，学习索引必须先学习掌握抽词标引后，再尝试进行赋词标引。

四、结　语

通过跟随王彦祥索引编纂团队学习索引编制，尤其是实施了若干本图书的"模拟标引"训练，亲身经历和感悟到"在做索引中学索引"的学习教育魅力，更深刻体会到索引编纂的学习需要实践锻炼，完全依靠书本和课堂知识，以及标引后没有对比参照，都无法学懂、学透，一旦上手正式标引就会错误百出。

如果将"模拟标引"比作一场场考试，索引专家的标引结果可算作100分的"标准答案"，若对比后得到60分以下的分数，则说明自己学习标引不合格，必须通过模拟标引不断地查漏补缺、反思总结才能循序渐进，向标引100分的终极目标不断迈进。所以说，模拟标引针对性强，发现问题及时具体，可以使学习者更快更好地提高索引标引水平，不愧为一种快速学习索引编制的有效方法。

刘子涵　北京印刷学院2019级出版专业硕士研究生。研究方向：索引编纂与研究。

Analog Indexing: an Effective Way to Quickly Learn Indexing

Liu Zihan

Abstract: This paper introduced what is analog indexing and its prerequisites and practical steps. Furthermore, the author pointed out five major problem of analog indexing, and proved that analog indexing is a scientific and effective way to quickly learn indexing.

Keywords: Analog Indexing; Index Compilation; Study Method

索 引

20世纪90年代张琪玉索引学研究论文情况　040
　　论文数量及索引研究方向统计（图）　040
21世纪00年代张琪玉每年论文数与存在论述索引与数据库数量（图）　045
2000—2020年学术期刊索引类型汇总（表）　062
CNKI高级检索界面　185
CNKI数字图书馆　185
FAIRsharing平台　113、114
　　FAIR化　114
FAIR化生命科学资源策略核心要素　115
FAIR数据　112
　　生态系统政策和原则　112
　　原则（表）　112
FAIR原则在生命科学领域应用探析　110～117
FAIR原则　110～116
　　框架　113
　　在生命科学领域应用　110
　　特性　111
Nature杂志　194
《NIH数据科学战略计划》　112
Science杂志　194

B ~ C

白吉尔　180

报纸索引　060

鲍国海　160、168

编制《中华人民共和国民法典》索引、《民法典词典》和开发《民法典》APP
　　的设想　121~134

标点符号排序规则　223

标引结合技术创新　007

曹树金　003、014

《产品说明书内容索引》　050

陈来幸　180

抽词问题　235

出版职业资格登记　070

出版职业资格考试　072

传统索引编制研究　094

词语轮排标引对比（表）　233

D

《当代党国名人传》　137

《当代名人事略》　136

《当代中国实业人物志》　137

《地方志人物传记资料丛刊·华东卷下编》人名索引排序研究　144~150

　　方法阐释　147

　　结果　149

　　排序算法构造　146

　　文本排序　147

　　应用效果评估　148

　　字库建立　147

电子出版物　101

电子书稿无纸化标引示例（图） 231

电子文献 101、102、108

    阅读方式 102

电子文献索引编制研究 101～109

    不同类型索引编制（图） 104

    索引范畴 101

    索引特点 103

    研究范围 101

电子文献索引实现方式研究 104～106

    侧边栏式索引 104

    顶部导航栏式索引 105

    外置索引 106

    知识图谱式索引 106

电子阅读器 102

顶部导航栏式索引构想示意（图） 105

动态本体 184

对张琪玉索引员资格培训和认证设想的进一步思考 066～076

多音字词 225（表）、226

    出现规律 226

    正确排序处理 226

多字辞条排序 145、147

    规则示例（表） 145

    算法（表） 147

E～G

二级标引示例对比（表） 234

范翠丽 144、150

分级标引 234

《分类法主题法一体化自动标引系统的基本原理和方法》 043

傅德华 135、142

赋词标引 235
《告别手工索引时代——一名中国索引学会会员的思考》 216
《革命党小传》 137、140
工具书功能索引 044
 编制方法 044
 结构原理 044
工具书索引 063
管翠中 194、208
国民读书状况 185

H

海外对上海抗战研究 153
韩洪泉 151、158
汉译文学作品书后索引编制方法 160、168
汉语拼音排序基本规则 223
汉字字符排序规则 223
汉字字符与非汉字字符混合时的排序规则 223
何珂 144、150
黄页公司加入索引学会目标 085
黄页检索体系创新方法 082
黄页信息检索研究 081
黄页衍生产品 083
黄页与中国索引学会缘分 079

J~K

基于人工智能的自动索引编制技术研究 093~100
集成工具书 063
《纪实虞洽卿》 178
检索系统 043
蒋瑛 093、100

《金融人物志》 137

《抗敌将领印象记》 140

抗日战争史料丛编 152

抗日战争研究专项工程 152

  口述历史 077

L

李华 079、088

李精一 144、150

李栎 110、117

《烈士传》 138

刘党生 074

刘苏南 079、088、133

  近照（图） 079

  谈黄页与中国索引学会的缘分 079

刘子涵 229、236

《论我国索引专业教育的创新发展》 229

论中国索引工作的重点方向 039~052

  结论 051

  数据库研究 045

  数据源说明 039

  索引编纂研究 049

  索引创新研究 049

  索引技术研究 045

  索引理论研究 040

  索引实践研究 040

  展望 051

《论自由标引》 043

《洛丽塔》 160

吕宏超 101、109

M

面向阅读体验的电子文献索引编制研究　101～109

《民法典》　121～127

　　便利性　123

　　分编索引+总索引体系　124

　　内容体系化后缺陷　122

　　普及和教育方面存在的问题　121

　　实用性　122

　　索引编制基本思路　123

　　索引参照系统　126

　　索引地址标示　127

　　索引款目排序　127

　　索引体系　124

　　学习和应用　123

《民法典》APP开发设想　121、131

　　基本编制思路　131

《民法典》APP客户端　131、132

　　培训普及功能　132

　　全文阅读　131

《民法典》索引标目选取　124、125

　　标引对象　124

　　款目编制　124

　　主副标目形式　125

《民法典词典》　127～130

　　编排　129

　　编制基本思路　127

　　编制基础　127

　　编制目的　127

　　词条来源　129

词条释义　130

　　索引编制　121

　　索引标识　130

《民国丛书》　141

《民国丛书续编》第一编年鉴专辑　135

《民国丛书续编》第二编　135、136、142

　　历史文献价值　135

　　民国人物资料专辑　142

　　人名索引编纂　135

《民国丛书续编》第二编的第历史文献价值及人名索引的编纂　135~143

民国人物资料专辑　136

　　收录选目　138、139

　　特点　139

《民国时期宁波慈善事业研究（1912—1936）》　178

民国传记资料　140

模拟标引：一种快速学习索引编制的有效方法　229~236

　　标引后问题梳理　232

　　标引后学习提高　232

　　操作步骤　230

　　方式　231

　　符号使用　231

　　前提条件　230

　　主旨　229

莫言学术论文检索结果列表（1999—2020年）（表）　186

N~P

纳博科夫，弗拉基米尔　160、161

　　索引实践　161

纳博科夫与索引　160~168

纳氏回忆录　161

《尼古拉·果戈里》索引　163～165
　　评价　164
　　书后索引更正举例（表）　165
　　索引款目类型统计（表）　164
潘正安　095
朴莹　053、065

Q～R

期刊索引　061
清华大学近十年在 Nature 和 Science 上发表论文统计与分析　194～208
　　参与作者最多的论文　201
　　参与作者最少的论文　201
　　发表论文数年代分布（图）　195
　　发表论文数量较多的作者、数量及占比（表）　197
　　发文情况统计与分析　194
　　非生物医学药学领域的论文共词网络（图）　205
　　　　局部量子科学热点：carrier-concentration（流子浓度）（图）　207
　　　　局部量子科学热点：fermions（费米子）（图）　206
　　　　局部人工智能领域热点：deep neural-networks（深度神经网络）（图）　207
　　　　局部天体物理科学热点：circumstellar material（星周物质）（图）　205
　　非生物医学药学领域的论文研究热点分析　204
　　国际合作　198
　　国内合作　199
　　机构合作统计与分析　198
　　论文数年代分布（图）　195
　　生物医学药学领域的论文共词网络（图）　202
　　　　局部：coronavirus_1（图）　203
　　　　局部：coronavirus_2（图）　203
　　　　局部材料科学热点：epitaxial thin-films（外延薄膜）（图）　206
　　生物医学药学领域的论文研究热点分析　202

校内不同院系机构之间合作的78篇论文的机构合作网络（图）　201

　　校内合作　200

　　学者合作网络（图）　196

　　研究热点统计与分析　202

　　院系贡献度统计（表）　197

　　院系贡献度统计与分析　197

　　只与国内机构合作的论文的机构合作网络（图）　199

　　只与美国合作的论文机构网络（图）　199

　　作者贡献度统计与分析　195

　　作者合作情况分析　201

《全国报刊索引》　189

全民阅读视角下索引学建设与发展问题探讨　183～193

全民阅读支撑依据　184

缺少表头信息的表格示例（图）　235

群书章节索引数据库　048

人工智能自动索引编制技术研究　093、094

人名标引对比示例（图）　232

任奕　194、208

S

《三北虞洽卿》　178

扫描二维码打开文献索引（图）　107

上海抗日战争史丛书　153

《上海抗战论著目录》　151～157

　　编纂基本情况　154

　　编纂缺憾　158

　　编纂思考　157

　　编纂札记　151

　　论文卷　154

　　著作卷　156

《上海抗战论著目录》编纂札记 151~159
上海抗战研究 151、153、158
 背景 151
 概况 151
 抗战史研究 158
"上海抗战与世界反法西斯战争研究"系列丛书 153
上海证券物品交易所 169
申赞祎 095
生命科学领域应用 FAIR 原则的路径和策略要素 112
生命科学数据共享平台优化 113
生命科学数据库 114
《实业界名人录》 137
《时人自述与人物评传》 137
手工标引 231
书后索引发展桎梏 068
数据库 028、045~047、093~096、114
 FAIR 化升级 114
 管理和索引研究成果 094
 索引方法研究 046
 索引技术分布 096
 索引技术研究 047
 索引实践创新 047
 形式 057
 研究 045
数据库索引理论 046、049
 阐释 046
数字科学良性生态环境 110
《说吧，记忆》索引 161、164~167
 更正举例（表） 167
 款目类型统计（表） 164
 评价 164、166

《四种索引标准综述》 047
索引编制 055、056、074、229
　　基本流程 056
　　计算机化 055
　　项目承揽 074
　　学习 229
索引编纂 027、029、043、049、052、073、211～213
　　编纂与研究述评 027
　　成果体现 212
　　丛谈 209
　　机遇 073
　　困难 073
　　扩展 213
　　流程研究 212
　　研究 043、049
索引编纂：索引理论发展和技术创新的源泉 211～215
索引编纂谈丛专栏 211、214
　　开设 211
索引创新 004、009、013、049
　　研究 049
　　与索引服务相互促进 013
索引词 233
　　抽词处理 233
　　分级标引 234
　　选择 232
　　字词调整 233
索引分层级展开以及标目定位（图） 105
索引发展 004
索引法 024
索引方法创新 006、050
索引服务 009、013

参与者　012
　　对象　010
　　队伍建设　012
　　立足需要　010
　　目的　010
　　走向大众　011
索引概念　041
索引功能　213
索引功用　041
索引工作　039、049、051、068
　　方向　039、051
　　现代化实质　049
　　职业队伍　068
索引汉语拼音排序技巧　224
　　包含序数词的索引款目排序　224
　　多音字的索引款目排序　225
　　汉字与非汉字字符混合的索引款目排序　224
　　特殊情况处理　227
索引汉语拼音排序应注意几个关键问题　222~228
　　技巧　224
　　适应性　222
　　说明　227
索引技术　045、054~056
　　发展方向　055
　　技术进步　056
　　现代化思维成果　054
　　研究　045
索引结构　042、043
索引开放式信息服务有效方式　131
索引口述史　080
索引款目自动编制　096、097

索引项选择、分组和参照 096

  索引项指导 096

  知识库构建 096

  自动索引编制的研究框架及其功能 097

  总体框架（图）97

索引理论发展和技术创新的源泉 211、212

索引理论研究 040

索引目的 009、093

索引排序 222

索引人才思想 066

索引软件 058、216~220

  功能剖析 217

  功能完善 216、220

  技术探析 058

  研发与完善方向 219

索引软件的功能完善方向 214

索引生命力的源泉：创新与服务 003~015

索引生命力之源 009

索引实践研究 040

索引使用说明 227

索引事业新格局 054

索引特点 041

索引体系 042

索引系统发展先进形式 057

索引先进技术 054、058、064

  理论与方法 054

  设想 064

  应用与实践 058

索引现代化水平 054

索引现代技术研究 045

索引项 005、006、042、049

创新　005、006、049
索引形式创新　050
索引选题　004、005
　　创新　004
索引学　008、041、042、183~192
　　本体认识　183
　　创新　008
　　发展　183、184
　　建设　183
　　社会效益　189
　　为全民阅读提供服务体系　186
　　学科概念　041
　　研究对象　041、042
　　研究任务　041、042
　　与全民阅读结合　184
　　在全民阅读领域推广应用　190
　　专业人才　192
索引学会发展　085
索引学视野下的虞洽卿传记资料整理与研究　169~182
索引研究　212~214
　　核心命题　029、214
索引应用创新　007
索引优势特点　011
索引与数据库　048、119、214
　　技术　091
　　结合类型研究　048
　　漫笔　214
　　事业　119
索引员　030、051、067~073
　　培养　030、051、073
　　稀缺现状分析　067

职业资格认证　030

　　制度　072

　　专业培训内容　071

索引员资格认证和培训　066、069、072~075

　　具体分析　069

　　资格获得条件　069

　　资格培训和认证设想　066

　　资格认定　072、073

索引员资格认证条件　070、071

　　培训考核内容　070

　　索引员达标标准　071

　　学历要求　070

索引源　042

索引之星　059、217、219

　　3.0版软件　219

　　升级　219

　　研发　217

索引之星2.0软件　218

　　主界面（图）　218

《索引之星的研制和索引编制》　218

索引知识普及　012、074

索引助力黄页事业　082

索引专业教育　229

索引资格认证和培训　072~074

　　认证和培训体系　074

　　申请人利益追求问题解决　072

　　索引编纂项目承接和提供　073

索引走向社会的倡导者　079~092

　　采访现场（图）　089

　　从黄页到号百　086

　　结缘索引　087

口述史项目　088
　　索引应用　080
　　索引助力黄页事业　082
　　邂逅中国索引学会　081
　　助力索引学会发展　085
索引走向社会、走向大众、走向生活　030

T～W

太行燕　216、220
图书馆索引编撰公益云讲座活动　191
《图书内容索引编制指南》　095
图书书后索引编制　069
图书索引　059、217
　　索引编制专用软件功能　217
《图书索引软件的功能要求与编制难题》　217
屠呦呦论文检索结果列表（1962—2020年）（表）　187
外置索引　107、108
　　编制　107
　　示例（图）　107、108
万事万物皆可索引　028、048
王兰成　093、100、101、109
王霞　110、117
王雅戈　095
王彦祥　016、038、211、215
王雨菲　075
网络索引　007
网络信息检索服务　055
《微暗的火》索引　163
温国强　211、215
文献数据库　055、056

文献题名自动标引系统　043
文学作品索引编制要求　168
邬书林　069
吴凤鸣　183、192
吴继伟　144、150
无纸化标引　231
毋栋　222、228

X

现代化生命科学研究数据生态系统构建　113
现代索引就是数据库　008、028、046、056、093
小科布尔　179
新世纪中国索引编纂与研究述评　027
《新政协重要人物志》　138
徐维　110、117
许和旭　093、100、101、108
学术年表式索引数据库　048
学术期刊索引类型汇总（表）　062
学术著作出版规范　068

Y

闫森　039、052
杨光辉　095
杨硕培　169、182
《叶甫盖尼·奥涅金》索引　162
叶继元　028
殷梦霞　141
《用WPS文字处理软件编制简单电子索引的方法》　216
虞洽卿　169～182
《虞洽卿について》　180

《虞洽卿的一生》 174

《虞洽卿论》 170

虞洽卿研究 170~181

 爱国人物 170

 超级大亨 175

 赤脚财神 175

 第一阶段资料一览（表） 171、174

 第二阶段资料一览（表） 174

 第三阶段资料一览（表） 175

 第四阶段资料一览（表） 179

 买办 174

 买办资产阶级 174

 企业家精神 177

 商界闻人 170

 学位论文一览（表） 180

 政商人物 177

虞洽卿传记资料整理与研究 169~182

 问题 181

 展望 181

《虞洽卿简论》 177

阅读客户端应用 103

云阅读 102

恽逸群 170

Z

在线文档分享平台 103

在做索引中学索引 236

张丽 066、075

张琪玉 003、016、053、214

《张琪玉教授对中国索引学会和中国索引事业的贡献》 028

《张琪玉教授索引学思想新探》 003
张琪玉索引人才思想回顾 066
张琪玉索引先进技术理论与实践研究 053~065
张琪玉索引学观点 028
张琪玉索引学核心思想总结 027
张琪玉索引学论文发表统计与分析 016~025、040、045
  发表时间脉络 017
  发表数量统计 018
  发表特点 020、021
  分类特点分析 023
  分类统计 021、022、022（表）
  高频词汇总（表） 025
  各类别数量及占比（图） 022
  各年度发表数量曲线（图） 019
  刊发论文总结 016
  跨类统计 023、023（表）
  类别特点 024
  论文发表平台对比（图） 020
  论文情况 040
  论文数量及索引研究方向统计（图） 040
  论文数与存在论述索引与数据库数量柱状（图） 045
  年度统计（表） 018
  语义网络（图） 025
张琪玉索引学论文主题 024~026
  论文结果呈现 024
  论文主题标引 024
  深入分析 026
  直观分析 025
张琪玉索引学相关论述研究 039
张琪玉索引学研究论文分类索引 031~037
  索引编纂研究 033

索引类型研究　033
　　索引理论研究　032
　　索引普及与应用研究　037
　　索引事业研究　031
　　索引先进技术研究　035
　　索引与数据库研究　036
　　索引员研究　037
张琪玉先生对索引软件的思考　216
张琪玉先生索引学研究的统计、分析与综评　016~038
张淑文　095
张思龙　093、100
张心源　095
赵呈刚　194、208
《政商中国：虞洽卿与他的时代》　178
《知识诚可贵 索引价亦高——简论索引的作用》　183
知识图谱索引示例（图）　106
智能索引编制　094、099
　　实现关键　099
中国电信集团黄页信息有限公司　080
《中国索引》　017
中国索引软件的功能完善方向　216~219
　　功能剖析　217
　　未来研发与完善方向　219
《中国索引事业：当前格局和问题》　054
中国索引学会　072、079、081~084
　　发展　085
　　给予黄页公司帮助　084
　　资格认证和培训作用　072
中华古籍书目数据库　189
《中华人民共和国民法典》索引编制　121
中文学术图书引文索引　184

《中央虎将列传》 140

重大文化工程 189

朱妍昕 110、117

朱玉强 144、149

主题标引 043
  过程 043

《主题标引的原理和方法》 043

《追悼虞洽卿先生》 171

卓伊玲 003、014

字词调整顺序标引对比（表） 233

自动标引技术 217

自动索引编制 093～099
  技术发展 099
  技术研究 093
  设计重难点问题 098
  实现 098
  研究框架及其功能 097

自动索引编制研究 094～097
  总体框架（图） 097

自由标引 043

稿　约

《中国索引》集刊由原《中国索引》（季刊）改刊而来。集刊前九辑已由复旦大学出版社正式出版，目前第十辑及以后各辑的征稿工作已经开始。兹将有关征稿事项胪陈如下：

一、集刊宗旨

以促进我国索引和数据库研究和创新，推动索引和数据库事业发展，普及索引和数据库知识，加强索引和数据库领域的国内外交流为宗旨。

二、办刊方针

以文献、信息、数据和知识的检索为核心，全方位刊登索引与数据库研究领域的相关论文和资料，对传统索引与检索工具、文献数据库与计算机检索系统、网络信息检索工具（搜索引擎）的论文及资料，均所欢迎，尤其重视基于实践、善于总结、理论联系实际的来稿。

三、读者对象

以索引与数据库界学术共同体为主，包括但不限于：

（1）索引和数据库的研究、编制和教学工作者；

（2）图书情报档案工作的从业者；

（3）相关专业的研究生、本科生；

（4）索引和数据库的使用者。

四、主要栏目

（1）学术论坛；（2）索引与数据库事业；（3）索引语言研究与信息组织；（4）信息检索与利用；（5）索引史话与史料；（6）国外业界扫描；（7）专题索引。

每辑还根据学会战略目标，组织相应专题。

五、来稿要求

（1）来稿须为作者原创成果，内容详实，数据准确，表达严谨，形式规范。

（2）来稿字数一般控制在1万字以内，重大理论问题、重要学术探索，可以超过此限。

（3）论文结构要素分别为：中文题名，作者中文姓名，中文摘要，中文关键词，基金项目及编号；正文；注释，参考文献，作者简介及联系方式；英义题名，英文摘要，英文关键词。

（4）正文一、二、三级标题均单列。一级标题编号采用"一""二""三"等；二级标题编号采用"（一）""（二）""（三）"等，或"1""2""3"等；三级标题以下编号灵活掌握。

（5）集刊的参考文献著录格式与国家标准GB/17714-2015《信息与文献 参考文献著录规则》保持一致；文中引用的参考文献和注释，以"①""②""③"等标注，并以脚注形式按序排列。参考文献和注释每页重新编号。

（6）赐稿请注明论文所有作者的姓名、单位、职务、职称等信息。

（7）来稿请以电子稿形式发至《中国索引》集刊编辑部信箱：xuekan@fudan.edu.cn。（编辑部电话：021-65642733）

（8）赐稿一旦刊用，即致样刊。

热诚欢迎广大会员和专家学者踊跃赐稿。

《中国索引》集刊编辑部
2021年3月1日